Welfare Theory
for the Disabled

장애인 복지론

황희숙 지음

형설출판사
www.hyungseul.co.kr

preface

머리말

현대의 장애인 복지는 영국 등 서구를 중심으로 장애학이라는 학문으로 심층적인 지식을 논하고 있다. 즉 장애인 복지가 단순히 사회복지의 실천적 방법론적인 분야에서 벗어나 새롭게 주목받고 있으며 장애유형과 환경, 법체계, 복지행정에 따라 학문적 연구활동도 넓혀지고 있다. 대학에서도 장애인복지를 배우고 있는 학생들에게 이론과 실제적 교육과 자원봉사와 실습에서 이해와 경험을 높이고자 심도 있는 교육에 열중하고 있다. 따라서 장애인 복지에 대한 올바른 관점과 체계적인 이해를 위하여 본 교재를 기획하게 되었다.

장애인의 권리를 보장하기 위한 복지제도는 빠르게 변화하고 있으나, 장애인과 그 가족을 위한 서비스는 아직 많이 부족하다. 장애인 복지와 관련된 분야는 다양하고 무겁다. 다른 대상과는 달리 모든 연령에 걸쳐 문제와 이슈들이 잠재되어 있으며 장애유형에 따라 전 생활영역에서 서로 다양한 목소리와 욕구를 갖고 있다. 이를 위해 장애인 복지현장에서 알아야 할 부분을 발췌하고 정리하기 위해 고심하여 내용을 구성하였다.

이 책은 모두 18장으로 구성되어 있다. CHAPTER 1은 장애인 복지에 대한 기본적 이해에 대하여, CHAPTER 2는 장애인 복지의 이념과 변천과정 및 패러다임의 변화에 대하여, CHAPTER 3은 장애인 복지 체계에 대하여, CHAPTER 4는 생애주기의 장애인 욕구와 복지서비스에 대하여, CHAPTER 5는 장애의 분류와 유형별 이해와 특성에 대하여, CHAPTER 6은 장애인 복지의 관점과 접근 모델 1에 대하여, CHAPTER 7은 장애인 복지의 관점과 접근 모델 2를 두어 실천기술에 대한 지식을, CHAPTER 8은 장애와 사회복지실천 이론에 대하여 알 수 있도록 하였으며, CHAPTER 9는 장애와 차별에 대하여, CHAPTER 10은 장애유형별 판정기준에 대한 법 개정에 대한 내용을 담았다. CHAPTER 11은 장애인과 인권에 대하여, CHAPTER 12는 장애인과 자립생활에 대하여, CHAPTER 13은 활동보조인 제도와 거주지원정책에 대하여, CHAPTER 14는 장애인차별금지와 보편적 디자인에 대한 내용을 두었고, CHAPTER 15는 장애의 사회 심리적 영향에 대하여 CHAPTER 16은 장애인과 지역사회 중심재활에 대하여, CHAPTER 17은 장애인과 사회보장에 대하여, CHAPTER 18은 장애인 복지의 과제와 전망에 대한 내용으로 지식을 습득하는데 목적을 두었다.

이 책이 나오기까지 수고해 주신 형설출판사 사장님과 편집부 직원 분들과 처음 교재를 쓰도록 지원해주신 신한대학교 교직원 모두에게 감사를 드린다.

2021년 1월

황희숙

contents

차 례

장애인복지에 대한 기본적 이해

CHAPTER

01

CHAPTER 01

장애인복지에 대한 기본적 이해

Ⅰ. 장애의 개념

1. 장애인 문제와 사회적 배경

최근 우리나라의 장애인을 둘러싼 사회환경을 보면 중증화, 중복화, 고령화가 진행되는 한편, 장애인에 대한 가족의 친족부양능력은 상대적으로 저하되고 장애인 당사자의 의식도 크게 변화되고 있다. 이와 같은 최근의 장애인 문제의 특성을 여러 각도에서 조명해 볼 필요가 있다.

1) 지역사회공동체 약화

1970년대 이후 고도경제성장을 바탕으로 우리나라의 노동인구는 농어촌 및 소도시에서 대도시로 집중되는 현상을 보이고 있고, 이러한 현상은 지금도 별반 다르지 않게 진행되고 있으며, 다른 한편에서는 타인으로부터 도움이 필요한 장애인과 노인들은 그대로 지역에 남겨지게 되는 경향이 나타나 젊은 층의 노동인력이 빠져나간 지방에서는 과거 자연발생적으로 형성되어온 이웃 간의 생활지원 네트워크의 기능이 약화되고 아울러 지역사회내의 인적자원의 부족현상으로 지역사회내의 장애인, 노인 등의 약자들은 더욱 취약한 입장에 놓인다.

한편 대도시에서는 지방으로부터 유입되어온 사람들과 그곳에서 삶을 유지해온 토착주민들과의 사이에서 주민 서로간의 의식이 다르고 공동의 이익을 위한 공동체에 대한 관심이 적음으로 인하여 상호원조 의식이 약할 수밖에 없고, 신흥도시에서도 마찬가지로 지역주민간의 연대의식을 향상시킬 수 있는 지역원조활동의 의도적인 개입이 없는 한 지역사회내의 장애인이나 노인들은 자연발생적인 지역생활원조 네트워크로부터 소외되고 고립되면서 정서적인 외로움까지 가중될 수밖에 없다. 아울러 비상시에도 무방비 상태에서 안전에 노출될 수밖에 없는 문제가 나타나고 있다.

2) 가족공동체 약화

인구의 도시집중화는 주로 젊은 세대들을 중심으로 진행되고 있고, 고령화세대들은 지방도시나 농어촌이라는 과소지역에 남겨지게 되는 경향이 강하게 나타나고 있다. 대도시로 모여든 세대들은 협소한 토지와 높은 지가상승 등으로 규격품으로 제공되는 주택의 물리적인 한계 때문에 넓은 주거공간을 필요로 하는 장애를 가진 사람들이나 고령자에게는 함께 동거할 수 있는 공간이 절대적으로 부족할 수밖에 없다.

따라서 대부분의 도시사람들은 일정정도의 수입을 얻더라도 높은 물가와 비싼 주거비용 때문에 노부모를 부양하거나 장애를 가진 가족구성원에 대한 부양은 경제적으로 매우 큰 부담이 된다. 또한 장애를 가진 가족구성원에게 형제자매나 친척들이 있다고 하더라도 지리적으로 멀리 떨어져있다든지 경제적으로 부양책임을 진다는 것은 매우 어려운 현실이다.

이와 같은 현실에서 장애인을 부양하고 있는 가족의 부양책임을 경감시키고 가족위기를 예방하기 위해서는 장애인활동보조서비스제도, 홈헬퍼제도, 긴급일시보호, 장애인 가족지원사업 등이 하나의 방법이 될 수 있고 지역사회 내에서 장애인을 지원하는데 좋은 네트워크 형성으로 자원을 활용될 수 있을 것이다.

3) 고령장애인 인구 증가

최근 우리나라의 고령인구는 다른 선진국가에 비해 급속하게 빠르게 진행되고 있다. 60세 이상의 고령자의 총인구가 차지하는 비율이 1960년에 2.9%에 불과하던 것이 1980년에는 3.8%, 2000년에는 7.1%를 차지하고 있고 2020년에는 15.7%로 나타났다.

이와 같은 인구고령화 현상은 장애인문제에도 많은 영향을 미칠 것으로 보인다. 이는 비장애인들도 고령화되면서 시각, 청각, 후각, 미각, 촉각 등 노화현상이 현저하게 나타나게 될 것이고, 필연적으로 고령화인구가 장애인인구로 증가하게 될 것이다.

Ⅱ. UN과 세계보건기구에서 개념

1975년 UN '장애인권리선언'에서 장애인이란 '선천적이든 후천적이든 신체적 · 정신적 능력이 불완전함으로 인하여 일상의 개인적 또는 사회적 생활에서 필요한 것을 자기 자신으로서는 완전히 또는 부분적으로 확보할 수 없는 사람'으로 정의한다.

UN은 1980년에 '세계 장애인의 해 행동계획'을 채택하면서 개인적 특질인 손상(Impairment)으로 인한 기능적 제한인 능력장애(Disabilities), 그리고 장애의 사회적 결과인 사회적 불리(Handicap) 간에 구별을 강조하였다. 그리고 환경이 개인의 일상생활에 있어서 손상의 정도를 결정하기 때문에 장애의 문제는 개인과 환경간의 관계 속에서 파악되어야 한다고 명시한다.

1980년 UN 산하 세계보건기구에서는 국제장애분류를 통하여 장애인에 대한 개념적 틀을 발표하였다(WHO, 1980). 세계보건기구는 '세계 장애인의 해 행동계획'에서 구분한 장애의 세 가지 차원, 즉 손상(Impairment), 능력장애(Disabilities), 사회적 불리(Handicap)를 기준으로 장애인의 개념을 정의하였다.

- **손상**: 심리적 · 생리적 또는 해부학적 구조나 기능의 손실 또는 비정상 상태
- **능력장애**: 손상으로부터 야기된 것으로서 인간에게 정상적인 것으로 간주되는 범위 내에서의 혹은 그러한 방식으로 활동을 수행하는 능력의 제약 또는 결여의 상태
- **사회적 불리**: 손상이나 능력장애로부터 야기되는 것으로서 연령, 성, 사회문화적 요인에 따라 정상적인 역할의 수행을 제약 또는 방해받는 개인에 대한 불이익 상태

장애인의 범주는 관점에 따라 달라질 수 있다.

① 생물학적 · 해부학적 관점에서 신체구조 또는 기능상의 이상, 손상, 상실, 결함이 있는 사람을 의미하는 경우(시각장애, 청각장애, 지체장애 등)

② 의학적 관점에서 신체구조 · 기능상의 만성적 결함으로 정상적인 생활을 하는 데 제한이 있는 사람을 의미하는 경우(신장기능장애, 심장기능장애, 간질자 등)

③ 심리학적 관점에서 지적 능력의 발달지체로 사회생활의 적응에 어려움을 당하고 있는 사람을 의미하는 경우(정신지체, 학습장애, 정서장애 등)가 있다.

Ⅲ. 장애인 관련 법 상의 장애

한국의 현행법 중에서 장애인복지와 관련 있는 대표적인 법은 장애인복지법, 장애인고용촉진 및 직업재활법, 장애인등에 대한 특수교육법이다.

1. 장애인복지법: 1981년 제정 당시 명칭이 '심신장애자복지법'

심신장애자복지법에서는 '장애자'를 '지체장애, 시각장애, 청각장애, 언어장애 또는 정신지체 등 정신적 결함으로 인하여 장기간에 걸쳐 일상생활 또는 사회생활에 상당한 제약을 받는 자'로 정의된다.

1) 2007년 개정된 장애인 복지법

제2조(장애인의 정의 등)

① "장애인"이란 신체적 · 정신적 장애로 오랫동안 일상생활이나 사회생활에서 상당한 제약을 받는 자를 말한다.

② 이 법을 적용받는 장애인은 제1항에 따른 장애인 중 다음 각 호의 어느 하나에 해당하는 장애가 있는 자로서 대통령령으로 정하는 장애의 종류 및 기준에 해당하는 자를 말한다.

1. "신체적 장애"란 주요 외부 신체 기능의 장애, 내부기관의 장애 등을 말한다.
2. "정신적 장애"란 발달장애 또는 정신 질환으로 발생하는 장애를 말한다.

제3조(기본이념) 장애인복지의 기본이념은 장애인의 완전한 사회 참여와 평등을 통하여 사회통합을 이루는 데에 있다.

제4조(장애인의 권리)

① 장애인은 인간으로서 존엄과 가치를 존중받으며, 그에 걸맞은 대우를 받는다.

② 장애인은 국가 · 사회의 구성원으로서 정치 · 경제 · 사회 · 문화, 그 밖의 모든 분야의 활동에 참여할 권리를 가진다.

③ 장애인은 장애인 관련 정책결정과정에 우선적으로 참여할 권리가 있다.

2) 2007년 개정된 장애인고용촉진 및 직업재활법

제2조(정의) 이 법에서 사용하는 용어의 뜻은 다음과 같다. 〈개정 2010. 6. 4〉

① "장애인"이란 신체 또는 정신상의 장애로 장기간에 걸쳐 직업생활에 상당한 제약을 받는 자로서 대통령령으로 정하는 기준에 해당하는 자를 말한다.

② "중증장애인"이란 장애인 중 근로 능력이 현저하게 상실된 자로서 대통령령으로 정하

는 기준에 해당하는 자를 말한다.

제3조(장애인의 기준)

법 제2조제1호에 따른 장애인은 다음 각 호의 어느 하나에 해당하는 자로 한다. 〈개정 2009. 12. 31〉

1. 「장애인복지법 시행령」 제2조에 따른 장애인 기준에 해당하는 자

2. 「국가유공자 등 예우 및 지원에 관한 법률 시행령」 제14조제3항에 따른 상이등급 기준에 해당하는 자

고용노동부장관은 제1항 각 호에 해당하는 지 여부를 다음 각 호의 어느 하나에 해당하는 자료에 의하여 확인할 수 있다. 〈신설 2009. 12. 31, 2010. 7. 12〉

1. 「장애인복지법」 제32조에 따른 장애인등록증

2. 「국가유공자 등 예우 및 지원에 관한 법률 시행령」 제101조에 따른 국가유공자증

3. 제1항 각 호에 해당함을 입증할 수 있는 장애유형별 해당 전문의가 발행한 「장애인복지법」 제32조에 따른 장애진단서가 있다.

제4조(중증장애인의 기준)

법 제2조제2호에 따른 중증장애인은 다음 각 호의 어느 하나에 해당하는 자로 한다. 〈개정 2009. 12. 31., 2010. 7. 12.〉

「장애인복지법 시행령」 제2조에 따른 장애인 기준에 해당하는 장애인 중 고용노동부령으로 정하는 장애등급 이상에 해당하는 자

「장애인복지법 시행령」 제2조에 따른 장애인 기준에 해당하는 장애인 중 제1호에 따른 장애등급보다 한 단계 낮은 장애등급에 해당하는 자로서 뇌병변장애인 · 시각장애인 · 지적장애인 · 자폐성장애인 · 정신장애인 · 심장장애인 · 호흡기 장애인 · 간질장애인 및 팔에 장애가 있는 지체장애인이다.

「국가유공자 등 예우 및 지원에 관한 법률 시행령」 제14조제3항에 따른 상이등급에 해당하는 자 중 3급 이상의 상이등급에 해당하는 자이다.

고용노동부장관은 제1항 각 호에 해당하는 지 여부를 다음 각 호의 어느 하나에 해당하는 자료에 의하여 확인할 수 있다. 〈신설 2009. 12. 31, 2010. 7. 12〉

1. 「장애인복지법」 제32조에 따른 장애인등록증

2. 「국가유공자 등 예우 및 지원에 관한 법률 시행령」 제101조에 따른 국가유공자증

3. 제1항 각 호에 해당함을 입증할 수 있는 장애유형별 해당 전문의가 발행한 「장애인복지법」 제32조에 따른 장애진단서가 있다.

3) 2007년 제정된 장애인등에 대한 특수교육법

제9조(특수교육대상자의 권리와 의무의 안내)에서는, 국가 및 지방자치단체는 제15조제1항 각 호의 장애를 가지고 있는 자를 알게 되거나 제15조에 따라 특수교육대상자를 선정한 경우에는 2주일 이내에 보호자에게 해당 사실과 의무교육 또는 무상교육을 받을 권리 및 보호자의 권리 · 책임 등을 통보하여야 한다고 규정하였고,

제15조(특수교육대상자의 선정)에서는, 교육장 또는 교육감은 다음 각 호의 어느 하나에 해당하는 사람 중 특수교육을 필요로 하는 사람으로 진단 · 평가된 사람을 특수교육대상자로 선정한다.

1. 시각장애 2. 청각장애 3. 정신지체 4. 지체장애 5. 정서 · 행동장애 6. 자폐성장애(이와 관련된 장애를 포함한다) 7. 의사소통장애 8. 학습장애 9. 건강장애 10. 발달지체 11. 그 밖에 대통령령으로 정하는 장애 중 특수교육을 필요로 하는 사람으로 진단 평가된 사람을 특수교육대상자로 선정한다고 규정하고 있다. 장애인복지법과 비교해 보면 정서장애, 학습장애와 기타 장애인 즉, 심리학적 관점에서의 장애인을 추가하여 장애인의 범위를 보다 광의적으로 규정하고 있다.

Ⅳ. 장애인복지의 목표와 영역

1. 장애인복지의 궁극적인 목적은 장애인이 이 사회에서 가치 있는 역할을 수행하며 인간다운 생활을 할 수 있도록 보장하는 것이다. 과중한 부담이 심할 경우 가족의 해체를 가져올 수도 있다. 이와 관련되는 친지, 이웃, 직장, 지역사회에까지 부정적 영향을 미칠 수도 있다. 기능을 제대로 발휘하지 못하는 신체적, 심리적, 사회적 기능들을 최대한으로 회복시키는 것이다.

1) 인간의 존엄성

① 인간으로서의 권리, 자격, 존엄성을 회복시키는 것이다.

② 장애인을 일반인과 동등한 가치를 지닌 한 사회인으로 인정하는 것이다.

2) 사회통합

사회의 여러 환경 속에서 장애인들이 자기실현과 사회적 공헌을 달성할 수 있도록 도움을 주고 꾸준한 공동체의 노력으로 통합하는 것이다.

2. 장애인복지의 영역

장애인 개개인에게 적합한 재활서비스를 제공하고, 동시에 환경적 측면에서 장애가 되는 모든 상황을 최소화하는 개입이 요구되는데, 장애인복지의 영역은 장애의 차원에 따라 개인적 영역과 사회적 영역, 양자를 연결시키는 재활서비스 영역으로 구분된다.

1) 개인적 영역

① 전인적 능력개발을 목표로 인간다운 생활을 할 수 있도록 한다.
② 장애인 복지시설이나 단체에서 제공하는 재활서비스의 지원을 받아서 의료재활, 교육재활, 직업재활, 심리재활, 사회재활을 지원한다.

2) 사회적 영역

① 사회 환경의 개선을 목표로 하며 공동체의식을 높이고 공익의 능력을 높인다.
② 사회적 환경은 물리적 환경, 제도적 환경, 국민의식 등으로 구성한다.

3) 전달체계

장애인 복지기관 · 시설, 재활병원, 전문가, 사회사업가, 장애인 단체 등이 포함된다.

3. 장애인 복지의 이념 및 사회문제

1) 인간의 가치실현

인간의 '개성', '인격', '재주', '능력' 등의 본연의 가치를 사회적 삶을 통해 드러내는 것을 말하는 것이다. 인간관계, 과학기술이나 학문의 연구, 재화의 생산, 서비스의 제공 등 다양한 사회적 활동을 통해서 사람의 가치를 사회적으로 드러내는 것을 '가치실현'이라고 할 수 있다.

각 인간은 존중받을만한 마음을 통하여 가치를 지니며 또한 민주사회 내에서 생계를 유지할 수 있는 천부의 권리를 부여받았다. 미국의 경우 장애인복지에 관한 이념적 바탕으로 다음 세 가지를 제시하였다.

① 기회의 균등이 모든 미국시민에게 보장
② 인간은 전인격적 존재

③ 모든 인간은 독특한 존재

위의 세 가지 사항은 UN의 1971년 정신지체인의 권리선언, 1975년 장애인의 권리선언, 1976년 세계장애인의 해 선언, 1980년 세계장애인의 해 행동계획, 1983년 장애인 10년의 장애인에 관한 세계행동계획, 1992년 아태장애인 10년 선언문 등에서 나타나고 있는 이념이다.

2) 장애인복지이념

(1) 인권의 존중

세계인권선언에도 장애인은 자유와 존엄과 권리에 있어서 평등하다고 하였고 장애인의 권리선언에서도 장애인은 인간으로서의 존엄이 존중되고 같은 나이의 시민과 동등한 기본적 권리를 가지고 있다.

- **우리나라의 헌법을 비롯하여 장애인복지법 등에도 장애인의 인권존중이 강하게 규정:** 사회 속에서 장애인의 인권을 존중하는 것은 사회전체의 인권을 존중하는 것이다.

(2) 생명의 존중

독일의 바이마르헌법은 제151조에서 경제생활의 질서는 모든 사람에게 사람다움에 상응하는 생활을 보장하는 것을 목적으로 하여야 함을 규정하고 인간의 생존권과 복지이념을 최초로 실정법으로 규정한다.

- 생존권은 최저생활보장을 요구하는 긴급성을 띤 생존권보다 사람다운 생활수준의 유지향상을 위한 국가적 노력을 요구하는 생활권으로 확대하여 장애의 중증화, 중복화 경향에 따라 더욱 장애인의 생명을 존중할 수 있는 재활이념의 확립이 요청되는 것이다.

(3) 전인격의 존중

우리 사회가 장애인을 보는 시각은 장애를 통하여 그 사람의 전체를 장애인으로 규정하고, 장애인을 전체적으로 보아야 한다는 것이며 장애인도 현상으로는 장애를 가지고 있으나 한 인간으로서 하나의 전체적인 것이다.

(4) 사회통합(Social Integration)의 존중

장애인 재활의 이념 가운데 최근에 특히 강조되는 것은 정상화(normalization)인데 이것은 장애를 가진 사람을 장애인으로 취급하는 것이 아니라 그 전에 한 사람의 인간으로서 보통의 생활환경 속에서 정상의 생활을 하도록 하는 사회의 실현을 꾀하려는 생각이며, 지역사회에서는 어떠한 장애인이라도 함께 존재하는 것이 정상적인 사회이다.

(5) 평등의식의 존중

세계의 장애인이나 우리나라의 장애인이 직면하고 있는 근본적인 문제 중의 하나가 편견이나 차별이 구조적인 문제라는 것인데, 우리나라의 장애인은 이중의 불행을 지고 있다. 그 하나는 장애를 가진 것이고 다른 하나는 사회의 이해부족이나 편견과 차별을 상대하지 않으면 안 된다는 것이다.

우리나라의 현대사회에서 뿌리 깊이 박혀있는 편견이나 차별에 대하여 평등의식이 존중되지 않는 한 장애인복지는 발전이 어려울 것이다.

4. 장애로 인한 사회문제

1) 장애인 문제의 복잡성

장애인은 주위 환경으로부터 부차적으로 파생되는 여러 가지 문제가 나타난다. 예를 들면, 학교입학의 어려움, 취직난, 가족의 혼인에 따른 영향이 있다.

2) 빈곤 문제

장애로 인한 빈곤은 비자발적인 원인에 의해서 발생하는 경우로서 그에 대한 대책은 사회에서 책임을 두어야 하며 개인에게 과중한 책임을 묻는 것은 지양해야 한다.

3) 장애로 인한 편견과 차별

장애인은 소수인으로서 겪는 어려움이 있는데 예를 들면, 편의시설, 교통수단, 건축물 등 장애인이 장애를 극복하였다 하더라도 장애가 있다는 이유만으로 사회로부터 냉대를 참고 견디어야 하는 일은 장애인이 이중의 불행을 지고 살아간다는 것을 의미한다.

따라서 차별과 편견이 뿌리깊이 박혀있는 현대사회에서 평등의식의 존중을 위한 부단한 노력이 필요하다.

1980년대 한국 장애인운동의 주된 관심사는 '노동권'이었고, 이는 '장애인고용촉진법' 제정 요구로 나타났다. 이 법률은 1989년 12월 국회를 통과했지만, 그 혜택을 받을 수 있는 것은 소수의 경증 장애인에 불과했고, 대다수 영세 장애인들은 노동시장 바깥의 비공식 경제 부문에서 생계를 유지해야만 했다. 그때까지 앵벌이, 행상, 노점상, 야시장, 신문판매원 등으로 신문지상에 모습을 드러냈던 영세 장애인 문제는 장애인 운동의 핵심 의제가 아니었다. 이 문제가 사회적 관심사로 떠오른 것은 1991년 9월 한국지체장애인협회 장기철 회장이 '앵벌이 장애인을 갈취하는 폭력조직'이 존재한다며 경찰에 수사를 의뢰하고, 그 후 대대적인 '앵벌이 단속'이 이뤄지면서부터다. 이 사건은 행상 · 구걸 장애인들의 '밑바닥 조직'이었던 대한성인장애인복지협의회의 거센 반발을 불러왔다. 이는 또한 기존의 청년 장애인 운동 조직들이 영세 장애인 문제에 연대하는 계기를 제공했다. 1995년 장애인 노점상 최정환 열사 장례 투쟁 이후 영세 장애인 문제는 장애인 운동의 핵심 의제로 떠올랐고, 장애인 노점상 운동 조직인 '장애인자립추진위원회'가 결성되기에 이르렀다. 그러나 이러한 시도는 1990년대 후반 장애인운동의 급속한 제도화 · 주류화 시도 속에서 조기에 청산되고 말았다[1].

Ⅴ. WHO에서의 장애의 개념

1. 장애인의 정의

국제노동기구(ILO)에서는 장애인을 "신체 또는 정신상의 결함으로 인해 적절한 직업을 확보 유지해 나갈 전망이 없을 정도의 실제적인 손상을 가진 장애인"으로 정의한다.

WCC에서는 "Differently Abled Person"으로 표시하여 할 수 있는 존재(Abled Person) 한국장애인단체 총연맹에서도 이 정의를 사용하여 단체명을 표기하였다.

- 미국 장애인법(Americans with Disabilities Act)

  일상생활의 행동에 중대한 곤란이나 제한이 있는 사람으로 정의하며 장애가 있었던 기록이 있는 사람(예: 과거에 간질발작을 일으킨 적이 있다는 의료기록이 남아 있는 사람) 주위사람으로부터 장애인이라 차별받게 되는 사람(예: 비만, 얼굴에 흉터가 있는 사람 등)으로 구분하였다.

  고용에 있어서 일할 수 있는 자격이 있는 장애인을 적격장애인(Qualified Individual with a Disability)라 부르며, 자격이 있음에도 불구하고 장애라는 이유로 차별해서는 안 된다는 것을 규정하고 있다.

1980년 WHO는 장애를 장애분류모델(ICIDH-1: International Classification of Impairment, Disability, and Handicap)을 발표하였고 다음과 같이 도표화하였다.

---

1) 발췌논문: '앵벌이 장애인'의 외침은 어디로 갔는가: 1980~1990년대 영세 장애인 문제와 장애인운동의 대응

표 1-1 ICDIH(1980)

Disease/Disorder	➡	Impairment	➡	Disability	➡	Handicap
질병		손상		능력		사회적 불리

1) 이 구조를 재활서비스와 연관하여 다음과 도표화

표 1-2 세계보건기구의 장애의 정의와 재활서비스

Impairment 1차적 장애		➜	의료적으로 원인 제거 → 회복		
기능장애	뇌의 기능 마비, 수족의 마비 또는 절단, 시력의 상실 등				
심리적 생리적 해부학적 구조나 기능의 손실 또는 비정상					
↓					
Disability 2차적 장애		➜	의료적, 사회적, 심리적, 교육적, 직능적 각종 재활서비스 제공 → 장애로 인한 능력 손실의 최소화/또는 잔존능력의 최대한 개발지원		
능력장애	신변처리 능력저하 운동활동 능력 저하				
↓					
Handicap 장애인의무고용 3차적 장애		➜	사회제도 환경	개선	편의시설 등의 개선
기능장애나 능력장애로부터 야기되는 것으로써 연령, 성, 사회 문화적 요인에 따른 정상적인 역할의 수행을 제약 또는 방해하는 개인에 대한 불이익			국민의식 등		장애인 먼저 운동 추진

표 1-3 ICIDH에 의한 장애의 개념

개념	의미	차원
건강상태	병리학적인 변화로서의 증상이 있다. 즉, 개인적인 차원에서 어떤 "비정상성"이 발생했다.	–
손상	임상적인 질병을 다른 사람이 인식할 수 있게 되었다. 즉, 일반 타인이 개인의 어떤 "비정상성"을 인식하였다.	신체적 차원
기능제약	활동상의 능력 제한이 발생했다. 즉, 개인적인 차원에서 활동 수행 능력이 감소되었다.	개인적 차원
사회적 불리	개인의 활동상의 능력 제한에 대하여 사회적 참여의 제한이라는 사회적 반응이 발생했다. 즉, 개인은 다른 사람에 비해 불리한 상황에 처해졌다.	사회적 차원

자료: WHO. 1980. ICIDH: International classification of impairments, disabilities, and handicaps. Geneva: Author.

2) 1997년 WHO가 장애의 개념, 범주 등에 대하여 새로이 제안하고 있는 ICIDH-2는 개인뿐 아니라 사회 환경 맥락이 강조되어 다음과 같이 도표화하였다.

표 1-4 ICIDH-2(Betal/1997)

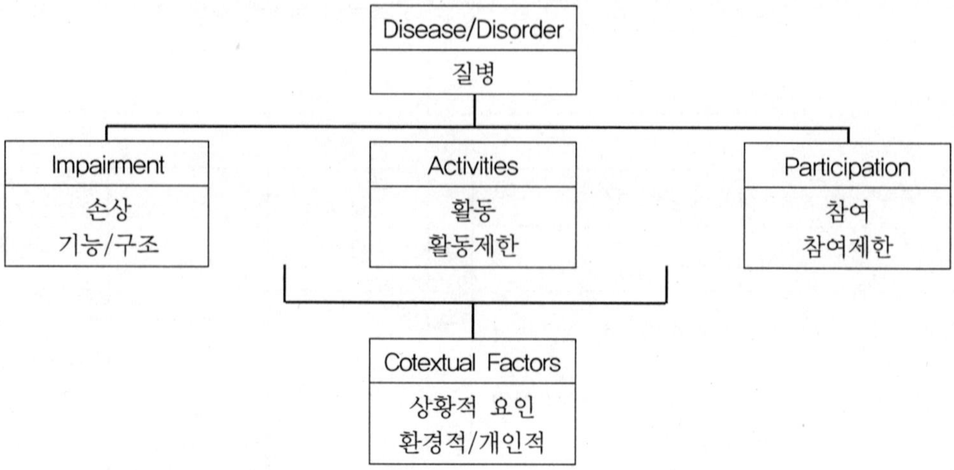

3) 개별적 모델과 사회적 모델의 개념적 차이를 한 체계 안에서 다음과 같이 설명하고 있다. 즉 한 개인이 접하게 되는 장애를 세 가지 축(손상, 활동, 참여)로 설명하면서 손상

과 활동을 개별적 모델의 개념을, 상황요인과 아울러 참여는 사회적 모델에서의 환경을 제시하고 있다.

표 1-5 WHO의 ICIDH-2 안

	손상유형 (impairment)	활동 (Activity)	참여 (Participation)	상황요인 (Contextual Factors)
기능의 수준	신체 (신체의 부분)	개인 (전체로서의 개인)	사회 (사회와의 관계)	환경적 요인 (기능상의 외부적 영향) 개인적 요인 (기능상의 내부적 영향)
특징	신체기능 신체구조	개인의 일상 활동	상황에 대한 참여	신체적, 사회적, 태도적 세계의 형태
긍정적 측면	기능적, 구조적 통합	활동	참여	촉진자
부정적 측면	손상	활동제한	참여제한	장벽, 어려움

4) ICF(2001)

ICF에서는 개인적 장애나 질병과 상황적 맥락과의 상호작용에 의하여 기능과 장애를 설명하였다. 특정영역에서의 개인들의 기능수준은 건강상태와 배경요인(contextual factors)의 상호작용의 결과라고 보는 것이다.

(1) ICF의 목적

건강과 건강관련 상태, 결과 그리고 결정요소를 이해하고 조사하는 과학적 기초를 제공하며, 건강과 건강관련 상태를 설명하는 공통용어를 설명함으로써 건강관리 관계자 연구원 정책입안자 대중 그리고 장애인과 같은 상이한 사용자들 간에 원활한 커뮤니케이션이 이루어질 수 있도록 돕는다.

(2) ICF의 범위

- **'기능(functioning)과 장애(disability)'의 구성요소:** 신체계통의 기능적 분류와 신체계통의 구조적 분류로 구성, 활동과 참여 요소는 개인적 관점과 사회적 관점에서의 기능측면에 관련된 모든 영역을 포괄한다.

• 배경요인(contextual factors): '환경요인(environmental factors)'은 기능과 장애의 모든 구성요소에 영향을 미치고 개인의 가장 당면한 환경에서 일반적인 환경 순으로 정리되어 있다.

표 1-6 ICF에 의한 장애 개념

<table>
<tr><th>구분</th><th colspan="2">영역 1: 기능과 장애</th><th colspan="2">영역 2: 상황적 요소들</th></tr>
<tr><th>구성요소들</th><th>신체기능 및 구조</th><th>활동과 참여</th><th>환경적 요소들</th><th>개별적 요소들</th></tr>
<tr><td>영역</td><td>신체 기능
신체 구조</td><td>생활영역
(과업, 행동 등)</td><td>기능과 장애에 영향을 미치는 외적 영향력들</td><td>기능과 장애에 영향을 미치는 내적 영향력들</td></tr>
<tr><td>구성물</td><td>신체기능의 변화(생리학)
신체구조의 변화(해부학)</td><td>표준 환경에서의 과제수행 능력
현재 환경에서의 과제수행 정도</td><td>물리적, 사회적, 인식적 측면에서 촉진 또는 방해하는 힘</td><td>개별 특성에 의한 영향</td></tr>
<tr><td rowspan="2">긍정적 측면</td><td>기능적, 구조적 통합성</td><td>활동과 참여</td><td rowspan="2">촉진요소들</td><td rowspan="2">해당 없음</td></tr>
<tr><td colspan="2">기능</td></tr>
<tr><td rowspan="2">부정적 측면</td><td>손상</td><td>활동제한 및 참여 제한</td><td rowspan="2">장벽/방해물들</td><td rowspan="2">해당 없음</td></tr>
<tr><td colspan="2">장애</td></tr>
</table>

자료: WHO. 2001. ICF: International classification of functioning, disability and Health. Geneva: Author.

※ 세계보건기구의 장애개념 변화를 정리하면 다음과 같다.

첫째, 장애개념을 광범위하게 규정

둘째, 장애를 규정하는 개념이 단순모델에서 복합모델로 전환

셋째, 장애의 개념 규정에서 환경적 요인들을 점차 강조

넷째, 장애의 개념 규정에서 긍정적인 용어 사용을 강조

장애인복지의 이념과 변천과정 및 패러다임의 변화

CHAPTER

02

CHAPTER 02

장애인복지의 이념과 변천과정 및 패러다임의 변화

Ⅰ. 장애인복지 이념

1. 장애인복지의 이념

1) 인권 보장의 이념

- 헌법 제10조: 모든 국민은 인간으로서의 존엄과 가치를 가지며, 행복을 추구할 권리를 가진다.

인간에게 권리가 있다는 것은 단지 인간이라는 것만으로도, 그 사람이 존재하고 있다는 것만으로 '인간은 누구나 인간으로서 존엄하고, 인간으로서의 평등한 가치를 가진다'는 인식을 기반으로 하는 것으로서 인권은 어떤 자격과 조건을 필요로 하지 않는다.

장애인은 '장애'가 있다는 이유로 인간의 기본권인 인간의 존엄성, 생존권, 생명 존중의 가치가 부인되기 쉽다. 이는 헌법 정신에 가장 어긋나는 것이며 장애인 복지에 있어 가장 기본적으로 추구해야 하는 것이 바로 인권(Human Rights) 보장의 이념이다.

2) 인간다운 생활의 보장

- 헌법 제34조: 모든 국민은 인간다운 생활을 할 권리를 가진다.

인간의 존엄성에 대응하는 "건강(육체적 · 정신적 · 사회적 건강)하고 문화적인 생활"을 할 권리를 뜻하는 것이다(WHO: 건강이란 육체적 · 정신적 · 사회적으로 완전히 좋은 상태에 있는 것이라고 규정).

건강	육체적 건강	① 현재 가지고 있는 육체적 질병을 치료하고 건강상태로 복귀 ② 육체적 질병에 감염되지 않게 예방 ③ 건강한 소질을 가진 인간을 육성
	정신적 건강	① 현재 가지고 있는 정신적 장애를 치료 ② 정신적 장애를 가지지 않도록 예방 ③ 건강한 정신적 소질을 가진 인간을 육성
	사회적 건강	① 현재 보호를 필요로 하는 사람을 보호 ② 사회적 부적응 상태가 발생하지 않도록 예방 ③ 사회공동의 복지를 증진

3) 자립생활(Independent Living)의 이념

타인에게 의존하지 않고 스스로 자주적이며 독립적인 생활을 영위하는 것이다.

장애인 스스로가 자신의 삶을 선택하고 결정(self-determination)하며 자신의 생활전반에 대한 통찰력을 가지고 있음을 나타내는 것이다.

① 장애인 스스로가 자신이 어디에서 살고 싶은지

② 누구와 함께 살고 싶은지

③ 어떤 생활방식으로 선택할 것인지

④ 자신의 시간과 경제적 상황 등을 어떻게 활용하고 소비하고 싶은지

사회복지에서의 자립은 경제적 자립과 더불어 서비스 대상자에게 내재하고 있는 잠재적 능력을 발전시키기 위한 끊임없는 노력과 스스로의 독자적이고 선택적인 주체적인 삶으로 스스로 선택하고 결정한 삶에 대해 책임을 질 수 있는 삶이라는 관점을 강조하는 것이다.

따라서 사회복지의 목표는 모든 국민이 자기결정 원칙에 의한 자립생활을 영위해 갈 수 있게 촉진하고, 그와 같은 생활의 조건을 확보해 가는 데 있다.

4) 정상화(Normalization) 이념의 확보

1950년대 후반 북유럽에서 시설 중심의 장애인복지 접근을 비판하면서 출발하여 1969년 Nirje가 지적장애인도 일반 부류의 사람들과 동일한 생활방식과 환경에 가깝도록 살아가야 함을 강조한다.

1983년 Wolfensberger가 '사회의 일상생활에서 장애인이 사회의 보편적인 흐름에 합류하

기 위하여 문화적인 수단'을 이용하여야 한다는 것과 그 문화적인 수단으로 '가치 있는 사회적 역할(social role valorization)' 강화를 제시하면서 사회복지에 적용되기 시작하였다.

가치 있는 사회적 역할 강화로 이전에 가치를 박탈당하였던 사람들이 지역사회에서 가치 있는 역할을 할 수 있도록 교육, 훈련, 노동을 통해 완전한 사회참여를 하여야 함을 나타내는 이념이다.

모든 사람은 정상적인 생활을 할 권리를 가지고 있다는 것. 따라서 사회복지는 일반 국민이 갖고 있는 장애인에 대한 편견, 차별의 이데올로기를 감소시켜서 정상화의 이념과 가치를 사회 내부에 정착시켜 나가도록 노력하는 것이다.

5) 사회통합(Social Integration)의 이념

장애인이 사회구성원으로서 역할을 수행하며 살아가는 것이다.

① 장애인이 사회에 완전하게 참여하기 위해서는 그 사회가 장애인의 참여에 부정적인 것 즉 제약조건을 없애야 한다.

② 사회통합의 이념은 장애인이 사회구성원으로서 성장과 발달을 할 수 있는 경험, 개인생활에 있어서 중요한 선택상황에의 참여, 지역사회 내에서 생활 등이 실행될 때 이루어질 수 있다.

③ 요보호자를 사회적으로 배제하는 것이 아니라 이들을 전체 사회체계 속에 적극적으로 참여하게 하고 통합시켜 가는 것이 전체 사회의 발전을 위하고 모든 국민으로 하여금 인간다운 생활을 확보하게 하는 지름길이라는 신념이다.

장애인복지 목표	1. 인권존중과 평등 2. 완전 참여를 통한 사회통합 3. 자립생활 4. 정상화
목표에 따른 3대 기능	1. 최적의 기능으로 치료적이고 재활적인 것으로 사회적 관계의 붕괴나 상호작용 과정에서 갈등을 조정하고, 입는 손상의 요인을 발견하여 통제하고 제거하는 것 2. 자원제공의 기능으로 개발적이고 교육적인 기능으로 사회자원을 찾아내어 조정하는 것과 신체적, 지적, 정서적, 정신적 영역 안에서 개인의 상호작용 능력을 개발하는 것 3. 예방의 기능으로 사회적 기능을 저해하는 조건이나 상황을 조기에 발견하여 통제하거나 조정하고, 제거하는 것

장애인 복지의 이념	
풍요의 이념	장애인의 복리향상
상호관계의 이념	장애인의 사회적 조화
개발계획의 이념	장애인의 능력개발과 평등화
사회적 기능 회복의 이념	장애인의 재활, 갈등조정
사회보장의 이념	장애인의 생활보장

2. 장애인복지에 결집된 기본이념

- **장애인복지의 궁극적인 목표:** 모든 장애인이 존재해 있는 사회에 평등한 인간으로서 완전한 참여를 이루는 사회통합이다.

사회통합을 이루는 세 가지 과정				
주류화 (외곽이 아닌)	➜	정상화 (특수화되지 않은)	➜	평등화 (이상도 이하도 아닌)

1) 인권 대등성의 원칙

사회구성원으로서 장애인을 특별 취급하지 않고, 권리와 의무의 주체로 생각하는 것이다.

(1) UN의 "장애인에 관한 세계행동계획"

- **제2항:** 다른 모든 사람과 동일한 권리를 가지고 있고, 평등의 기회를 보장받지 않으면 안 된다.
- **제26항:** 장애인은 평등한 권리를 가짐과 동시에 의무를 지고 있다.

(2) 우리나라 헌법

- **제34조 제1항:** 장애인은 개인으로서의 존엄과 가치를 존중받으며, 이에 상응하는 처우를 받는다(생존권 보장).

2) 장애의 개별화 원칙

장애는 범주나 등급에 의하여 유형화(typology)에 따라 일반화할 수 없으며, 장애는 개인에 따라 적응하기 위한 각기 다른 특성을 가지고 살아간다.

- UN "장애인에 관한 세계행동 계획" 제8항: 장애인에게 동질의 진단은 없다. 즉 의학적으로 장애인은 모두 다른 성질을 가지고 있으며, 각기 다른 방법으로 그것을 극복하지 않으면 안 되는 것이며, 장애가 갖는 개별적인 의미를 파악하고 그 사람에게 적합한 해결방법을 찾아내어 자원을 조달하고 조정활동을 하는 것이 대단히 중요하다.

3) 발달보장의 원칙

심신의 기능에 장애가 발생하였다 하더라도 인간은 보상기능에 의해서 생존에 필요한 능력, 즉 타 기관의 기능을 총체적으로 높여 가는 것이며 모든 개체는 변화 · 발달해감으로 발달의 가능성을 신뢰하고, 인간의 잠재력에 개입하는 노력이야말로 '발달 보장'을 지향하는 장애인복지의 원칙이다.

4) 참여와 평등의 원칙

사회통합으로서 장애인의 완전참여와 평등의 진행은 장애인과 일반인이 분리되지 않고, 친구가 되어 혼연 일체의 체계가 형성되는 상태이다.

(1) 장애인복지법 제3조

- 2항: "누구든지 장애를 이유로 정치적 · 경제적 · 사회적 · 문화적 생활의 모든 영역에 있어 차별을 받지 아니한다."(평등)
- 3항: "모든 장애인에게는 국가 · 사회를 구성하는 일원으로서 정치 · 경제 · 사회 · 문화 기타 모든 분야의 활동에 참여할 기회가 보장"이다.

5) 기회의 균등화와 정상화의 원칙

- UN "장애인에 관한 세계행동 계획" 제12항: 기회의 균등화란 물리적 환경, 주택과 교통, 사회적인 서비스와 보건서비스, 교육과 노동의 기회, 스포츠와 레크리에이션의 시설을 포함한 문화 · 사회생활이라고 하는 사회 전체적인 기구를 모든 사람들이 이용할 수 있게 해 가는 과정이다.
- 정상화: 기회 균등화의 원리에 의해 실현된 차별이 없는 모든 사람에게 열려있는 상태이다.

Ⅱ. 서구의 장애인 복지 변천과정

1. 근대 이전

1) 고대 장애인 차별사상

고대사회의 당면문제로는 자기생명의 보존과 자연으로부터의 종족 보존이었다. 따라서 신체적 기능은 인간적 가치를 결정하는 요인이었고, 원시적 도구를 사용한 고대사회에 있어서 건강한 신체적 조건은 양질의 생산수단이 되기 때문에 인간적 가치를 인정받을 수 있었으나 원시적 생산수단을 갖지 못한 장애인은 생존경쟁에서 자연 도태될 수밖에 없었다.

기원전 5세기 고대 도시국가는 장애아를 절벽에 던져 버리거나 유아살해되었고 그리스, 로마에서는 국가가 적극적으로 장애아의 살해를 인정하였다.

고대 스파르타에서는 출생 아동의 대한 부족, 장로의 심사에 따라 허약아, 장애아는 자기를 위해서나 국가를 위해서 이로울 것이 없으므로 유기하도록 명령하였다.

로마인들은 청각언어장애인들을 리벨강에 익사시키거나 투기장, 흥행장 또는 귀족들의 연회장의 노리개로 이용하였으며, 네로왕제는 활쏘기의 연습표적물로 사용하였다고 전한다.

2) 중세 시대의 자선적 봉사

기독교의 가르침에 따라 빈민이나 장애인에 대한 구제보호사상이 태동하였고 4세기경 성 니콜라스(Nicolas)와 바질(Basil)은 정신지체인과 시각장애인을 위한 양로원을 설치하여 운영하였다.

성 크리스소톰(Chrysostmus)은 빈곤자와 시각장애인, 지체장애인을 위한 보호시설 운영과 5세기경 림나에우스(Lymnaeus)는 시리아에 시각장애인 보호소를 설치하였다.

바바리아의 영주는 1178년 시각장애인을 위한 작은 시설을 설립하여 교육활동도 기획하였으며, 성 루이스(Louis)는 1260년 십자군 당시의 실명군 300명을 대상으로 대규모의 시각장애인 보호시설을 설립하였다.

영국의 윌리암(Willam)은 11세기경 시각장애인 및 질병자의 구빈원을 4개 설립하였다.

2. 근대

근대사상의 영향과 장애인관의 변화를 보면, 15세기에서 17세기까지의 종교개혁(Reformation), 르네상스(Renaissance), 산업혁명(Revolution) 등의 주요사건은 인간에 대한 이해 변화와 아울러 장애인에 대한 인식변화까지 초래하였다.

1) 르네상스와 인문주의 교육사상

신 중심에서 인간 중심으로, 내세주의에서 현세주의로, 금욕주의에서 자연주의로, 권위주의에서 이성주의로 변화되면서 근세적인 인간중심주의로 환원(Reduction)하여 장애인의 본성과 장애의 본질을 현실적 근거에서 합리적으로 이해하도록 하였다.

2) 종교개혁 사상

마틴 루터는 장애인도 스스로의 자연스러운 선한 마음을 가지고 하나님과 접촉할 수 있다고 주장하고, 장애아동도 교육의 대상에 포함시켰다.

3) 의학의 발달과 장애인에 대한 과학적 이해

의학의 발달로 인하여 장애의 생리와 병리를 과학적으로 해명함으로써 장애에 대한 과학적 이해에 근거하여, 장애에 대한 미신적 편견을 해소하는데 도움을 주었다.

4) 장애인교육의 개시

16, 17세기에 스페인을 중심으로 농아자에 대한 언어지도방법의 모색 등이 그 대표적인 예이며, 스페인의 Ponce(1520~1584)는 선천농아동에게 음성언어를 지도하였고, Bonet(1579~1623)는 농아자를 위한 알파벳 지문자를 개발(김병하, 1979)하였다.

특수교육의 선구적인 역할을 한 나라는 프랑스로, 18세기 후기에 Pereire(1715~1780)가 촉지각에 기초한 농아동의 언어 지도법을 개발, 언어의 자연적 발달원칙에 따른 일상 생활적, 경험적 농교육방법을 확립하고 정신 지체아 교육을 태동케 하는 데 중요한 역할을 하였다.

- 장애자 교육방법을 연구한 최초의 사람은 프랑스의 의사이며 농교육자인 Itard(1775~1838): Pereire의 농교육방법론에 영향을 받아 감각훈련 방법을 적용하여 「Aveyron의 야생아」에 대한 교육실험을 실시함으로써 특수교육방법의 발전의 기초를 세웠다.

1799년 9월 파리 근교의 아베롱이라는 숲에서 11~12세 가량의 야생소년이 발견되었는데, 이 소년은 5~6세 경에 산 속으로 들어가 혼자 살아온 것으로 추정. 당시 이따르는 자기의 스승 Pinel(1745~1826)의 만류에도 불구하고 5개의 목표를 설정하여 5년간 교육을 시도. 제3의 목표인 언어훈련 영역에서는 소기의 성과를 거두지 못했으나 감각훈련 영역과 사회성 훈련은 다소의 성과를 거두었다고 보고되었다(김정권, 1978).

언어훈련에서 2~3개의 단음절을 발성하는 것 이외의 발달을 보이지 않은 것은 언어발달의 결정적 시기가 지났기 때문으로 풀이되며, 비록 이따르의 노력이 빅터(Victor)를 정상아동으로 만들지는 못했지만 그의 조직적인 교육방법에 크게 영향을 미쳤다.

이따르의 제자인 세강은 감각훈련 방법과 경험론의 영향을 받아 정신지체아의 교육원리로써 이른바 생리학적 교육방법을 개발하고 세강은 신경생리학적 가설에 근거하여 정신지체아의 불완전한 감각기관의 훈련을 통해 지적 · 도덕적 단계까지 끌어올리는 것을 목적으로 하였다.

이러한 교육방법은 몬테소리의 유아교육 방법론에 많은 영향을 미친 바 있으며, 그녀는 유아교육의 선구자로 알려져 오늘날에도 그녀의 교육원리가 현장에 적용되었다. 19세기의 이따르, 세강, 몬테소리 등에 의해서 확립된 교육방법은 오늘날 특수교육의 기초가 되었으며 큰 영향을 미쳤다.

그들이 실시하고 제안한 교육방법에서 돋보이는 것은 계열화된 교육과제, 교육적 자극의 반응, 환경의 조정, 보상, 아동의 특성을 고려한 교수, 소질에 대한 신념 등으로써 매우 놀랄 만한 내용이다(Hallahan and Kauffman, 1978)라고 하였다.

(1) 농학교 설립

세계 최초로 특수아동을 위한 학교교육은 1750년대에 설립된 프랑스 농학교이다.

de I'Epee는 수화법(manual method)에 의해 농교육을 시작하여 농아동을 위한 언어지도 방법으로서 수화법이 크게 보급되었다.

1778년 독일의 라이프찌히에서 세계 최초의 공립농아학교가 Heinicke(1728~1790)에 의해 설립: 수화를 지팡이에 비유하여 구화교육의 필요성을 강조하였다.

미국의 특수학교 교육의 성립은 1815년 Gallaudet의 유럽농교육 시찰이 중요한 계기: 「갈라뎃」은 파리 농학교에서 연수를 마치고 1816년 Hartford에서 7명의 농아를 데리고 콜럼비아 농학교(Columbia Institution for the Deaf)를 설립하여 1817년에 뉴욕농아학교가, 1820년에는 펜실베니아학교가 설립되었다.

(2) 맹학교 설립

1784년 Haley(1745~1822)는 파리에서 세계 최초의 맹학교(Koyal Institution for Blind Youth)를 설립: 이 학교는 뒤에 국립 맹학교로 개편하여 맹아와 농아를 모두 수용한 기관으로 발전하였다.

미국 1831년 Wood에 의해 뉴욕맹학교가 설립되었고, 여기에서 그 유명한 4점의 뉴욕점자(::)가 창안됨. 1832년 Howe(1801~1876)에 의해 세워진 퍼킨스맹학교(Perkins Institution and Massachusetts School for the Blind)는 오늘날에도 세계 맹교육의 선구적 역할을 하였다(Reynolds and Birch, 1977).

한편 맹학교 교육의 발전에 공헌한 인물로서 Louis Braille(1809~1852)는 1829년에 6점(종 3 횡 2)으로 된 점자 알파벳을 만들어 1834년에 이를 다소 개편하여 현재의 형을 완성하였다.

(3) 정신지체학교 설립

정신지체아의 교육은 다소 늦게 발전했으나 프랑스가 1835년, 영국이 1847년, 덴마크가 1855년에 정신지체학교를 설립하였다.

농교육의 발전 과정에서 언어지도방법이 중요한 요인이 되었고, 맹교육에서는 점자의 고안이 결정적 역할을 했듯이 정신지체아교육의 발전에는 지능검사의 개발: Binet(1857~1911)은 1905년에 지능검사 척도를 창안하였다.

미국의 정신지체학교 교육은 1848년 「세강」이 도미한 후 「하우」와 협력하여 큰 성과를 거두었다. 「세강」은 펜실베니아 정신지체학교(Pennsylvania Training School for Idoits)를 설립하고 교장으로 취임하고. 1848년에 Wilbur는 사립정신지체학교를 설립하였는데, 이는 미국 최초의 정신지체학교가 되었다.

(4) 지체부자유학교 설립

지체부자유아학교 교육은 초기에는 정형외과적 측면에서 치료적 조치가 강조되었으며, 19세기에 들어와서는 치료와 교육적 조치도 병행해서 강조됨으로써 이때부터 특수교육에 있어서 이른바 치료교육(요육)이 강조되었다.

1832년 독일에서는 Kurz에 의해 교육시설이 마련되었고 1851년 영국 멜본에 유럽 최초의 지체부자유아교육시설이 운영. 1900년에는 미국에서 지체부자유아 특수학교가 설립되었다.

3. 현대 장애인 복지 체계화 과정

1) 현대 장애인복지 태동기(1910~1960)

영국에서 1919년 임의할당제도로서 퇴역상이군인을 일정비율 이상 자주적으로 고용하고 있는 고용주의 방명록 제도를 설치하였고, 1944년 3월 신체장애인 고용법이 제정되었다. 신체장애인의 직업훈련, 직업재활, 중증 신체장애인의 원조를 포함시켰다.

이탈리아에서 1921년 전쟁 지체장애인의 고용의무를 정한 법률을 제정하고, 1947년 10월 산업재해, 직업병에 의해 신체 장애인이 된 자에 대한 의무고용을 정한 산재장애인의무고용법을 제정, 50명 이상 종업원을 가진 민간 기업은 50인마다 1인의 신체 장애인을 고용하며, 독일은 1953년 3월 신체장애인고용법 제정하여 프랑스는 1955년 할당 고용법을 제정하여 신체장애인의 아내를 고용하고 1957년 재활기준법을 제정하여 신체장애인의 직장재적응, 직업재교육, 직업훈련, 우선고용, 보호고용을 규정하였다.

2) 현대 장애인복지 전환기(1970년대)

- 1971년 UN은 정신지체인의 권리선언을 채택: 장애인의 그 장애의 원인 및 특질 정도에 상관없이 같은 연령의 시민과 동등한 기본적 권리를 가진다.

1975년 UN은 장애인의 권리선언 채택이 있었고 영국은 1944년 장애인 고용법에 이어 1970년 만성병 및 장애인법을 제정하여 중증장애인의 사회적 자립을 위한 역구에 대처하고, 독일은 1970년 장애인 재활촉진을 위한 활동 강령으로 전쟁희생자 원호와 재해보험의 이원적 구조를 단일화시켰다. 미국은 1970년 발달장애인 서비스 및 시설건축물법을 제정하여 장애의 기능적 정의와 분류별 정의를 명시하고 1973년 직업재활법을 재활법으로 명칭 변경하고, 1974년 보스턴 자립생활센터가 설립되었다. 1975년 장애아동교육법이 제정하여 장애의 정도와 관계없이 학교에서 교육을 받게 하였다. 1972년 버클리 자립생활센터를 설립하였다.

3) 현대 장애인복지 발전기(1980년대)

1981년 세계장애인의 해(International Year of Disabled Persons)로 정하고 완전 참여와 평등(Full Participation and Equality) 아래 1983년~1992년은 UN 장애인 10년으로 선포하고 장애인에 대한 세계행동계획을 발표하였다.

1986년 스웨덴은 정신지체인 특별법을 제정하고 1981년 영국에서 장애인법(일상생활의 편의를 도모하기 위해 건축물의 출입구에 장애인 편의시설 및 주차공간 확보에 대한 책임을 명시), 1986년 개정 장애인법(지방정부의 공공 서비스에 대한 책임을 명시하고, 장애인을 위한 서비스의 계획부터 실행까지, 전체의 정책결정 시 장애인 대표와 장애인 의견을 수렴하도록 함)을 제정하였다. 1984년 미국에서 발달장애인법이 제정되었다.

4) 현대 장애인복지 도약기(1990년대)

스웨덴은 1993년 UN에서 제정한 장애인을 위한 기회균등을 위한 표준규칙에 따라 UN이 정한 표준기준을 준수하고 1991년 장애인 옴부스만 사무소를 설치하고, 1990년 미국장애인법(American with Disabled Act)을 제정하여 장애인 재활의 궁극적 목표는 장애인의 평등하고 완전한 사회참여와 통합을 달성하는데 장애인의 재활과 균등한 기회부여가 전제조건이 되었다. 이를 위하여 사회적 물리적 장벽을 규제해야 된다.

1992년 호주는 장애인 차별금지법을 제정, 인종, 민족, 성, 장애, 원주민을 이유로 한 차별을 금지하고, 1995년 영국에서 장애차별금지법을 제정하였다.

Ⅲ. 한국의 장애인 복지 변천과정

1. 삼국시대

국가는 환과고독(鰥寡孤獨), 노병빈핍(老病貧乏)한 백성을 대상으로 안정책과 위무책을 실시하고, 구제사업은 관곡진급(官穀賑給), 사궁구휼(四窮救恤), 조조감면(租調減免), 종자 및 식량급여, 이재민에 대한 군주의 친순 및 위문, 역농방재, 종묘 불사기도 등이 있다.

고국천왕 16년 7월에 환과고독(鰥寡孤獨), 노병빈핍(老病貧乏)으로 불능지존자를 구휼하였다. 고국원왕 2년 늙고 병든 자에게 물품을 지급하였다.

2. 고려시대

1) 구휼제도

- **창제:** 태조원년(918)의 흑창, 성조 5년(986)의 상평창, 충선왕 5년의 유비창 등이 발달함으로서 진대사업 곡식을 비축해서 춘궁기나 재해로 인해 재해빈민이 발생할 때 대여하여 가을이나 풍년에 상환하도록 하는 제도가 크게 발달하였다.
- **재면사업:** 성종 7년(988년)에 재면법이 제정되어 이재민에게는 조세와 부역을 감면하고 은면사업, 사궁사업, 행려자보호 등의 구제사업을 실시했다. 특별히 장애인에 대한 구제는 의료구제에서 찾아볼 수 있다.
- **대의감:** 성종(982~1009년) 때 의료교육기관으로 대의감이 설립되었고, 예종 때 대의감 부속 약국을 설치하여 의료제도의 발전을 가져왔다.
  서민의 구료기관으로 혜민국을 설치하였고, 왕과 왕실의 의약담당기관으로 상약국을 설치하였으며, 관리들의 치료기관으로 태의감을 설치하였다.
- **제위보:** 고려 광종 14년(1963년)에 기금을 설치하여 빈민, 기민, 병약, 폐질자를 구제한 기관. 제위보는 대비원과 같이 관에서 주관하는 구료기관이 아니라 재단법인격인 구제기관이다.

- **구제도감**: 예종 4년(1110년)에 설치되어 질병기근으로 발생한 빈민, 기민, 병약폐질자에 대한 관립 구제기관이다. 서민이 위급한 상황에 처했을 때 곡물, 죽, 소금, 기름, 채소, 의류, 옷감 등으로 진휼이 이루어졌다.
- **진제도감**: 진제도감은 충목왕 4년(1348년)에 임시로 설치된 관립 구제기관으로 천재지변, 기근, 질병, 폐질 등으로 긴급구호를 요하는 사람을 대상으로 구빈구료를 실시하였다.

고려시대의 장애인의 직업대책에 대한 기록은 많지 않다. 그러나 삼국시대에는 볼 수 없었던 맹복업제도에 관한 기록을 볼 수 있다.

3. 조선시대

구제 및 의료사업으로 태조 2년(1393년)에 노약 폐질자로 자립할 수 없는 자에게 노동면제 및 구휼을 실시하였고, 세종 원년(1419년)에 환과고독, 폐질자에게 쌀과 콩으로 구제

폐질자에게는 모두 노동을 면제하고, 세조 3년(1457년)에는 임금이 동서활인원에 명하여 장애인, 맹인에 대한 진휼을 실시하였다.

직업재활은 정조 7년(1783년)에 불구폐질자를 시각장애인, 지체장애인, 한센인, 간질, 언어청각, 꼽추, 고자 등으로 규정하고 청각장애인과 고자는 자력해결에 맡기고 맹인은 복술을 지체장애인은 그름 짜는 일 등 직업보도를 통해 자립하도록 선도하였다.

4. 근세의 장애인복지

1) 일제시대(1910~45년)

1910년 한일합방 이후 이조 광무 9년(1905) 9월에 개설한 경성고아원은 1911년 조선총독부가 접수하여 제생원이라 칭하고 맹아, 정신병자를 보호 치료한 최초의 국립기관이며, 제생원에 맹아부를 두고 국민학교 교육과 침술, 안마술, 재봉, 철공 등 실기교육겸 특수교육을 실시하였다.

총독부는 1921년 7월에 내무국에 사회과를 독립시켜 우리나라의 사회복지사업을 지도 통제하였다.

1934년에 맹아보호시설 2개소와 특수학교로서 평양맹아학원을 설립했고, 1938년(소화 13년)에 원산맹아학원을 설립하였다.

2) 미국 군정 이후 1960년대까지

1945년 8월 15일 우리나라는 해방이 되었고 이로부터 우리나라는 3년간 미군정이 시작되

었고, 사회복지사업은 크게 효력을 발휘할 수 없었다.

1947년에 해방 후 처음으로 신설된 특수학교로서 대구맹아학교가 설립되었고, 현재 대구영화학교와 대구광명학교로 분리하고. 1948년에 정신박약아 수용시설로서 한국 최초로 중앙각심원이 설립되면서 1949년에 국립기관이 되었다.

3) 1960년대 이후

(1) 장애인 복지태동기(1960~1970년대)

- 1950년 군사원호법 → 1951년 경찰원호법 → 1963년 원호대상직업재활법
- 1977년 특수교육진흥법 1978년 보건사회부는 심신장애아종합대책 발표
- 장애인 복지 전환기(1981~1987년)
- 1981년 심신장애자복지법 제정 1981년 재활과 신설
- 1984년 서울장애인올림픽 대회 유치, 장애인편의시설 의무화
- 1987년 장애인등록 시범사업

(2) 장애인복지 발전기(1988~1997년)

- **1988년 장애인올림픽대회 개최:** 장애인을 위한 편의시설 설치 시작
- **1988년 장애자복지대책위원회 구성:** 장애발생의 예방, 의료의 보장, 재활용구의교부, 교육기회의 확충, 취업의 보장, 소득의 보장과 경제적 부담경감, 장애자복지시설의 확충, 생활환경의 조성, 국민의 이해력 증진, 전문가의 양성과 연구의 활성화, 전달체계의 개선
- **1989년 장애인 복지법 제정:** 장애인등록제도, 장애인 수첩제도 도입, 장애인의 날과 장애인 주간 설정
- **1990년 장애인 고용촉진 등에 관한 법률 제정:** 장애인들의 직업안정을 원활히 하고 사회적참여를 신장, 장애인고용촉진공단 설립, 장애인고용촉진기금을 설치 운영, 1995년 개정
- **1994년 특수교육진흥법의 개정:** 초등학교와 중학교의 의무교육과 고등학교와 유치원과정의 무상교육
- **1994년 국립특수교육원 설립**
- **1995년 장애인 노인 임산부 등의 편의증진에 관한 법률 제정:** 장애인등의 시설 설비 및 정보에 대한 접근권 인정, 편의시설을 설치해야 하는 대상시설의 범위, 시설주관기관의 편의시설 실태조사 및 편의시설 설치계획 수립 등
- **1996년 장애인복지책위원회에서 장애인복지발전 5개년 계획 수립**

(3) 장애인복지도약기(1998년 이후)

- **1999년 장애인복지법 전면 개정**: 장애인범주의 확대, 장애인복지조정위원회 설치, 정보접근권 명시, 장애인 우선주택분양 및 비용지원, 장애인 보조견 명시, 장애인 수당제 실시
- 2000년 장애의 범주를 내부장애를 포함한 10개 범주
- 2000년 장애인고용 촉진 및 직업재활법으로 제정
- 2003년 호흡기 장애등의 15개 범주로 확대
- **특수교육진흥법 개정**: 2005년 장애인 등에 대한 특수교육법으로 전면개정
- 2007년 장애인차별 금지 및 권리구제에 관한 법률 제정

IV. 장애인 복지 패러다임의 변화

1. 장애인복지의 변화

변화 분야	변화경향
정책의 변화	고립 → 격리 → 통합으로 이동, 시설화정책 → 탈시설화정책
재활서비스 전달체계의 변화	기관중심(IBR) → 지역사회중심(CBR) → 포괄적인 연속체
가족중심의 접근	개별중심 서비스 → 가족중심 서비스
초영역 팀에 의한 서비스	전문가 중심서비스 → 서비스 이용자 중심, 장애인의 자기결정권의 강화
정상환경의 접근	병원, 시설 중심 단기 프로그램 → 지역사회에서의 장기적 프로그램
장애인 중심 서비스	한 기관의 가능한 서비스 → 욕구에 따른 기관 상호협력 중심의 사례관리 서비스

2. 장애인구의 변화

① 장애를 유발하는 질병의 패턴 변화는 소아마비, 결핵에서 외상으로 인한 척수손상, 뇌성마비, 뇌졸중에서 발달장애의 증가로 변화해 가고 있다.
② 사회구조변화가 장애에 영향을 미치며 노년기의 장애 증가, 장애인의 수명연장, 중복중증 장애가 증가하고 있다.

3. 장애에 대한 개념의 변화

- **호칭의 변화**: 병신, 불구, 폐질자 → 불구자 → 장애자 → 장애인 →장애를 가진 사람
- **영어로 변화**: disability → person with disability → differently abled person
- **장애인복지 이념의 변화**: 인권과 권리의 회복, 완전참여와 평등, 정상적인 환경 조성, 사회통합의 이념 변화
- **정책의 변화**: 고립 → 격리 → 통합으로 이동하는 정책변화를 가져옴
- **재활서비스 전달체계의 변화**: 센터중심 → 지역사회중심 → 포괄적인 연속체로 체계의 변화를 가져옴
- **보건 및 사회서비스 비용의 상승**: 사회재활서비스 및 사회통합에 기인되는 비용의 상승

4. 장애인복지 서비스 패러다임의 변화

첫째, 단편적, 시설중심적, 치료중심적 서비스에서 가정, 학교, 직장 현장 등과 같은 지역사회 중심의 통합적인 서비스로의 전환하는 추세이다.

둘째, 재활계획의 수립과 결정에 대한 전문가 주도에서 당사자와 가족 주도로의 서비스 전환추세이다.

셋째, 장애를 가진 사람이 사회적으로 가치를 인정받을 수 있도록 하는 프로그램의 구조, 집단화, 기관의 이미지, 기관의 위치 등을 우선적으로 강조하는 추세이다.

넷째, 재활 패러다임에서 독립생활 패러다임으로의 변화이다.

memo

장애인 복지체계

CHAPTER

03

CHAPTER 03 장애인 복지체계

Ⅰ. 한국에서의 장애인 복지의 개념

장애인복지의 기본구조는 재활, 보조, 생활환경의 정비 및 등의 원조체계로 이루어진다. 복지서비스의 성격, 대상자의 장애정도, 대책의 전개방법에 따라 다음과 같이 도식화할 수 있다.

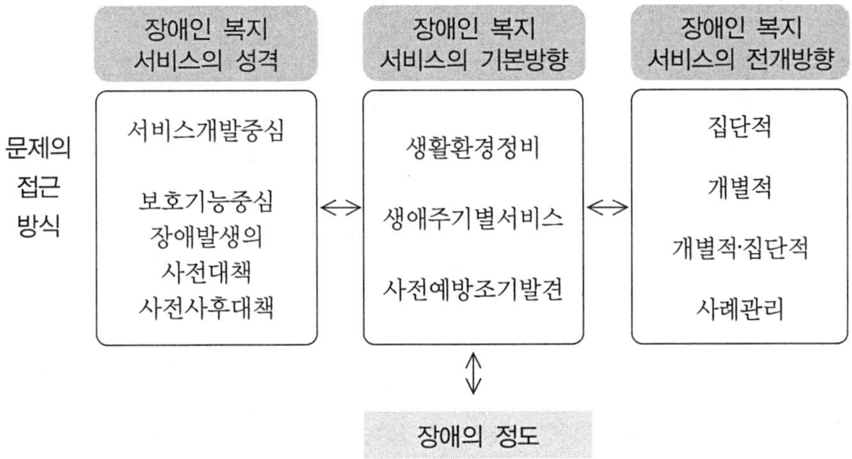

1. 장애인복지사업의 방향

장애인의 발생을 사전에 막기 위한 예방사업을 강화하는 일로서, 장애의 조기발견 및 치료체계를 구축하여 유아에 대한 건강진단 시 장애발생 여부를 조기에 발견, 치료에 역점을 둔다.

그리고 사회보장제도의 마련과 재활사업을 적극적으로 전개하며 장애인의 자립대책을 마련하고, 장애인 스스로 일할 수 있도록 여건을 조성하는 것이며, 장애인에게 적절한 직종을 개발, 보급하여 적합한 직업훈련을 시켜 고용 증진을 유도하고 남의 도움 없이도 자립생활을 지지한다.

2. 장애인복지와 참여자의 역할

- 장애인: 자신의 장애를 있는 그대로 수용, 재활을 위한 치료, 교육, 훈련과정에 적극적으로 참여한다.
- 장애인의 부모와 가족: 자녀의 장애를 수용, 적절한 재활대책을 세워 장애인 복지를 위한 활동에 적극적으로 참여한다.
- 재활관계 전문요원: 장애인복지의 질적 · 양적 서비스의 향상을 위하여 다양한 프로그램의 개발과 서비스를 제공한다.
- 사회와 국민: 장애인에 대한 편견을 버리고, 사회의 한 구성원으로 받아들이며, 사랑의 나눔을 실천한다.

II. 장애인복지현장에서의 최근 이슈

1. 정상화(normalization): 인간회복 이념

대형시설에 격리 보호되었던 정신지체인을 다양한 지역사회 중심의 주거시설로 배치시킴으로 이들을 사회의 주류 속에 통합되도록 하여 지역사회에서 살 고유한 권리를 회복시켜주는 조용한 개혁을 유도하게 되며, 정상화란 단순히 정신지체인에게 가정과 같은 환경을 준비해 둔다는 것을 의미함이 아니라 이들 개개인의 능력에 따른 훈련, 지도 감독 및 지원 등을 포함한 제반 서비스를 실시하는 것이며, 정신지체인을 위한 지역 사회로의 배치도 그들을 무작정 지역사회로 끌어들이는 것만을 의미함이 아니고 그들에게 지역사회다운 환경을 마련해 줌과 동시에 지역사회에 대한 이해를 할 수 있는 프로그램을 포함하는 것을 의미한다.

2. 사회적 역할의 가치화

- SRV(Social Role Valorization)는 정상화 이론에서 시작되었으며 정상화의 내용을 위치에 따라서 바꾸거나 개인에게 기대되는 행동을 뜻하는 사회학 용어로, 대상은 제도권 밖에 있는 사람, 조직화된 대인 서비스, 일반적인 삶 속에서 비공식적인 대인관계, 비조직화되고 · 비공식적이며 · 비구조화된 돕는 방법에 적용하는 것이다.

1) 일반적인 사회적 가치절하의 역학

사회에서 발생하는 가치절하는 두 가지 차원으로 나눌 수 있다.

첫째는 개인적 차원으로 사회적으로 선호하는 지위에 있는 사람일지라도 무시하고 경멸하는 것과 둘째는 사회적 차원의 가치 절하로 한 집단의 전체 성원이 사회에 의해 낮은 가치로 평가받는 것으로, 자신이 사회적 가치 절하의 희생물이 되었다고 생각하는 사람은 가치 절하할 다른 계층을 찾기 마련이고 이것은 인간본성으로 사회가 고도화되더라도 쉽게 제거될 수 있는 것이 아니다.

2) 사회적 가치절하의 현상

어떤 사람이 가치절하 되는가는 문화에 따라 다양하며 사회의 가치를 높게 평가하는 것의 반대 특성을 가진 사람은 가치 절하된 지위로 추락하는 것

- **장애인:** 감각에 장애가 있는 사람, 신체에 장애가 있는 사람, 정신에 장애가 있는 사람, 내장기관에 장애가 있는 사람
- **행동에 심각한 장애나 비정상적인 사람:** 과잉행동을 하거나 충분히 활동적이지 않은 사람, 성적 정체성이나 행동이 정상적이지 않은 사람, 자기 파괴적인 사람(자살하려는 사람, 약물중독자 등)
- **사회의 질서에 대항하는 사람:** 정치적 반대자, 일하기를 거부하고, 타인에 의해 부양 받으려는 사람, 범법자, 비행청소년, 범죄자 등 빈곤자 기술이 거의 없거나 있어도 기술이 사회에서 쓰임이 없는 경우에 속한 사람
- **여러 가지 이유로 사회의 문화에 동화되지 못한 사람:** 인종적 · 또는 민족적 소수집단, 종교적 소수집단(정치적 · 문화적 반대자인 경우), 불법 이민자, 이민노동자

3. 탈시설화(Deinstitutionalization)

격리수용에 대한 비판과 함께 수용시설이 갖는 문제점에 대한 인식이 높아지면서 장애인복

지 분야는 장애인의 지역사회 통합을 강조하는 새로운 이념적 흐름이 나타나 새로운 패러다임으로 변화를 맞으면서 수용시설의 열악한 환경에 대한 사회적인 문제인식 확대, 평등주의 운동, 시설에 거주하는 장애인의 권리와 최소 제한의 환경에 대한 법률적 뒷받침 등이 미국에서 시작된 탈시설화 정책을 캐나다를 거쳐 유럽으로까지 전파되어 현재 장애인복지 정책의 중요한 원칙이 되었다.

최근의 탈시설화 경향은 지역사회와 밀접한 관계를 맺을 수 있는 소규모 가정의 형태로 변화되고 있는 실정이고 심각한 기능상의 장애를 지닌 경우를 제외하고 경증의 경우는 대부분 지역사회에서 거주하게 되었다. 이것은 훗날 문제점에 대한 대안 및 보완을 통해 소규모 집단의 형태를 이루는 그룹홈 모형을 비롯한 소규모 내지는 지역사회에 개방된 서비스 프로그램과 모형이 개발되기 시작하였다.

1) 탈시설화의 요점

① 규제가 많은 생활에서 → 규제가 적은 생활로 이동
② 큰 시설에서 → 작은 시설로의 이동
③ 큰 생활 단위에서 → 작은 생활 단위로 이동
④ 집단 활동 → 개인 활동으로의 이동
⑤ 지역사회와 격리된 생활 → 지역사회 내에 통합된 생활로의 이동
⑥ 의존적인 생활 → 자립적인 생활로의 이동

2) 탈시설화의 과제 및 시사점

① 장애인 개인에 대한 시사점
- 지역사회 내에서 생활하는 적응능력에 대한 문제점
- 탈시설화된 개인에 대한 자료가 없다는 점

② 지역사회 내 재가서비스의 시사점
- 시설 밖에서 지원받는 서비스의 질과 범위의 문제
- 익숙지 못한 지역주민의 태도

③ 복지정책상의 과제
- 탈시설화에 필요한 비용이 불명확
- 서비스의 공급에 있어서 연계가 어려워 재정 관리상의 문제

④ 기타 과제
- 시설로부터 지역사회로의 이동절차에 관한 의문점이 있다는 것

• 탈시설화에 관한 조사와 현실 간에 차이가 있다는 점

4. 사회통합(Social Integration)

사회통합운동의 출발은 1960년대 말부터 탈시설화 정책에 대한 논의가 시작되고, 1972년 울펜스버거(Wolfensberger)의 정상화 원리를 주창하고, 1983년 사회적 역할의 가치화(S.R.V)의 주창으로 사회통합운동이 시작되었다.

사회통합의 개념은 다음과 같다.

① 장애인 복지의 최대 목표는 모든 장애인이 사회에 평등한 인간으로서 완전한 참여를 이루는 사회적 통합이다.

② 장애인의 사회통합은 장애인이 평등의 기초 위에서 사회의 부분이 되어 장애인이 속한 사회적 · 문화적 활동에 참여하는 것을 의미. 장애인이 완전한 사회통합을 이루는 데 있다(장애인이 평범한 인간으로 인식되고, 지역사회의 한구성원으로 인식되는 것).

③ 사회적 통합은 가치절하를 받은 한 개인이 사회활동에 의미 있는 참여를 통해(문화적으로 인정받는) 일반인과 정상적인 관계를 유지하고 정상적인 활동을 유지하는 추상적인 개념이 아닌 실현될 수 있는 개념인 것이다.

사회통합의 기본원칙은 다음과 같다.

모든 장애인은 예외 없이 지역사회에서 살 수 있고 살아야만 하며, 장애인은 통합된 지역사회의 이웃으로 살아야 하고 교육, 직업과 다른 지역사회 환경에도 통합되어야 한다.

원가족이 있는 장애인과 그의 가족을 지원해야 하고(경제적 · 사회적 · 전문적인 지원이 장애인의 가정에 직접 제공되어야 한다는 것), 장애인과 그의 이웃의 관계가 지속적이고 사회적 관계가 발전될 수 있도록 격려되어야 한다.

장애인이 사회에서 보다 독립적으로 기능하는 것이 가능하도록 사회적 · 교육적 · 직업적 기술을 학습할 기회가 제공되어야 하며, 장애인과 그의 가족을 서비스의 계획, 실시, 감독, 평가에 활발하게 참여시켜야 한다.

장애인의 사회통합을 반대하는 이유는 다음과 같다.

장애인은 일반적으로 귀찮은 존재이고 위협의 존재로 인식되어서 격리나 수용을 당연한 것으로 받아들이는 것이 사회에서의 생각과 교육적 거부 이론에 따라 장애인을 잔인한 사회로부터 보호한다는 명목 하에 끼리끼리 있으면 도움을 더 받을 수 있으며 프로그램 개발에도

용이하고 효과적이라는 생각으로 반대이며, 행정적 거부 이론으로 도움을 제공하기 쉽고, 관리하기 편리하며, 현재의 시설을 이용할 수 있고, 타 집단의 반대가 있으며, 예산이 적게 들기 때문에 반대한다.

사회통합의 효과(혜택)는 다음과 같다.

① 사회에 나오면 많은 사람의 이목 속에 보호를 받을 수 있지만 폐쇄된 곳에 있게 되면 문제가 더 많을 수 있다.
② 사람이 오가는 곳으로 만들면, 시설이 공개되고 발전하며, 합리적으로 운영될 가능성이 높다.
③ 장애인도 가치를 인정받고, 일반인의 역할을 배울 수 있다는 역할에 대한 기대가 예상된다.
④ 폐쇄시설에서는 개인의 취향, 소유가 박탈되거나 제한될 수 있다.
⑤ 장애인에 대한 이미지는 부정에서 부정으로 연계되지만 사회에서는 긍정에서 긍정으로 강화될 수 있다.
⑥ 분리되고 폐쇄된 사회는 부정적인 자아의식이 형성되는 반면, 통합된 사회에서는 긍정적인 자아의식이 형성된다.

5. 주류화(Mainstreaming)

장애인의 삶의 중심을 사회의 중심권에서 소외되지 않은 주류사회에 포함시킴을 의미하는 것으로 이를 위해 통합교육, 의무고용제도, 지역사회중심재활 등이 있다.

※ 국가나 단체에 의해 장애인을 사회에 섞는 과정이 아니라 지역사회의 환경개선을 통한 평범하고 동등한 우리의 이웃으로 인정하는 자세가 절실히 요구된다는 것이다.

장애인을 변화시켜 사회에 맞추기보다 사회가 변화하여 장애인을 포용하는 것이 당연한 것이며, 더 이상의 복지의 접근(지체, 청각, 시각, 정신지체 등)이 아니라 주거환경장애, 소통장애, 학습장애를 제거하는 복지구현을 추구하는 것이 목표이다.

6. 장애연금 제도

중증장애인의 근로능력 상실 또는 현저한 감소로 인하여 줄어드는 소득과 장애로 인한 추가 비용을 보전하기 위해 매월 일정액의 연금을 지급하는 사회보장제도 장애수당과 달리 '장애인연금법'에 의해 보장되며, 임금상승률 등을 반영하여 매년 인상된 연금을 받을 수 있다.

1) 장애연금제도의 도입배경

근무능력상 중증 장애인은 경제활동이 어려워 생활수준이 열악하며 경제활동참가율 17.4%(對 국민 60.4%), 고용률 15.1%(對 국민 58.4%) 노인보다 소득수준은 열악하고(39.5만원 對 58.4만원), 생활비용은 추가로 지출(각종 의료비, 교통비, 재활치료비 등으로 월 평균 21만원 추가 소요)한다.

2) 국민연금 등 사회보장제도의 사각지대 해소

국민연금제도의 장애연금 및 노령연금을 받는 수급자가 7만 명에 불과('08), 최저생계비 이상의 소득 · 재산을 보유한 부모 등이 있으면 정부의 복지 지원을 받지 못하는 사각지대의 해소가 필요하다.

3) 장애인 연금제도 도입의 의의

중증장애인에 대한 다층소득보장체계 구축으로 무기여 연금의 도입으로 국민연금의 사각지대 일정 해소와 장애인연금 수급에도 최저생계비에 못 미치는 가구는 기초생활보장제도를 통해 최저생계는 필수적으로 보장되어야 한다.

4) 장애인 소득보장제도의 발전 기반마련: 중장기 발전 방향 제시

기초급여와 부가급여로 구분, 그 기능 · 역할을 구체화하며, 앞으로 재정 여건 및 사회보장 수준 등 고려, 점진적으로 인상을 추진한다.

5) 급여액(기초급여)의 실질 가치 보존

국민연금 가입자의 소득상승분, 물가변동분 등을 반영하여 매년 법에 따라 당연 인상하며 국가와 사회의 공적 부양기능강화와 장애수당은 부모의 경제적 수준 평가 · 지원에 따라서, 부모가 먼저 지원하고 부양 후 국가가 지원, 장애인연금은 본인과 배우자의 경제적 수준 평가 · 지원 후 가족과 국가사회가 함께 부양한다.

6) 권리성 강화

장애인연금은 수급 여부, 급여액 결정 및 수급중지 등에 관해 법에서 구체적으로 규정하여 권리적인 성격을 대폭 강화한다.

7) 대상자 안내

- 대상자: 18세 이상의 등록한 중증 장애인 중 본인과 배우자의 소득과 재산을 합산한 금액(소득인정액)이 선정기준 이하인 자
- 연령: 신청월 당시 만 18세 이상인 중증 장애인
  신청일이 속하는 월의 말일까지 만 18세가 되는 자는 만 18세 이상으로 본다.
  20세 이하로서 초중등교육법 제2조에 따른 학교에 재학(휴학 포함) 중인 분은 제외된다.
- 등록한 중증 장애인: 장애등급 1급과 2급 및 3급 중복장애인
  신청일 현재, 장애인복지법 제32조에 따라 등록된 장애인
  신청일 현재, 중증장애인: 장애등급 1급, 2급, 3급 중복 장애

※ **3급 중복 장애:** 3급의 장애인으로서 3급에 해당하는 장애유형 외에 다른 유형의 장애가 하나 이상 있는 분(다만, 중복 합산으로 3급으로 상향 조정된 분은 제외)이다.

Ⅲ. 장애인 복지의 특징

1. 장애인 문제의 복합성(complexity)

장애는 손상 부위에 따라 신체와 정신, 그리고 신체는 내부와 외부 기능 장애로 구분되고, 손상 정도에 따라 6등급으로 분류하였다.

- 장애 범주와 장애 정도에 따라 다를 뿐 아니라 범주와 정도와 관계없이 개인이 경험하는 장애의식에 따라 각기 다르며 장애는 생애주기에 따라 제시되는 과업이 다르고, 욕구와 문제, 해결방법은 각기 다르다. 학교 입학, 가족 결혼에 악영향 등 부차적인 문제로 고통당하는 경우가 더 많다. 장애는 환경에 따라 각기 개별적인 특성을 가진다.

2. 장애인복지의 종합성(Comprehensiveness)

장애문제는 다양하고 복잡하기 때문에 해결방법도 다양하고 종합적으로 강구되어야 한다.

- 장애인 복지는 사회복지 차원을 기초로 하지만, 의료/교육/직업/사회/심리/환경의 차원과

관련되어 있다. 의학, 교육학, 심리학, 사회학, 공학, 건축학, 노동문제, 사회보장, 재활 사업 등 모든 분야에서의 종합과제이며 장애인 복지와 관련된 분야와 관련된 전문가 역시 다양하고, 이에 따라 팀 접근이 요구된다.

3. 장애인복지의 운동성(dynamics)

장애인들의 의식이 높아지고 사회의 경제적인 수준이 상승되어가고, 장애요인이 개인에서 사회적 요인으로 옮겨지면서 환경이 급변하고 있다.

장애 관련 문제와 해결방식에 있어서 세계화(Globalization) 추세에 따라 정보가 활발하게 교환되고 장애인 당사자들이 주체적으로 정책, 제도, 방법, 기술 등의 변화를 요구한다.

구제대상에서 권리주체로 높이고, 전문가 중심의 장애인복지 정책 · 제도수립에서 장애인 자신의 권리의식을 높이고 참여하며 인식의 개선 등을 위한 운동이다.

20세기 이후 사회의 역동적인 변화와 아울러 장애인 당사자들도 이러한 환경과 보조를 맞추어야 하기에 장애인 복지는 운동성을 갖는다.

4. 장애인복지의 책임성(Responsibility)

- 장애인복지는 한 인간의 문제를 다루는 공공적인 성격(Publicity)을 띠고 있고 장애인 개인을 대상으로 한 책임성을 갖는다. 장애인의 재활 문제는 한 인간의 삶과 연계된 문제로서 후원자에 대한 책임이 있어 장애인 복지를 수행하는 기관은 후원자의 지원을 받기에 이에 따른 책임이 동반된다.
  즉 사회적 책임성이 장애인복지는 공적, 사회적 목적에 의해 규정되는 활동이기에 책임성이 요구된다.

5. 발달보장의 권리(Rights)

장애인 복지는 장애인을 수혜의 대상으로 보는 것이 아니라 권리의 주체로 보며 장애인은 장애의 발견 초기에서부터 시작하여 정상적인 발달의 기회를 보장받아야 하고 장애인의 발달은 공통적인 과제이므로 풍부한 교육적, 사회적 관계가 보장되어야 한다.

Ⅳ. 장애인복지 서비스의 전달체계

1. 장애인복지 전달체계의 개관

1) 전달체계의 개념

장애인복지서비스 전달체계는 장애인이 필요로 하는 복지서비스를 누가 어떤 경로를 통하여 대상자에게 제공 또는 전달하는가 하는 조직적 관계를 의미하고, 장애인복지 서비스는 장애인복지서비스의 욕구체계, 자원체계, 전달체계라는 세 가지 하위단계로 구성된다.

- **욕구체계:** 서비스를 제공받는 사람을 중심으로 발생하는 1차적 욕구와 그와 비복지(diswelfare) 상태에서 파생되는 새로운 욕구발견 및 욕구진단 등의 2차적 욕구의 총칭. 복지욕구의 소재지
- **자원체계:** 욕구해결을 시도함에 있어서 필수적으로 요구되는 인적 · 물적 자원의 동원 및 확보의 기능과 관련된 체계
- **전달체계:** 욕구체계와 자원체계의 연결고리로써 욕구와 자원 간의 상호작용이 발생되는 장(setting)

하위체계 중 어느 하나도 결함이 있어서는 안 되며, 욕구체계는 욕구 발생의 원인 파악, 욕구소지자의 실태파악, 욕구소지자가 경험하고 있는 비복지의 실태파악 등 요구체계의 기능이 발휘되면, 그 다음으로 자원체계가 적절하게 작동되어야 한다.

욕구해결에 소요될 충분한 자원의 확보가 중요한 과제로 등장하는 것이다. 그러나 욕구가 파악되고 자원이 확보되었다고 해서 욕구해결이 자동적으로 보장되는 것은 아니다.

욕구가 있을 때, 그것을 해결하기 위한 서비스가 적절한 시기에 적절한 장소에서 제공될 수 있느냐의 문제는 결국 서비스의 전달체계, 즉 서비스의 전달과 관련된 행정구조, 전문 인력, 전달창구의 소재지 등의 질적 수준에 따라 좌우되는 것이다.

따라서 이러한 이유 때문에 전달체계의 중요성이 더욱 부각되는 것이다.

2) 전달체계 수립의 요소

- 장애인의 문제와 욕구에 맞는 서비스를 제공하는가?
- 장애인이 필요로 하는 서비스를 얼마나 쉽게 이용할 수 있는가?
- 장애인의 다양한 욕구에 적절한 서비스가 서로 연계성을 지니며 통합적으로 제공되는가?

- 국가와 사회 제반 자원의 활용가능성은 어떠한가?

3) 전달체계 원칙

- **기능분담의 체계성 원칙**: 상부체계(보건복지부)의 정책결정과 관련된 계획 · 통합 조정과 중간체계(시 · 도)의 서비스 제공과 관련된 기획 · 지도 감독의 기능, 서비스 제공 기능 간의 역할분담체계 등이 적정해야 한다.
- **전문성의 원칙**: 서비스 제공과 관련된 제반 업무는 그 특성에 따라 전문가가 해야 할 일과 하지 말아야 할 일로 구분되어야 하며 이에 따른 전문가적 속성을 잘 드러낼 수 있는 구조적 여건이 갖춰져야 한다.
- **접근용이성의 원칙**: 복지서비스를 필요로 하는 장애인에게 해당 서비스가 적시, 적소에 제공되어야 한다.
  접근용이성이란 서비스와 그것을 필요로 하는 욕구의 연결 상태를 의미한다.
- **통합성의 원칙**: 장애인이 느끼는 욕구는 복합적인 경우가 많고, 상호 연관되어 있기 때문에 욕구를 해결하는 서비스가 상호 연관되어 있어야 함. 이때 통합성을 갖춰야만 상호 연관이 원활하게 이뤄질 수 있다.
- **지역참여 원칙**: 장애인복지의 문제는 공식적인 전달체계만으로 해결하기에는 양적으로나 질적으로나 어려움이 있다. 따라서 비공식적 전달체계의 동원이 중요하다. 문제해결에서 지역사회의 특수성이 고려되기 위해서는 지역참여를 극대화할 수 있는 전달체계가 확립되어야 한다.

2. 장애인복지 서비스 전달체계의 현황

1) 정부중심의 서비스 전달체계

(1) 장애인 관할 정부의 중앙부처

심신장애자복지법이 제정되면서 이를 추진하기 위해 독립적인 새로운 과의 신설

① 보건사회부(현 보건복지부) 〉 사회국 〉 재활과(1981)
② 심신장애자복지법 → 장애인복지법으로 개정되면서 재활과 → 장애인복지과
③ 장애인복지심의관실(1997) 신설되며 장애인정책과, 재활지원과로 양분
④ 장애인복지심의관실 〉 장애인정책과, 재활지원과

(2) 보건복지부는 특별지방행정기관을 별도로 두지 않고 지방자치단체 수준에서의 전달체계는 행정자치부의 일반행정기관을 통해 정책을 집행하고 있으며 시 · 도는 사회복지과 내의 복지 정책과에서, 시 · 도 · 구 사회복지과 내 사회계 읍 · 면 · 동 · 사회담당, 사회복지전문요원이 업무 수행을 하고 있다.

2) 민간중심의 서비스 전달체계

(1) 장애인 복지를 위한 민간단체 · 기관 · 시설 등이 여러 형태로 장애인복지 서비스 사업을 한다.

(2) 설립목적에 따라 의료재활, 사회재활, 생활보호, 등의 프로그램을 운영하거나 자원동원 및 조직 등의 지역사회사업을 실시한다.

(3) 장애인복지 시설은 대부분 민간법인이나 기관에서 운영하며 이용시설인 장애인복지관은 대부분 정부에서 설립하여 그 운영을 민간기관에 위탁한다.

① 지역사회재활시설의 종류와 현황

장애인복지관	장애인에 대한 각종 상담 및 사회심리, 교육, 직업, 의료재활 등 장애인의 지역사회생활에 필요한 종합적인 재활서비스를 제공하고 장애에 대한 사회적 인식개선사업을 수행하는 시설
장애인수련시설	장애인의 문화 취미 오락활동 등을 통한 심신수련을 조장 지원하고 이와 관련된 편의를 제공하는 시설
장애인체육시설	장애인의 체력증진 또는 신체기능회복 활동을 지원하고 이와 관련된 편의를 제공하는 시설
점서 및 녹음서 출판시설	시각장애인에게 점자간행물 및 녹음서를 출판하는 시설
점자도서관	시각장인에게 점가간행물 및 녹음서를 열람하게 하는 시설
장애인 주간보호시설	장애인을 주간에 일시 보호하여 장애인에게 필요한 재활서비스를 제공하는 시설
장애인 의료재활시설	장애인을 입원 또는 통원하게 하여 상담, 진단, 판정, 치료 등 의료재활서비스를 제공하는 시설
장애인 심부름센터	이동에 상당한 제약이 있는 장애인에게 차량운행을 통한 직장 출퇴근 및 외출보조 기타 이동서비스를 제공하는 시설
청각장애인 수화통역센터	의사소통에 지장이 있는 청각 언어장애인에 대한 수화통역 및 상담서비스를 제공하는 시설
시각장애인 재활지원센터	

② 장애인 지역사회 복지사업

지역사회중심재활(CBR) 사업	보건소를 중심으로 지역사회의 인적 · 물적 자원을 최대한 개발, 활용하여 재활서비스를 체계적으로 구축, 제공함으로써 장애인의 재활 촉진 및 사회참여 증진을 도모
중증장애인자립생활(IL) 지원사업	중증장애인을 대상으로 포괄적인 자립생활 정보제공, 권익옹호 활동, 동료상담, 자립생활기술훈련, 활동보조서비스 등을 제공함으로써 장애인의 자립생활 역량강화와 지역사회에서의 다양한 사회참여 활동을 지원하기 위함
중도시각장애인 재활훈련 지원사업	중도실명으로 인하여 사회적 자신감을 상실한 시각장애인을 발굴, 적절한 재활 서비스와 상담, 교육훈련을 실시하고, 직업훈련을 알선하며, 나아가 고용네트워크와 연계한 고용지원프로그램을 제공하여, 시각장애인이 사회적으로 다시 자립할 수 있도록 지원하기 위함
척수장애인 재활훈련 지원사업	척수장애인과 그 가족 등을 대상으로 동료지원(peer support) 방식의 동료상담가 파견사업, 사회심리재활사업, 지역사회복귀훈련 등을 실시함으로써 척수장애인이 신속하게 지역사회에 복귀할 수 있도록 지원하기 위함
농어촌 장애인 주택개조 지원사업	생활이 어려운 농어촌 저소득 재가장애인의 주택 개 · 보수비 지원을 통해 가정 내 생활 및 이동에 불편이 없도록 주거용 편의시설을 조성함으로써 장애인 일상생활 편의증진 도모

③ **장애인단체(보건복지부 소관 장애인복지 관련법인):** 한국장애인복지진흥회, 한국장애인단체총연합회, 한국농아인협회, 한국시각장애인연합회, 한국뇌성마비복지회, 한국지체장애인협회, 한국정신지체인애호협회, 한국장애인단체총연맹, 한국장애인부모회, 한국장애인복지시설협회, 한국보장구협회, 한국장애인재활협회, 한국장애인연맹, 한국장애인복지관협회, 한국여성장애인연합, 장애우권익문제연구소, 한국신체장애인복지회 등이 있다.

3. 장애인복지 전달체계의 문제점

1) 장애인복지를 관장하는 중앙부서와 법령제도의 다원화

장애인복지에 관한 정부의 업무는 보건복지부가 관장하고 있으나 장애인복지 서비스와 관련된 업무를 담당하는 중앙행정기관은 교육부, 노동부, 보훈처 등 여러 개로 나뉘어져 있고 그 사업을 집행하는 지방행정기관도 각기 독립적으로 운영되고 있어 정책결정이나 사업운영

측면에서 상호조정기능이 결여된다.

장애인이 필요로 하는 제반서비스에 관한 법령제도도 장애인복지법 이외 여러 갈래로 운영되고 있어 서비스가 비영속적이고 그 내용도 차이가 있어 중복의 문제점이 생긴다.

2) 일선기관 간 장애인복지 정책 간의 상호연계성 미흡

기관 간에 유기적 연계성, 통합적인 조정, 계획기능이 부족하여 심지어 동일지역 내의 민간기관 상호 간에도 서비스의 연계 · 조정 기능이 약한 실정이어서 장애인에게 통합서비스 제공은 어려운 상황이다.

- **장애인복지 정책 간의 상호연계성 또한 미흡하다.** 즉 장애인복지대책 위원회가 설치되고 있으나 1년에 한 번 꼴로 모이고, 이를 뒷받침하기 위한 실무위원회가 상설되어 있지 않은 상황에서 정책간의 연계성을 사전에 깊이 검토하고 문제점을 지적해 집행의 효율성을 검토해 볼 수 있는 제도적 장치는 마련되지 않았다고 볼 수 있다.

3) 일선기관 담당인력의 부족 및 서비스 전문성의 문제

- **의료, 직업, 사회재활 등 제반 영역의 서비스를 담당하는 일선기관과 담당인력의 절대 수가 부족하다.** 특히 지방자치단체에 장애인복지 서비스를 담당하는 인력이 충분하지 못한 실정이다.

장애인복지의 욕구를 수용하고 적극적으로 대처하기 위해 주앙부처차원에서는 장애인복지심의관실이 설치되었으나, 지방자치단체 특히 시 · 군 · 구 단위에서는 직원 한 명이 장애인복지를 포함하여 다른 사회복지서비스도 맡고 있다.

4) 서비스 종류별 사업의 체계성 부족과 지역적 편중이다

장애인복지 서비스를 담당하는 민간기관은 임의적으로 설립되는 경우가 대다수라 서비스 종류별 체계성이 부족하다.

그리고 민간기관의 지역적 분포 또한 고르지 못하다.

V. 재활서비스에서의 팀접근

1. 팀웍의 개념

- 포괄적인 관점에서 보면 팀은 두 사람 이상의 구성원이 있고, 달성해야 할 구체적인 과업이 존재하고 목표달성을 위해서 팀 구성원 사이의 조정이 필요한 경우에 일반적으로 적용되는 용어: 팀의 특정한 과업을 보다 효과적으로 달성하기 위하여 구성원이 상호 협조적으로 일하는 과정을 의미한다.
- Brill(브릴): 팀웍은 개별적인 숙련 분야를 가지고 있고, 개별적인 결정을 해야 하는 책임이 있으며, 공통의 목적을 가지고 있고, 지식을 공유하고 의사소통하기 위하여 접촉하는 사람의 집단에 의해 수행되는 일이라고 하였다.
- Ducanis & Golin(두카니스와 고린): 팀웍은 장애인이나 장애인의 집단에 서비스를 제공하기 위하여 특별한 훈련을 받은 개인으로 구성된 전문 분야가 서로의 활동을 조정하는 과정이다.
- 팀웍의 특징

① 팀웍은 발달적인 단계를 거치면서 진행되는 진화적인 과정

② 팀웍은 내부적 · 외부적 환경의 인가와 지원이 있을 때 발생할 수 있다.

③ 팀웍이 최대한으로 수행되기 위해서는 계속적인 노력이 필요

2. 팀웍의 분류: 코프스타인(1994)

- 단일분야: 다른 분야와 교류하지 않는 상황에서 동일한 숙련 분야의 사람이 모여서 일하는 방법이다.
- 중다영역: 개입의 결과나 개입계획을 공유하기 위하여 만나기는 하나 개입활동을 서로 조정하지 않는다.
- 상호영역: 다양한 분야의 전문가로 구성되고 개인에게 제공되는 서비스를 통합하고 조정해야 하며, 장애인이 평가와 개입에 협력한다.
- 초영역: 분야의 구분을 초월, 동일 팀을 구성하는 여러 분야의 전문가의 역할이완을 특징으로 한다. 예를 들어 동일 팀의 사회복지사는 자기 업무의 일부로 물리치료사를 사정을 위한 보조자로 동행하도록 할 수 있다.

이 방법은 전문분야를 넘나드는 정보와 기술 공유의 필요성을 기반으로 하고 있다.

차원 / 유형	단일영역	중다영역	상호영역	초영역
통합조직	단일개의 영역으로 구성된 조직	여러 영역으로 구성된 조직	개입조정이 있는 여러 영역으로 구성된 조직	역학이완이 있는 여러 영역으로 구성된 조직
일시조직	일시적 협력조직	여러 영역 간의 개입조정이 없는 일시적 협력 조직	여러 영역 간의 개입 조정이 있는 일시적 협력 조직	역할이완이 있는 일시적 협력조직

3. 재활서비스와 팀웍

1) 재활서비스의 팀웍 필요성

- 재활서비스의 변화에 따른 팀웍의 필요성은 장애인 문제의 복잡성과 서비스의 다양화와 관련이 있다. 장애인의 문제가 점점 복잡해져 가고 있기 때문에 이제는 하나의 특정 전문 분야만으로 문제에 잘 대처하기 어렵다는 사실을 일반적으로 받아들인다.

재활분야는 장애로 인한 능력의 손상을 회복하기 위한 여러 전문영역 간의 협력과 장애로 인한 사회적 장애를 제거하기 위한 여러 전문영역 간의 협력이 동시에 필요하기 때문에 그 중요성은 더욱 커진다고 할 수 있다.

지역사회 내에 있는 사회복지관, 보건소, 장애인고용촉진공단, 병원, 특수학교, 장애인복지관 등은 장애에 관련된 특수한 전문영역을 다루면서도 장애인들이 직면하는 보편적인 재활의 문제에 잘 대처하고, 서비스의 중복과 상충을 최소화하기 위해서는 기관 간의 협력이 필수적이다.

2) 팀접근의 모델과 유형: 다영역 접근이 되기 위한 모델

- 다영역이든 기관 상호 간이든 간에 통합적이고 협력적인 기능의 발달은 역동적으로 순환하는 중복수준 과정이다. 이러한 방향 안에서 기능은 쉽게 충족되는 것도 아니며 성취되는 데도 쉽지 않다.

다영역적 팀웍의 논리적 확대는 다영역적 협력이 자리매김하여 적절한 다영역적 접근은 하나의 발달적 과정이며 적절한 다영역적 접근은 개인적, 팀적, 프로그램적, 기관적 수준의 상호작용이 어떻게 작용되는가를 설명한다.

4. 팀 접근의 형태

다양한 전문가와 공동작업을 하는 방법은 중증장애아동 프로그램만큼이나 다양한 것으로 팀접근은 다양한 형태를 가진다.

1) 단일영역 접근

한 영역의 전문가가 클라이언트에게 서비스하는 것이다.

단일분야가 아동의 치료와 진단에 대해 일차적 책임이며 치료하며, 클라이언트 관계는 서비스 전달 안에서 중심이 된다.

2) 중다영역 접근

전문가는 타 영역의 전문가가 클라이언트나 가족에게 행하는 서비스와 관련된 기술과 전문지식을 응용한다.

- 클라이언트는 문지기의 생각대로 여러 개의 분야에 의해 개인적으로 사정한다.
- 의사, 심리학자, 사회복지사와 같은 팀 리더가 처방한 치료와 정보를 종합한다.
- 전문가는 분리하여 클라이언트와 접근하고 독특한 분야의 역할을 따르며 다른 분야와 독립적으로 일한다.

3) 상호영역 접근

다양한 영역의 전문가가 장애인이나 가족에게 서비스를 제공하거나 계획하는 데 협력하여 함께 일한다.

- 장애인은 여러 분야의 구성원에 의해 개별적으로 사정한다.
- 전문 분야 안에서 각각의 기능은 역할을 규정짓고 처방한다.

4) 초영역 접근

한 팀원이 지정된 클라이언트와 가족에게 서비스를 수행하기 위하여 다양한 영역의 전문가로 구성된 팀이 변화 매개체로 활동하며, 그들의 전문분야에 대한 실제나 기술을 교육함으로써 협력적으로 일하게 된다.

- 팀원 간의 높은 관여를 요구한다.
- 팀은 자기분야의 영역을 기꺼이 포기할 수 있는 구성원으로 구성한다.
- 팀원은 새로운 것을 획득하는 동안에 일련의 역할과 기술을 풀어놓도록 허용하는 교육과

학습을 즐길 수 있는 사람이어야 하며 성공한 팀은 팀웍이 형성되도록 하는 데 필요한 상호신뢰와 지원의 분위기를 설정할 수 있는 강력한 지도자를 필요로 하며 팀은 높은 수준의 팀 상호작용을 요구하기 때문에 팀웍에 대한 훈련이 포함되었을 때 가장 성공적이고 사전 서비스 프로그램, 사내교육, 계속교육의 개발을 포함한다.

Ⅵ. 재활서비스기관 간의 협력

1. 협력의 개념

• 건스와 홀트: 잘 조정되고 포괄적인 방식 안에서 개인이나 가족의 욕구에 대한 치료를 하기 위해 하나 이상의 서비스를 제공자의 다양한 수단의 서비스에 의해 함께 연계하는 것이다.

• 프리쟌스키: 휴먼서비스 영역 안에서 접근의 상호개발과 책임성을 연결하는 것을 포함하는 것이다.

• 협력: 상호보완적이고 서로 힘을 합하여 소수의 인력이나 능력을 배가시키고 부분을 합하여 전체를 이루는 것이다.

각 조직별 서비스 중복을 지양하고 고유한 전무서비스 영역을 정립함으로써 서비스의 질적 수준을 강화하기 위한 방안으로 기관 간의 상호교환을 활성화하는 것이 협력의 목적이 있다.

이를 통해 서비스를 필요로 하는 장애인의 욕구충족이라는 측면에서 효과적인 전달이 될 수 있고 서비스를 전달하는 조직의 입장에서는 자원의 효율적 배분과 활용이라는 측면에서 중요한 의의가 있다.

2. 재활서비스에서의 협력(서비스를 기능적으로 종합화하는 것)

관련분야의 서비스 간 협력체계를 구성함으로써 단편적인 서비스가 아니라 복합적이고 통합적인 서비스를 제공하고 따라서 최종적으로 주어지는 서비스의 질을 향상시키기 위한 노력하고 장애인이 필요로 하는 서비스가 효과적으로 연결되어 서비스의 통합성을 갖도록 하는 노력으로써 서비스의 중복을 피하고 필요한 자료를 공유한다.

※ 협력의 필요성

장애인의 복지서비스 욕구는 영역별로 그 대상 범위가 매우 넓고, 한 대상자가 동시에 여러 종류의 복지욕구를 가질 수 있다.

동일한 대상자의 경우에도 시점에 따라 다른 종류의 서비스를 제공받고자 하는 특징과 일반인과는 다른 사회적-개인적 특징을 함께 가지고 있는 등 서비스 대상자와 욕구가 다양하고 고유한 특성을 지닌다.

이러한 욕구를 원활하게 해소하고 효과적인 재활서비스가 가능해지기 위해서는 기능적 차원의 서비스의 통합과 기관가 협력이 필요하고 기관입장에서 서비스 제공기관은 보통 특정 목적을 달성하기 위해 이용자, 노동서비스(전문가나 자원봉사자의 서비스), 비노동자서비스(기금, 장비, 정보 등의 서비스)라는 세 가지 요소를 갖고 있다.

각 기관은 그 기능을 충분히 수행하기 위해 이요소를 지역사회나 외부로부터 직접적으로 획득할 수 있어야 한다.

목적을 달성하기 위한 모든 요소를 충분히 갖춘 기관은 거의 없기 때문에 기관 입장에서는 부가적인 요소를 얻기 위해 다른 기관과의 협력이 필요하다.

3. 장애인서비스 제공기관 간 협력의 장점

- **관련기관의 경험 공유와 아이디어를 수렴한다.** 장애인재활에 관련되는 요소와 차원은 다양할 뿐만 아니라 이들 간의 관계가 역동적이다. 우리나라는 장애인재활의 역사가 일천한 만큼 각 기관의 프로그램 운영에 미숙한 부분이 노출. 따라서 협력을 통해 각자의 장점과 경험을 공유하고 상호 간의 아이디어를 모을 수 있다.
- **서비스의 중복과 상충을 최소화 한다.** 장애인재활의 일반적 환경이 열악한 상황에서 만일 기관이 제공하는 서비스마저 서로 중복되거나 상충되면 자원의 낭비를 초래할 수밖에 없다.
- **특수성과 보편성을 절충한다.** 장애인재활은 각각의 장애유형이라는 특수성과 소용이라는 보편성을 동시에 갖고 있다. 종합적인 재활을 위해 장애유형 간 차별화된 접근이 필요하지만 재활에 대한 기본철학, 문제의 본질은 해결전략은 동일하다.
- **서비스 접근성을 제고한다.** 기관에 대한 지리적인 거리는 재활서비스를 받을 기회를 제한 양적-질적으로 서비스가 무한대로 증가할 수 없는 현재의 한계를 전제로 한다면 기존의 관련기관에 재활서비스 기능을 강화하고 협력함으로써 접근성을 제고하여야 한다.
- **갈등과 반목을 최소화한다.** 관련기관 간의 협력체계 구축은 그동안 장애인 재활분야에 잠재해 있던 장애유형 및 기관 간의 갈등과 반목을 최소화. 협력은 서로에 대한 몰이해와 집단 이기주의를 여과하는 자정능력을 가짐으로써 기존의 갈등을 감소시킨다.
- **서비스의 총체적 제공능력을 향상시킨다.** 장애인재활분야는 장애로 인한 능력손상의 회복

과 사회적 장애를 제거하기 위한 여러 전문영역 및 기관 간의 협력을 동시에 필요로 한다.

- **총체적 서비스를 제공한다.** 재활기관은 총체적인 서비스를 제공해야 한다는 서비스 제공의 원칙상 관련기관 간의 협력은 이용자 중심의 서비스에 한층 가깝게 다가갈 수 있게 되는 것이다.

4. 협력의 발전단계

- 서비스 간의 협력은 특정한 경우에 일시적으로 발생한다.
- 지역에 있는 여러 분야의 직원 간의 정기적인 연락을 취하는 형태로 유지한다.
- 지역에 있는 여러 분야의 직원이 하나의 지역팀을 만들어 함께 서비스를 제공하는 형태이다.
- Noll(1997): 기관의 협력 단계
  협력, 방향결정, 조직화, 시행, 확대의 다섯 단계로 제시하였다. 그리고 계획과 관련하여 처음 세 단계에서 관련 기관이 어떻게 협력을 준비해야 하는지 구체적인 지표를 제시하고 있다.

① '확인'에서는 문제, 필요, 구성원을 규정한다.

▷ 무엇이 무엇인가? "문제의 원인은 무엇인가?", "문제의 범위는 무엇인가?"

▷ 누가 계획에 관련될 수 있는가? "누가 주요 관련자인가?", "누가 지도력을 발휘할 수 있는가?"

② 방향결정에서는 구체적인 협력을 모색하기 위하여 이념, 동기, 정보의 공유 등이 이루어진다.

▷ 어떻게 지식을 공유할 수 있는가? "어떻게 협력과 관련된 구성원이 상호에 관한 공통적 지식의 기초를 형성할 수 있는가?", "어떻게 협력과 관련된 구성원이 지역사회에 관한 공통된 지식의 기초를 형성할 수 있는가?"

▷ 어떻게 이념과 목표를 규정할 수 있는가? "수행해야 할 기본적인 동의사항이 있는가?"

③ 조직에서는 협력을 위한 구조화 작업을 하게 된다.

▷ 구성원이 어떻게 협력적인 구조를 만들 것인가? "기관간 협력을 위한 주요 전략은 무엇인가?"

▷ 구성원의 협력활동을 어떻게 모니터 할 것인가? "효과성과 효율성을 위하여 어떤 전략이 동원될 것인가?"

▷ 구성원은 어떻게 협력관계를 평가하고 변화시켜 나갈 것인가? “구성원은 협력관계의 과정을 어떻게 평가하고 변화시켜 나갈 것인가?”

5. 기관 상호 간 협력 작업

목적지향과정으로서 기관 상호 간 협력은 기관이 경제적으로 자급자족할 수 있고 개인적 독립된 지위에 기여하며 클라이언트의 욕구를 반영한 통합된 휴먼서비스가 개입할 수 있도록 목표를 제공한다. 이 영역 팀과 같은 기관 상호 간 팀은 신뢰성을 확보하고 개인적 차이를 평가하고 알리는 과정에서부터 시작한다.

면식과정의 시작과 지속은 단순히 개인적인 참여자에 초점을 둘뿐만 아니라 그들이 역할하는 기관에 초점을 둔다.

협력에 대한 개인의 성격, 스타일 적응력이 상호작용에 영향력을 미치는 이유는 집단이 상호작용하는 가운데 잠재적 결과에 관한 생각, 자원기관의 개인에 대한 관심에 접근하여 공개적으로 운영하는 데 있다.

더 나아가 정책과 절차, 정당한 요구, 대상인구, 지리적 경계, 입법발의, 신뢰성 있는 정책, 모금 등은 타 기관과도 관련이 되고 공유할 필요가 있다.

기관 상호 간 팀은 공통언어를 사용하고 개발할 필요가 있다.

기관 상호 간 협력이 회합하는 이유나 목적하는 것이 클라이언트 중심 팀임이 명확하다 할지라도 기관 상호 간 팀은 행정적 이슈를 다룰 때 그들의 목적과 목표에 동의하고 확인하는 데 많은 시간을 소비할 필요가 있다.

오데트는 기간 상호협력 시 필요한 동의들을 범주화하여 기준을 제시하고 기간 상호 간 팀 결정 시 자원을 협동적으로 할당하는 오데트의 방법은 동의에 있어서 협동하고 서면을 제공함으로써 협력이 단순하지 않다는 것을 일깨워 준다.

오데트의 서면동의의 여섯 가지 원칙

① 요금의 동의는 만약 한 개인이 직업재활을 받는데 적격이라면, 직업재활기관은 서비스에 대해 지불하는 데 동의, 교육기관은 개인이 직업재활서비스에 적절하지 않을 때 지불에 동의
② 보충적인 요금의 동의는 개개 기관이 특정 서비스에 대해 지불하는 데 동의
③ 보충적인 요금과 요원에 대한 동의는 한 기관이 요원을 위임하고 다른 기관이 다른 서비스를 위해 지불하도록 위임
④ 공유된 요원에 대한 동의는 두 기관이 활동을 수행하기 위한 요원을 위임
⑤ 공유된 설비에 대한 동의는 한 기관이 협력적 활동을 위해 기관의 설비를 이용할 수 있도록 동의
⑥ 공유된 설비에 대한 동의는 한 기관이 협력적 활동을 위해 기관의 설비를 이용할 수 있는 자원이나 장비에 대해 동의

6. 기관 상호 간 협력을 위한 방향

기관 상호 간 협력이 존재하려면 개방되고 효과적인 의사소통, 진실성, 문제해결에 대한 참 정신이 있어야 한다. 리더십과 행정적 지원은 기관 상호간 노력을 상화하고 격려하며 승인하는 환경을 조성하는 것이 매우 중요하다. 이러한 노력은 확고한 지도력과 방침이 존재할 때 나타난다.

협력은 하나의 과정이며 마음가짐이다.

협력은 시간이 걸린다.

협력은 공평하게 개발되지 않는다.

협력은 교육되어야만 한다.

협력은 명확한 목적을 갖고 있어야만 한다.

생애주기의 장애인 욕구와 복지서비스

CHAPTER

04

CHAPTER 04

생애주기의 장애인 욕구와 복지서비스

Ⅰ. 생애주기의 개념 및 필요성

일반적으로 개인의 성장과 발달의 단계를 설명하는 포괄적인 기준은 개인의 생애주기와 각 생애주기(life cycle)에 따른 발달과업으로 최근 국내외적으로 이와 같은 생애주기를 강조하는 경향은 정상화와 사회통합이라는 보편적인 장애인복지 이념의 강조와 자립생활, 장애당사자주의 등과 같은 패러다임의 변화와 더불어 주목을 받기 시작하였다.

이러한 변화의 흐름과 관련하여 생애주기의 관점을 장애인복지 서비스에 도입하는 시도는 다음의 세 가지 방향과 관련을 갖는다고 볼 수 있을 것(김용득, 2000)이다.

첫째, 장애인의 성장과 발달에 대한 일반적인 관점을 대폭 강조하는 방향과 관련: 문제를 어떻게 치료할 것인가의 관점보다는 장애발생 또는 장애발생 이후의 특정 인생시기에 있어서 필수적인 발달상의 어떤 지원이 요구되느냐를 더 강조하는 방향과 부합한다고 볼 수 있다.

둘째, 수평적 팀워크를 강조하는 방향과 관련이 있을 것: 특정 인생시기에 개인이 필요한 포괄적인 서비스를 받을 수 있도록 하기 위해서는 현 서비스 제공시점에서의 관련 전문분야 간의 팀워크가 강조된다는 방향과 관련이 있을 것이다.

셋째, 수직적 팀워크를 강조하는 방향과 관련이 있음: 장애인의 성장과 발달에 따라 다음의 생애발달단계로 이전할 때 전 단계에서 다음 단계로의 서비스 계획의 이전을 강조한다는 방향과 관련이 있을 것이다.

1. 생애주기의 개념

「웹스터 사전」에 의하면 생애주기(life cycle)는 '유기체가 그 최초의 단계에서 다음의 세대와 같은 단계의 재현에 이르기까지 나타나는 일련의 발달상 모든 변화'로 생애주기(life cycle)란 개인의 출생에서 사망까지의 과정을 의미하고, 그 과정에는 개인이 공동으로 반복되는 발달상의 모든 변화형태가 내재되어 입학 · 진학 · 취직 · 결혼 · 직업전환 · 은퇴 등의 일정한 지표에 의해 표시된다.

2. 생애주기 도입의 필요성

장애와 관련하여 생애주기(life cycle)의 개념을 도입하는 시도는 지극히 당연하다고 볼 수 있다.

장애인이 일반적인 사회에서 일반적인 사람들과 같이 살아갈 수 있도록 하는 서비스 이념인 정상화와 사회통합은 일반적인 사람들과 똑같이 장애인의 경우에도 생애주기와 발달과업에 대하여 집중적인 관심을 기울일 것을 강조한다.

생애주기에 대한 논의는 장애인복지의 이념과 패러다임의 변화와 긴밀한 관련성을 갖는 것이라고 볼 수 있다(김용득, 2002).

3. 장애와 생애주기의 관련성

최근 장애인복지실천의 방향에 대한 논의는 '개인과 상황에 대한 균형적인 접근'으로 요약되며 개인이 가지고 있는 능력의 손상 또는 제약에 관심을 집중시켜 온 과거의 방법론에서 탈피하여 개인이 처한 상황에 대한 적응 및 대처의 과정에서 발생하는 사회적 관계에 대하여도 동시에 관심을 기울여야 한다는 점을 강조하는 경향이라고 볼 수 있다. 개인의 장애로 인하여 발생하는 사회적 박탈은 개인이 속한 연령집단에 따라 매우 상이한데, 장애를 가지고 있는 사람들의 과업은 일반적인 생애주기에 따라 큰 차이를 보이고 있으며, 따라서 장애인복지 정책의 수립, 서비스의 제공, 각종 지표의 제시 등에서 생애주기 및 생애과업은 구체적으로 다루어질 필요가 있다(김용득, 2002).

Ⅱ. 생애주기별 특징 및 서비스 욕구

1. 영유아기(0~2세) 및 초기 아동기(3~6세)

장애의 상당 부분은 출생 또는 바로 그 직후에 발생하며 유아기나 걸음마기에 장애를 갖게 되는 아동은 생애주기에서 그 이후에 장애를 가지게 되는 사람들과는 다른 삶을 경험(숭실대학교 장애인복지연구회, 2004)한다.

삶의 초기에 가지게 된 장애가 내포하는 중요한 의미 가운데 하나는 개인들이 그들의 장애를 인식할 수 있는 인지능력을 가지기 이전에 장애가 있다.

그들의 첫 번째 경험은 장애에 대한 시각(perspective)으로부터 시작, 아이를 돌보는 데 있어서 의료적 모델 접근에 의해 강하게 영향을 받은 가족들은 장애아동을 비장애아동과 다르게 양육되며 영유아기의 주요 발달과업은 주변 환경에 대한 신체적 · 인지적 통제력을 획득하는 것인데, 장애아동은 이러한 측면에서 비장애아동보다 많은 어려움을 가진다.

장애아동이라 할지라도 지지적인 환경 제공과 효과적인 생활기술 훈련을 받는다면 영유아기에 요구되는 발달은 비장애아동과의 차이 내지 간격을 최소화할 수 있을 것이며 영유아기는 장애아동에 대한 부모의 조기교육 관련 욕구가 크게 나타나고 있는데, 장애유형 중 언어장애와 정신지체 영역의 조기교육 욕구가 높고, 일반적으로 장애정도가 심할수록 조기교육의 욕구가 강하게 나타난다.

2. 학령기(7~18세)

이 시기에 속한 아동들은 학교를 다니게 되면서 친구의 수가 증가하고 사회적 · 지리적으로 그들의 세계는 확장되며, 해로운 문제와 상황을 해결할 수 있는 구체적인 문제해결 기술과 능력이 발달되는 많은 기회를 위한 시기이면서, 발전이 제한될 수 있는 문제의 시기이다.

그 이유는 아이들이 가족으로부터 떨어져 성인이 되기 위한 첫 번째 단계에 접어들었기 때문으로, 장애아동이 이 시기의 발달과업을 성공적으로 달성하기 위해서는 본래의 교육적 이념을 희생시키지 않고 장애아동을 비장애아동과 균형 있게 통합시켜 주는 것이 그들을 위한 지지적인 환경과 기술을 제공하는 것이라고 할 수 있다.

아동들이 배워 가는 과정에는 개별화 교육(IEP)이 필요할지도 모르며, 특히 이 시기에는 장애를 가진 친구와 의미 있는 접촉이 중요하고 치료 상황이 주는 제한에 직면하게 될 것이며, 가족에 의해 과잉보호되어 타인에게 의존하려는 경우가 많으며, 다른 경험을 시도할 수 있는 기회를 박탈당하는 상황에 놓인다.

새로운 것을 시도하고 다소간의 위험을 감수하는 도전적인 행동이 차단되며, 자신의 장애를 부적절한 행동의 결과에 의한 벌이라는 부정적인 느낌을 가질 수 있다.

다른 아동들과 어울려 놀 수 있는 기회가 적고 친구들을 사귈 수도 없게 되는데, 이런 문제들은 장애아동이 아동기에 나타나는 발달이나 역할들을 제대로 수행할 수 없게 되며, 장애에 대한 적응도 현저히 감소하고 그로 인해 자기 개념이 형성될 수 없으며 비장애아동과 상호교류가 적어지고 사회활동의 감소로 사회에 재진입할 수 있는 기회를 상실하게 된다.

가족의 관심이 장애아동에게 집중되는 경우에 발달에 적합한 형제자매 관계의 경험도 부정적이 될 수 있다.

2차 성징의 발달과 함께 자신의 성적 성숙에도 적응을 해야 하며 부모나 자기를 둘러싼 기성세대로부터의 경제적 · 정신적 독립을 준비하기 위한 정체감 확립의 시기이다.

이 시기에 장애인이 된 중도장애인은 장애를 가지지 않은 비장애인과의 도전적인 상황에 마주치게 된다.

장애를 가진 상태에서 정체성의 발달은 특히 장애발생 이후 몇 달 동안 어려울 수 있고 혼란을 일으킬 수 있는데, 이는 성인으로 나아가기 위한 하나의 전환시기라고 볼 수 있다.

이 시기의 발달적 필요를 고려하고 장애를 확인하는 지지적인 환경이 중요하며 새로운 동료 그리고 좋은 조언자 관계를 개발하는 것뿐만 아니라 친구관계와 가족관계를 유지하는 기회는 이 과정에서 중요한 도움이 될 수 있다.

3. 성인기(19~60세)

이 시기는 성인 초기에서 후기에 이르기까지 그 시기가 길다고 할 수 있으며, 비장애인과 마찬가지로 이 시기에는 원가족으로부터 떨어져서 독립을 하게 된다.

이 시기는 일차적인 친밀한 관계가 이전의 가족관계에서 새로운 가족관계로 이동하는 때이다.

가령 젊은 성인이 성공적으로 이 시기의 삶의 도전을 맞이하는 것은 가족들이 이들 장애인을 얼마나 잘 준비하여 독립적인 삶으로 내어 보내는가에 달렸다고 할 수 있다(오혜경, 2005b).

사회적인 지원이 주어지면 자립이 가능한 성인장애인에게는 시설보다는 지역사회에 할당된 자원이 생활의 선택에 대한 다양한 접근을 가능하게 한다.

직업과 교육적 기회, 대중교통과 과학기술에 대한 접근은 특히 중요하다.

성인장애인들에게 필요로 하는 적절한 자원들의 제공이 없다면, 결과적으로 장애인들은 의존을 벗어나지 못하게 되며 스스로 자신의 조정과 통제에 대한 가능성이 적어지게 된다.

일반적으로 이 시기는 가족과의 친밀한 관계가 사랑하는 사람과의 새로운 가족관계로 이동하는 때이지만, 흔히 장애를 가진 성인은 학교나 직업 전 훈련기관 등을 졸업한 이후 이 시기에 요구되는 자신이 필요한 것들과 만날 수 없는 경우가 훨씬 많기 때문에 요양원과 같은 큰 시설에 위탁되는 경우가 많았던 것이 우리의 현실이다.

이와 같은 소외를 방지하기 위해서 성인 초기에는 적절한 사회적 자원의 도움을 받을 수 있게끔 해야 한다(정무성, 2004).

이 시기에는 가족의 보호능력이 감소해 가면서 자립적인 능력을 최대화하고 부모 외의 사회적인 보호체계를 대비하는 계획이 요구되는 시기이다. 성인기의 대표적인 발달과업은 대인관계의 성숙, 사회적응 기술, 직업적 기능, 성적 적응 등이라고 볼 수 있다.

4. 노년기(61세 이상)

신체적 · 정신적 도움을 필요로 하는 장애노인들의 숫자가 증가함을 의미하며(변용찬 외, 2001), 결과적으로 이들을 위한 신체적 수발, 간병서비스, 가사원조, 보호서비스 등을 보장하는 장애인복지정책의 수립이 긴급한 상황을 초래하게 된다.

사실상 장애를 갖고 있는 노인은 장애인복지와 노인복지의 2가지 복지에 해당하는 2중의 어려움을 겪고 있다(이준우, 2005; 김성희 외, 2004; 윤경아 외, 2000).

장애노인은 장애발생 원인에 따라 노인이 되기 전 중도장애로 인해 젊어서 장애가 발생하여 장애인으로 노령에 이른 노령화된 장애노인과 노인이 되어서 장애가 발생한 노인성 장애노인으로 구분되어질 수 있는데, 이들 모두 노인문제와 장애문제에 직면하게 되어 사회적으로 소외될 가능성이 높은 집단이며 이 결과 노인문제와 장애문제가 복합된 형태로 나타나게 된다.

장애를 가진 노인의 문제는 일반 장애인의 문제보다 더 심각하며, 또한 일반 노인문제보다 더 심각한 노인문제라고 말할 수 있다(김형수, 1996).

우리나라 장애노인은 노인의 문제와 장애의 문제를 동시에 떠안게 됨으로 인해 우리 사회에서 가장 소외되고 취약한 계층으로 판단된다.

5. 생애주기별 주요 서비스의 분류

Lewis 등(2003)의 연구에 의하면, 지역사회 차원에서 제공되는 서비스의 분류는 직접 서비스와 간접 서비스라는 분류와 지역사회 서비스(거시적 측면 강조)와 클라이언트 서비스(미시적 측면 강조)라는 분류의 조합을 통하여 네 가지 형태로 제시되고 있다(이준우, 2005, 재인용; 숭실대학교 장애인복지연구회, 2004).

첫째, '직접 클라이언트 서비스'로서 클라이언트에 대한 직접적인 상담이나 아웃리치 서비스가 대표적인 예라고 할 수 있다.

둘째, '간접 클라이언트 서비스'이다. 이는 특정 개인이나 집단의 문제에 관련된 소규모 환경을 변화시키기 위한 활동으로서 클라이언트 권익옹호나 자문이 그 대표적인 예라고 할 수 있을 것이다.

셋째, '직접 지역사회 서비스'이다. 이는 지역사회 전체 구성원과 직접 접촉하는 서비스로서, 대표적인 예로 다양한 이슈에 대한 예방교육을 들 수 있다.

넷째, '간접 지역사회 서비스'이다. 이는 지역사회의 환경과 정책이 서비스를 필요로 하는 사람들에게 보다 우호적으로 변화할 수 있도록 하는 활동으로서 공공정책에 영향을 미치는 활동이 그 대표적인 예라고 할 수 있다. 이상의 분류를 표로 제시하면 다음의 〈표 4-1〉과 같으며, 다시 이를 각 생애주기별로 세부적으로 나타내면 다음과 같이 나타낼 수 있을 것이다.

표 4-1 서비스의 분류

구분	클라이언트서비스	지역사회서비스
직접적 접근	상담, 아웃리치	예방교육
간접적 접근	클라이언트 권익옹호, 자문	정책에 영향을 미치는 활동

출처: 숭실대학교 장애인복지연구회(2004), 「현대장애인복지론」, 서울: 현학사, p. 108에서 발췌

Ⅲ. 부모 및 가족의 역할

1. 장애자녀에 대한 부모의 반응 단계

부모는 자기의 아이가 장애를 가졌다는 것을 알고 난 후에 일련의 정해진 순서의 반응을 거쳐서 바람직한 수용의 단계에 이르게 된다(Kubler-Ross, 1969; Cook et al. 2004).

1) 충격과 부인의 단계

부모는 자기 자녀가 장애를 가졌다는 사실을 알게 되고 나서 커다란 충격을 받게 된다. 일반적으로 부모들은 이를 부인하는 반응을 나타낸다.

- 부인 뒤에 종종 나타나는 것이 죄의식: 부모들은 장애 자녀의 출생에 대하여 자신이나 주위 환경 또는 다른 사람이나 신을 비난하며, 자신의 어떠한 잘못으로 천벌을 받는 것이라고 생각한다.

2) 분노와 원망의 단계

자녀의 장애 상태를 더 이상 부정할 수 없게 되면 부모들은 화를 내고 다른 사람을 원망하

며 이들은 지적으로는 자녀의 장애를 인정하나 정서적으로 자녀의 문제에 긍정적으로 접근하지 못하고 심지어는 진정으로 자신을 돕고자 하는 사람에게도 화를 낸다.

3) 타협의 단계

부모들은 자신이 받아들일 수 없고, 믿을 수 없는 운명을 인지적 · 정서적으로 수용해야 하는 것을 지연하고자 하며 또한 대단한 결심을 하고 부지런히 장애 자녀를 위해 애쓴다.

어쩔 수 없는 현실에 대한 인지적인 수용을 하면서 단호하게 장애자녀를 위해 일한다.

4) 좌절과 낙담의 단계

열심히 노력해도 자녀에게 진전이 보이지 않으면 '도대체 무슨 소용이 있느냐', '신경을 쓸 필요가 뭐 있겠느냐'는 등의 태도를 갖게 되는데 이 시점에서는 자신이 바라던 정상적으로 발달하는 아이에 대한 기대가 사라짐에 따라 마치 고별을 하는 것 같은 애도의 감정을 나타낸다.

일단 이러한 애도의 감정이 일어나고 나서 자녀를 있는 그대로 수용하기 시작하고, 자녀 문제의 생산적 해결에 초점을 두게 된다.

5) 수용의 단계

수용의 단계에 들어서면 부모들은 무언가 이룰 수 있음을 깨닫고 무언가 배우고자 하며, 새로운 지식을 적용하려고 한다.

어떤 부모들은 이러한 수용의 단계에 빨리 도달하는데, 어떤 부모들은 그 속도가 느리며, 일부의 부모들은 오랫동안 자녀의 장애 상태에 현실적으로 직면하지 못하기도 한다.

부모들의 반응은 장애아동 행동에 영향을 주므로 부모가 수용하지 않을 때 아동들은 정서적으로 안정되지 않고 불안정하고 화를 잘 내기도 한다.

표 4-2 장애자녀에 대한 부모의 반응 단계

부모 반응		단 계		사회복지사 반응
· 수치심, 죄책감, 무가치감, 과잉보상 · 의사 및 전문가 찾아다니기	←	충격, 부인, 거부	←	· 수용과 적극적 경청 · 장애아동의 입장을 충분히 고려하기
		↓		
· 교육 및 사회복지기관에 화를 냄 · 조기교육 및 치료재활 전문가 비난하기	←	분노, 원망	←	· 부모의 인내에 대한 격려 · 긍정적인 부모-자녀 상호작용시범 보이기
		↓		
· 불가피하다는 사실을 수용하지 않으려고 피함 · 애써서 결심하려고 노력함	←	타협	←	· 공감적 반영(깊은 이해의 감정 보이기) · 부모의 감정이 정상적인 것으로 받아들이도록 돕기 · 정직하게 대화하기
		↓		
· 아무것도 가치 있는 것이 없는 듯한 느낌 · 희망이 없는 듯한 무기력함 · '정상'자녀에 대한 환상을 상실함으로 인한 슬픔	←	좌절, 낙담	←	· 긍정적인 면에 초점 맞추기 · 활동 성공 확인해 주기 · 전문적인 상담 의뢰하기
		↓		
· 무언가 할 수 있다는 자신감 · 생활방식에 적응 · 실제적인 무엇인가를 하겠다는 의지 소유	←	수용	←	· 다른 부모로부터 위안 얻도록 격려하기 · 새로운 상호작용 기술 지도하기 · 아동이 긍정적으로 변화할 때 부모 칭찬하기

출처: Cook, R. E., Tessier, M. D., & Klein, A.(2004). Adapting early childhood curricular for children in inclusive setling, Upper Saddle River, NJ: Peason Prentice Hall.

2. 영유아기 및 초기 아동기(0~6세)

올바른 모델로서의 역할로 부모로서의 올바른 정신자세와 일관성이 있는 언행으로 좋은 모델이 되도록 노력해야 한다.

자신감 향상을 위한 촉매자로서의 역할로 도와주는 일과 스스로 하는 일을 분별할 수 있어야 한다.

부모가 각별히 유념해야 할 점은 자녀의 생활연령에 맞는 기술범위 내에서 자녀가 모험을 경험할 수 있는 기회를 가능한 한 많이 제공하도록 힘써야한다.

자녀에 대한 정확한 정보제공자로서의 역할로 장애아동의 효과적인 재활과 치료를 위해서는 장애아동에 관한 다양한 정보, 가족의 강점, 가족의 욕구를 기초로 한 가족목표를 개발해야 한다.

부모는 장애자녀에 대해 가장 많은 것을 알고 있으므로 구체적이고 정확한 정보제공자로서의 역할을 충실하게 감당해야 할 필요가 있다.

기능적 기술 훈련가로서의 역할로는 항상 자녀의 앞날에 대해 생각하고, 자녀가 미래에 필요로 할 기능들을 미리 탐색하여 어린 시절의 자녀에게 가장 알맞은 기능을 익히려는 노력이 필요하다.

부모들은 자신의 장애자녀들이 할 수 있는 능력을 어느 누구보다도 잘 알고 있으며 장애자녀의 잠재된 능력을 끌어내어서 앞으로 살아가는 데에 필수적인 일상생활 기술이나 사회생활과 직업 활동에 도움이 될 만한 기능적인 기술들을 습득하게끔 도울 수 있다.

긍정적 지도자로서의 역할로 자녀의 잠재적 가능성을 믿고 끈기 있는 노력으로 그 가능성을 실현하도록 힘써야 한다. '가르치고 도우면 변할 수 있다'는 확신을 갖는 것이 중요하며, 눈앞에 보이는 성취기대를 버리고 '작은 변화에도 만족할 줄 아는 자세'가 필요하다.

부모조직 구성원 및 정치적 주창자로서의 역할로 부모조직이 주로 기여하는 세 가지 필수 기능은, 첫째, 서로의 문제와 욕구를 이해하고 서로가 불안과 좌절을 해소하도록 돕는 비공식적인 부모집단의 제공, 둘째, 서비스와 잠정적 자원에 관한 정보제공이다. 셋째, 장애아동을 위한 필수적인 서비스를 얻기 위한 조직의 제공을 들 수 있다.

가족 구성원으로서의 역할로 가족을 장애아동 대 부모(특히 어머니)의 이원적 관계로 보았던 것에 반해 현재는 전 식구의 다양한 욕구인식에 점점 더 초점을 두어 장애아동 대 가족 전 구성원, 전문가 대 부모(특히 어머니)의 관계보다는 전문가 대 가족의 관계를 더 중시하는 양상으로 바뀌어 가고 있다.

3. 학령기(7~18세)

사회복지사와 협력자로서의 역할로 장애가족을 대상으로 한 역할은 가족의 전 구성원들이 그 책임을 나누어 가져야 한다는 생각의 변화는 사회복지사와의 협력관계에서도 적용된다.

교육자로서의 역할로 자녀와 직접적으로 상호작용하는 데 중요한 부모의 역할은 교육자로서의 부모역할을 수행하는 것이다. 부모는 자녀에게 관습, 전통적인 것, 일상생활 기술, 사회성 기술, 이동성, 학업 전 기술 등을 가르칠 수 있다. 부모가 교육자의 역할을 할 때, 다음

요소들이 고려되어야 한다.

첫째, 교육자 역할의 필요성, 건강, 재정, 가족상황에 관한 부부간의 합의

둘째, 도움을 제공해 줄 전문가(예: 사회복지사, 특수교사, 치료사 등)의 참여 가능성

셋째, 방해받지 않고 그 자녀에게 전념할 수 있는 시간의 유무

넷째, 자녀가 느끼는 부담감과 싫증

다섯째, 교육 시간 중 좌절, 실망, 성급함에 대한 부모의 자제력

여섯째, 장애아동의 사회성 기술, 흥미개발 등의 기회감소 여부

일곱째, 교육자 역할에 의한 가족구성원 간의 긴장 조성 유무

여덟째, 부모의 교육자 역할에 대한 선호도 및 만족도

자원봉사자로서의 역할로는 부모는 자원봉사자로서 장애아동에게 제공되는 서비스 향상을 위해 의미 있게 공헌할 수 있다.

장애자녀가 교육받고 있는 학교의 특수교사의 일상적인 업무량을 덜어 주고, 특수교사의 업무를 보조하기 위해 개인지도를 하며, 장애아동들의 경험을 넓혀 주고, 학교문제에 대한 광범위한 지원을 할 수 있다.

4. 성인기(19~60세)

성인기에 속해 있을 때 부모들이 갖는 주요 관심사로 적합한 성인 주거지에 대한 요구 논하기, 장애자녀가 가정 밖에서의 사회화 기회에 대한 요구, 진로선택 혹은 직업 프로그램 시작하기 등이라고 할 수 있는데, 이 시기는 학교졸업 이후의 시기로 진로선택과 취업, 주거지 선택이 본격적으로 이루어지는 시기이다.

자립생활 감독자로서의 역할로 비장애 자녀가 성인이 되면 가정을 이루고 부모로부터 독립하는 것이 전형적인 삶의 과정. 그러나 장애를 지닌 성인자녀들이라 하여 부모가 운명을 달리하게 되는 그날까지 부모와 같이 살 수는 없는 것이고, 그때를 대비하여 부모 대신 장애자녀가 사회 속에서 생산적인 일꾼으로 직업을 유지하면서 안전하게 삶을 영위하도록 인도해 줄 방도가 필요하다.

표 4-3 장애인 가족의 생애주기에 따른 관심사

생애주기의 단계	부모의 관심사	형제들의 관심사
영유아기	• 정확한 진단을 받는 것 • 형제나 친지에게 알리는 것 • 서비스를 찾아다니는 것 • 장애가 있다는 것에 대한 긍정적인 의미를 발견하는 것 • 의사결정을 좌우하는 개인적인 관점을 분명히 하는 것 • 낙인의 문제에 대처하는 것 • 커다란 기대를 가지는 것	• 형제들의 욕구에 대해 부모의 시간과 에너지 할애가 줄어드는 것 • 관심이 줄어드는 것에 대한 질투의 감정 • 장애에 대한 잘못된 이해와 관련된 두려움
초기아동기	• 가족기능의 수행을 위해 일상적인 생활을 조정하는 것 • 교육에 관련된 문제들에 대해서 적응하는 것 • 일반학급 통합과 특수학급 분리에 따른 문제를 분명히 하는 것 • 개별화 교육회의에 참여하는 것 • 지역사회 자원을 찾고 활용하는 것 • 교과목 이외의 아동의 활동을 조정하는 것	• 신체적 보호의 욕구에 대한 책임을 분담하기 • 여자 맏이들이 위기를 맞을 가능성 • 레크리에이션과 여가를 위한 가족의 자원이 제한되는 것 • 친구나 선생님에게 장애형제를 알리는 것 • 동생이 장애를 가진 형이나 누나를 앞지를 가능성 • 장애형제의 통합에 따라 같은 학교에 다니게 되는 문제 • 장애에 대한 기본적인 정보의 욕구
학령기	• 장애적 조건의 만성화 가능성에 대해서 정서적으로 적응하는 것 • 성적인 문제의 등장에 대한 이해 • 또래들의 거부와 배제 가능성에 대하여 대처하는 것 • 직업생활에 대해 계획하는 것 • 여가생활에 대해 계획하는 것 • 사춘기의 신체적 정서적 변화에 대처하는 것 • 학교 교육 이후의 생활에 대해 계획하는 것	• 형제에 대한 과잉동일시 • 사람들 사이의 차이점에 대한 폭넓은 이해 • 장애의 영향이 직업의 선택에 미치는 영향 • 낙인의 가능성에 대해서 대처하기 • 형제 훈련 프로그램에 참여하는 것 • 형제 지지집단에 참여하는 것
성인기	• 후견인의 필요성에 대한 준비 • 성인으로서의 적절한 주거의 형태를 구상하는 것 • 성인에게 의존성이 가지는 함의에 대해서 정서적으로 적응하는 것 • 가족 밖에서 사회와의 기회를 가질 수 있도록 대처하는 것 • 취업이나 직업훈련 프로그램을	• 재정적 지원에 대해 책임을 질 가능성에 대한 문제 • 유전적 문제와 관련된 걱정을 해결하는 것 • 결혼으로 인한 새로운 가족을 장애인에게 소개하는 것 • 직업 주거문제에 대한 정보의 욕구 • 형제들의 옹호인으로서의 역할을 분명히 하는 것 • 후견인 문제의 가능성

출처: 숭실대학교 장애인복지연구회(2004), 「현대장애인복지론」, 서울: 현학사, p. 116에서 발췌.

Ⅳ. 생애주기별 서비스 모델 적용과 전망

① 일반적으로 특정 분야의 서비스를 개발하기 위해서는 대체로 세 가지의 조건들이 갖추어져야 함

첫째, 서비스의 이념과 철학을 마련하는 것

둘째, 서비스의 이념과 철학을 구체화시킬 수 있는 수단이 되는 실행 틀(framework)을 갖추는 것

셋째, 서비스의 방향과 이에 부합하는 실행 틀 속에 구체적인 내용을 채워 넣는 것

② 생애주기별 서비스 모델은 장애인 재활과 관련하여 몇 가지 의의가 있다.

첫째, 재활서비스를 삶의 전 과정이라는 거시적 관점에서 계획하고 실시함으로써 재활서비스의 종적인 연결이 이루어질 수 있다.

우리의 삶은 단절적인 것이 아니라 연속적인 것임에도 불구하고 재활서비스를 제공하는 기관의 행정가와 직원의 안목은 생애의 어느 한 시기에 단절되는 경우가 많다. 그러나 그 단절을 접고 연속적인 서비스 전달체계를 모색하는 것이 필요하다.

둘째, 이 모델에서는 생애주기별 발달특성을 고려한 서비스를 시도하기 위하여 아동기, 청소년기, 성인기, 노년기는 각기 인간발달의 측면에서 갖는 특성이 있고, 또한 공통적으로 필요한 재활서비스가 있을 수 있는 데, 생애주기별 분석을 토대로 서비스를 제공함으로써 재활서비스의 적절성을 높일 수 있다.

셋째, 이 모델에서는 재활서비스를 제공함에 있어서 수요자들의 요구와 필요를 보다 적극적으로 반영할 수 있을 것이다.

③ 생애주기별 서비스 모델이 갖는 여러 가지 장점에도 불구하고 우리가 유의해야 할 점들도 있다. 생애주기별 서비스 모델을 보다 잘 정착시키기 위해서는 다음과 같은 4가지의 유의점을 검토해 보는 것이 좋다(숭실대학교 장애인복지연구회, 2004).

첫째, 기존의 서비스를 제공하는 궁극적인 목적에 대하여 공통된 인식을 가질 필요가 있다. 다시 말하면, 각 생애주기별로 주어지는 서비스의 목표는 궁극적으로 한 개인의 전체적인 삶과 연계되고 일관성을 가질 수 있어야 한다.

둘째, 한 생애주기에서 다음 생애주기로 이동하기 전에 서비스의 연계가 원활하게 이루어질 수 있도록 연계체계를 마련하는 것이 필요하다.

셋째, 생애주기별 서비스를 제공함에 있어서 장애인들이 보다 많은 선택권을 가질 수 있고, 그 서비스가 그들의 자립능력과 생존에 적극적으로 기여하는 방향으로 구성되어야 한다.

넷째, 생애주기별 서비스는 각 주기별로 가장 자연스러운 환경에서 1차적으로 관련되는 사람들과 함께 실시될 수 있어야 한다.

장애의 분류와 유형별 이해와 특성

CHAPTER

05

CHAPTER 05

장애의 분류와 유형별 이해와 특성

Ⅰ. 장애의 분류(발달, 원인, 행동, 성향에 따른 장애)

- 외부기능 장애: 지체장애, 청각장애, 시각장애, 언어장애, 뇌병변장애, 안면 장애

표 5-1 우리나라 장애인복지법에 따른 장애분류 및 장애범주

대분류	중분류	소분류	세분류
신체적 장애	외부 신체기능의 장애	지체장애	절단장애, 관절장애, 지체기능장애, 변형 등의 장애
		뇌병변장애	뇌의 손상으로 인한 복합적인 장애
		시각장애	시력장애, 시야결손장애
		청각장애	청력장애, 평형기능장애
		언어장애	언어장애, 음성장애, 구어장애
		안면장애	안면부의 추상, 함몰, 비후 등 변형으로 인한 장애
	내부기관의 장애	신장장애	투석치료중이거나 신장을 이식 받은 경우
		심장장애	일상생활이 현저히 제한되는 심장기능 이상
		간장애	일상생활이 현저히 제한되는 만성·중증의 간기능 이상
		호흡기장애	일상생활이 현저히 제한되는 만성·중증의 호흡기기능 이상
		장루·요루장애	일상생활이 현저히 제한되는 장루·요루
		간질장애	일상생활이 현저히 제한되는 만성·중증의 간질
정신적 장애	발달장애	지적장애	지능지수와 사회성숙지수가 70 이하인 경우
		자폐성장애	소아청소년 자폐 등 자폐성 장애
	정신장애	정신장애	정신분열병, 분열형정동장애, 양극성정동장애, 반복성 우울장애

출처: 보건복지부(2010), 「장애등급판정기준」.

1. 장애인고용촉진 및 직업재활법 시행령 제3조에서 규정하는 장애인의 범위

- 「장애인복지법 시행령」 제2조의 규정에 의한 장애인
- 「국가유공자 등 예우 및 지원에 관한 법률 시행령」 제6조의 제3항의 규정에 의한 상이등급기준에 해당하는 자
- 3항에 규정하였던 「산업재해보상보험법 시행령」 제31조 제1항의 규정에 의한 신체장해등급기준 중 제1급 내지 제9급에 해당하는 자는 삭제됨(2004. 6. 5.시행일 2005. 1. 1: 제3조 제3호)

2. 장애인 인정

- 「장애인복지법」에 의하여 시 · 군 · 구에서 교부한 장애인등록증(수첩) 소지자
- 지방보훈관서가 발급한 국가유공상이등급 확인서 또는 상이등급이 기재된 국가유공자증명서 소지자는 「장애인복지법」에 의한 장애인등록증(수첩)을 교부받은 경우에 인정

※ 「공무원연금법」등 타법령에 의한 장해급여를 받은 자는 종전과 같이 「장애인복지법」에 의한 장애인등록증(수첩)을 교부받은 경우에 인정

출처: 보건복지부(2005), 「장애등급판정기준」

Ⅱ. 신체적 장애

1. 지체장애

1) 지체장애란 사지(팔과 다리)와 몸통의 운동기능장애를 의미한다.

사지는 상지(팔)와 하지(다리)로 구성된다. 상지는 어깨관절에서 손가락 끝, 하지는 골 관절에서 발가락 끝까지 몸통은 척추를 중심으로 한 상반신, 목, 머리 부분, 흉부, 복부를 말하는데 내장기관은 포함되지 않는다(나운환 외, 2003).

운동기능장애란 운동기관이 있는 중추신경계, 근육 및 뼈, 관절 등의 부상이나 질병으로 인하여 장기간 일상생활에서 자기혼자 활동하는 것이 곤란한 상태의 장애(권선진, 2005)이다.

(1) 절단장애

절단은 상지나 하지의 일부분을 잃어버린 상태이며, 상지절단과 하지절단으로 구분된다.

상지절단에는 상완절단(어깨와 팔꿈치 사이), 전완절단(팔꿈치와 손목사이), 수지절단(손가락)이 있다. 하지절단은 대슬절단(무릎 위), 하슬절단(무릎과 발목 사이)이 있다. 절단이란 상지나 하지의 일부분을 잃어버린 상태로 서구에서는 하지절단이 약 80%로 많으며, 우리나라의 경우에도 마찬가지지지만 서구에 비해서는 상지절단이 상대적으로 많다.

절단의 원인으로 혈관장애에 의한 절단, 산업재해, 교통사고 등 외상에 의해 발생되는 경우가 대부분이다(김종인 · 우주형 · 이준우, 2004).

(2) 관절장애

관절장애는 관절경직, 완전경직, 부분경직의 증상으로 관절장애는 뼈와 뼈를 연결하고 있는 관절의 운동범위가 제한되어 있는 것을 의미한다. 즉, 해당관절의 강직, 근력의 약화 또는 마비 관절의 불안정(동요관절, 인공관절 치환 술 후 상태)이 있는 경우와 완전경직은 전혀 움직이지 않는 상태이며 부분경직은 어느 정도 관절 운동이 일어나는 경우(보건복지부, 2011)이다.

(3) 지체기능장애

지체기능장애는 팔 또는 다리의 마비, 관절의 강직으로 기능에 장애가 있는 경우와 척추의 병변으로 척추 강직이 있는 척추장애를 갖고 있는 경우(보건복지부, 2011)가 있다. 마비는 소아마비, 척수손상 등과 같이 중추신경 또는 말초신경에 장애가 오는 경우이다.

마비는 단마비, 대마비, 편마비, 삼지마비, 사지마비, 양마비, 복마비 등으로 구분된다.

소아마비는 감각에는 이상이 없으나 근육의 힘이 빠지는 이완성 마비로서 보통 비대칭적으로 일정한 유형 없이 불규칙적으로 마비가 오는 것을 말하며 이는 바이러스가 입으로 들어가 목, 내장, 신경계통에 침범하여 근육의 마비를 초래하기 때문이다.

근육 디스트로피(Muscle Dystrophy)는 통증은 없으나 근육의 진행성 위축을 초래하여 힘이 떨어져서 차차 걷지 못하고 휠체어의 신세를 지거나 자리에 눕게 되는 것이며 제대로 움직이지 못하고 병에 대한 저항력이 떨어지게 되는 경우 호흡이나 심장의 기능이 저하되어 사망에 이르게 된다.

척수장애(a disabled person with the spinal cord injury)는 척수의 손상으로 오는 기능장애로 손상부위 아래부터 운동장애와 감각장애가 즉시 나타나고 배뇨에 어려움이 있으며 대변 배설이 잘 안되고 성기능에도 영향을 받는 것이다.

척수손상의 원인은 교통사고, 산업재해 및 추락사고 등의 외상이 대부분이며 선천성 감염, 혈관질환 등이 질병의 원인이 되기도 한다.

말초신경 손상(Peripheral nerve injury)은 척수나 뇌에서부터 피부나 근육에 이르는 운동신경과 감각신경이 손상되어 감각이 없어지고 근육의 수축이완이 마비되는 것으로서 그 원인은 총이나 칼로 인한 손상, 유리창에 넘어졌을 때, 근육주사를 맞거나 마취 후, 술을 마신 후 깊은 잠으로 인한 특정신경의 손상, 요골, 비골, 좌골 등의 압박으로 인한 손상 등이며 당뇨병, 요독증, 중금속 중독, 접착제 흡입, 사고 등으로 인하여 그 기능이 저하되기도 한다.

(4) 신체변형 등의 장애

신체변형 등의 장애는 신체의 어떤 부분의 외적 모양이 정상과 다른 것을 말하는데, 한 쪽 하지가 짧거나 난쟁이와 같이 신체의 전반적인 발육부진으로 왜소한 경우도 변형에 포함된다. 절단은 변형에 포함되지 않는다.

변형은 태어날 때 이미 있었던 선천성 기형보다는 자라는 어린이에게 마비가 있을 때, 뼈의 '성장판'이 손상받는 경우, 골절 후 잘못 유합된 경우, 오랫동안 진행된 류마티스 관절염 등으로 인해 발생되는 경우가 많다(보건복지부, 2005).

2. 뇌병변장애

장애인복지법 개정으로 뇌병변장애는 기존의 지체장애 항목에서 분리되었는데, 지체장애와는 다른 특성을 갖기 때문이다(권선진, 2005). 뇌병변장애란 중추신경의 손상으로 인한 복합적인 장애로 뇌성마비, 외상성 뇌손상, 뇌졸중 등 뇌의 기질적 병변으로 인해 보행 또는 일상생활동작에 제한을 받는 것을 의미한다.

다시 말해 뇌의 기질적 병변에 기인한 신체적 장애로 보행 또는 일상생활, 동작 등에 제한을 받는 장애(문선화 외, 2005; 권선진, 2005; 김종인 · 우주형 · 이준우, 2004; 나운환 외, 2003).

1) 뇌성마비

뇌성마비는 주로 유아기에 나타나서 시간이 지나도 악화되지는 않는, 운동의 통제에 결함이 생기는 일련의 만성적 장애를 갖는 것을 기술하기 위해 사용되는 포괄적인 장애용어로 '뇌성'이라 함은 뇌의 두 반쪽들, 또는 반구를 가리키며 '마비'는 신체운동의 통제에 결함을 일으키는 모든 장애

뇌성마비는 근육이나 신경의 문제에 의해 발생하는 것이 아니고, 뇌의 운동영역의 손상이나 잘못된 발달이 운동이나 자세의 적절한 통제를 하는 뇌의 능력을 방해하는 상태를 말하는

것이다(보건복지부, 2005).

뇌성마비는 언어, 학습, 심리적 장애, 지각-감각결손 등이 중복장애가 수반되는 경우가 대부분이며 뇌성마비 장애인 중 40~50%가 지능장애를 동반하고, 아동 중 약 50%가 사시 등의 시각장애를 수반하며, 언어장애 및 읽기, 쓰기 장애로 의사소통에 어려움을 보이고, 감정적 장애를 나타낼 수도 있다.

감정적 장애는 주로 가족의 태도와 주위환경에 대한 반응태도에 의해 동반되며 뇌성마비의 원인으로는 출산 전 산모의 과다한 약물복용, 출산시의 외상으로 인한 출혈과 산소 결핍, 유아기의 심한 황달이나 백일해, 뇌염과 뇌막염, 두부외상 등이다(김종인 · 우주형 · 이준우, 2004).

표 5-2 뇌성마비의 종류

종류	특성
경직성 뇌성마비	환자의 70~80%를 차지하며, 근육이 딱딱하고 영구적으로 수축되어있으며 경직에 의해 양다리가 침범되면 다리가 서로 안쪽으로 겹쳐서 무릎에서 교차된다. 이러한 사람이 걸을 때, 다리는 떨 듯이 움직이며 딱딱하고 거의 무릎에 닿을 듯 말 듯 하게 된다. 이것이 특징적인 보행리듬을 일으키는데, 이를 가위걸음이라고 한다. 경직성 편마비를 가진 사람은 통제할 수 없는 흔들림이 신체 한쪽의 팔다리를 침범한다.
무정위운동형 뇌성마비	통제할 수 없고, 느리며, 몸을 뒤트는 것이 특징이다. 일반적으로 손, 발, 팔, 다리에서 이런 비정상적인 운동이 있으며 가끔씩 얼굴 찡그림을 일으키면서, 얼굴과 혀의 근육에 침범한다. 이들 운동은 정서적 스트레스가 심할 때 증가하기도 하고, 잠잘 때는 사라진다. 또한 말하기에 필요한 근육 운동을 협응시키는 데 문제를 가지기도 한다.
운동실조형 뇌성마비	이는 드문 형태로 균형감각과 높이지각에 영향을 미친다. 이들은 종종 협응 능력이 떨어지고, 폭이 넓은 걸음걸이로 불안정하게 걸으며, 글쓰기나 셔츠단추 채우기 같은 빠르거나 정확한 동작을 시도할 때 어려움을 겪는다. 또한 의도적인 떨림을 가질 수 있는데, 이러한 형태의 떨림은 책을 잡으려고 할 때처럼 자발적 운동으로 시작되었으나, 그 사용되는 신체부위에 침범되고 그 사람이 목표로 하는 물체에 다가갈수록 악화된다.
혼합형	위의 세 가지 형태가 혼합된 것이다. 가장 일반적인 혼합 형태는 경직성과 무정위 운동형 운동의 혼합이지만, 다른 형태의 결합도 가능하다.

출처: 보건복지부(2005), 「장애등급판정기준」

2) 뇌졸중

일반적으로 중풍이라 불리는 것으로, '어떠한 원인으로 인해서 갑자기 뇌혈관이 터지거나 막혀서 뇌 쪽으로 가는 혈액순환이 되지 않거나 직접적인 뇌손상으로 인해 뇌기능에 이상을 일으켜 의식장애, 편마비, 어지럼증, 두통 등이 돌발적으로 발생한 상태'로 뇌졸중은 뇌혈관 장애(중풍)로서 편마비 또는 반신불수 등의 신체 반측의 운동 및 감각의 장애를 말하며 뇌의 급격한 혈액순환 장애로 일어나는데 혈전이나 경색으로 혈관이 막히거나 출혈로 뇌조직이 눌리고 순환이 되지 않아 발생한다.

동맥경화증이나 고혈압이 원인이 되는 경우가 많으며 심장내막염이나 심장판막염이 그 원인이 되기도 한다.

표 5-3 뇌졸중의 종류

종류	특성
뇌경색	동맥경화증 등으로 혈관 벽에 이상이 생긴 후 혈관이 막혀 혈류장애가 생기거나 뇌 이외의 장소(특히 심장)에서 혈괴(혈액이 응고한 덩어리)가 떨어져서 뇌혈관을 갑자기 폐쇄시켜 혈류장애를 가져오는 경우이다.
뇌출혈	고혈압 등에 의해 뇌혈관의 파열로 뇌 내에 피가 고여 있는 상태이다.
일과성 뇌허혈 발작	뇌졸중의 증상이 수 분 내지 수 시간 지속되다가 하루 만에 완전히 증상이 회복되는 경우로 마비 등의 뇌졸중 후유증은 없으나 뇌경색이 다시 발생할 위험성이 상당히 높으므로 적극적인 검사를 통해 예방치료를 해야 하는 경우이다.
지주막하 출혈	뇌를 둘러싸고 있는 큰 혈관에 꽈리 모양의 동맥류(동맥의 국소적 늘어남)가 발생하고 이것이 터져 뇌를 둘러싸고 있는 지주막과 뇌 사이의 공간에 피가 고이는 경우이다.

출처: 보건복지부(2005), 「장애등급판정기준」.

3) 외상성 뇌손상

외상성 뇌손상(traumatic brain injury)은 외상으로 인해 뇌에 손상을 입은 일반적인 상태

폐쇄성 뇌손상(closed head injury), 개방성 뇌손상(open head injury), 그리고 관통성 뇌손상(penetrating head injury)으로 나눔

폐쇄성이냐, 개방성이냐 하는 것은 두개골 안의 경막 손상의 유무로 구분하며 관통성 뇌손상은 외부 물질이 뇌 조직 내에 들어가 손상을 입힌 경우(보건복지부, 2005)

표 5-4 외상성 뇌손상의 종류

외상시 충격으로 즉시 나타나는 손상	미만성 축삭 손상	자동차사고와 같이 고속 충격, 회전하는 충격이 가해졌을 경우 생긴다. 뇌의 신경 경로가 눈에 보이지 않게 찢어지는 것으로 뇌 조직 중 특징적으로 손상을 잘 받는 부위가 있어 이에 따른 증상이 생기게 된다.
	뇌좌상	추락 혹은 주먹으로 맞는 것과 같은 저속 충격으로 뇌피질에 멍이 드는 것이다. 국소적 인지능력의 저하와 감각이나 운동기능의 장애가 생기고, 후에 경기(놀람, 발작)가 생기는 위험성이 증가한다.
이차적인 손상(일차적인 뇌손상으로 인해 나중에 이차적으로 나타나는 손상)	뇌압의 증가	어떠한 이유에서든 뇌압이 증가하는 경우에는 뇌혈류를 감소시키게 되며 이로 인해 허혈성 손상이 생긴다.
	흥분성 신경전달 물질의 분비	미만성 축삭 손상이 있는 경우 흥분성 신경전달 물질이 분비되게 되는데 이것으로 인해 뇌의 대사 활동이 증가하게 된다. 하지만 뇌손상으로 뇌혈류가 감소되어 있는 상태이므로 증가한 대사에 필요한 산소공급을 하지 못하게 되어 뇌손상이 더욱 커지게 된다.
	전신적인 요소	출혈이나 저혈압, 심폐 기능의 저하는 뇌혈류를 더욱 감소하게 하여 뇌손상을 증가시키게 된다.
	뇌감염	손상 시 개방성 두개골절, 뇌 척수액의 유출 등이 있는 경우 뇌 안에 감염이 생길 수 있다. 이런 경우 뇌손상이 증가한다.
	조절되지 않는 경기	뇌의 대사 활동이 증가하게 되어 뇌의 혈류량이 많이 필요하게 된다. 그러나 뇌손상으로 뇌 혈류량이 감소한 경우 뇌손상이 증가하게 된다. 또한 경기를 하는 동안 호흡이 정지되거나 음식물이 기도로 들어갈 수 있으므로 이로 인해 산소공급이 충분히 이루어지지 않아 뇌손상이 증가하게 된다.

출처: 보건복지부(2005), 「장애등급판정기준」.

표 5-5 장애등급기준

등급	장애 정도
1급	• 독립적인 보행이 불가능하여 보행에 전적으로 타인의 도움이 필요한 사람 • 양쪽 팔의 마비로 이를 이용한 일상생활동작을 거의 할 수 없어, 전적으로 타인의 도움이 필요한 사람 • 한쪽 팔과 한쪽다리의 마비로 일상생활동작을 거의 할 수 없어, 전적으로 타인의 도움이 필요한 사람 • 보행과 모든 일상생활동작의 수행에 전적으로 타인의 도움이 필요하며, 수정바델지수가 32점 이하인 사람
2급	• 한쪽 팔의 마비로 이를 이용한 일상생활동작의 수행이 불가능하여, 전적으로 타인의 도움이 필요한 사람 • 마비와 관절구축으로 양쪽 팔의 모든 손가락 사용이 불가능하여, 이를 이용한 일상생활동작의 수행에 전적으로 타인의 도움이 필요한 사람 • 보행과 모든 일상생활동작의 수행에 대부분 타인의 도움이 필요하며, 수정바델지수가 33~53점인 사람
3급	• 마비와 관절구축으로 한쪽 팔의 모든 손가락 사용이 불가능하여, 이를 악용한 일상생활동작의 수행에 전적으로 타인의 도움이 필요한 사람 • 한쪽 다리의 마비로 이를 이용한 보행이 불가능하여, 보행에 대부분 타인의 도움이 필요한 사람 • 보행과 모든 일생생활동작의 독립적 수행이 어려워, 부분적으로 타인의 도움이 필요하며, 수정바델지수가 54~69점인 사람
4급	• 보행과 대부분의 일상생활동작은 자신이 수행하나 간헐적으로 타인의 도움이 필요하며, 수정바델지수가 70~80점인 사람
5급	• 보행과 대부분의 일상생활동작을 타인의 도움 없이 자신이 수행하나 완벽하게 수행하지 못하는 때가 있으며 수정바델지수가 81~89점인 사람
6급	• 보행과 대부분의 일상생활동작을 자신이 완벽하게 수행하나 간혹 수행 시간이 느리거나 양상이 비정상적인 때가 있으며 수정바델지수가 90~96점인 사람

표 5-6 보행 및 일상생활동작 평가(수정바델지수, Modified Bathel Index)

※ 부록의 예시를 참조 후 평가한다.

수행 정도 평가 항목	전혀 할 수 없음	많은 도움이 필요	중간 정도 도움이 필요	경미한 도움이 필요	완전히 독립적으로 수행
개인위생[2)]	0	1	3	4	5
목욕(bathing self)	0	1	3	4	5
식사(feeding)	0	2	5	8	10
용변(toilet)	0	2	5	8	10
계단 오르내리기 (stair climb)	0	2	5	8	10
착 · 탈의(dressing)[3)]	0	2	5	8	10
대변조절 (bowl control)	0	2	5	8	10
소변 조절 (bladder control)	0	2	5	8	10
*이동 (chair/bedtransfer)[4)]	0	3	8	12	15
*보행(ambulation)	0	3	8	12	15
*휠체어이동 (wheelchair)[5)]	0	1	3	4	5

3. 시각장애

시각장애란 일상생활에서 장기간 또는 지속적으로 여러 가지 불편을 겪는 눈의 기능장애를 포괄적으로 나타내며 시각장애를 가진 자를 시각장애인이라고 한다.

시각장애를 시력장애와 혼동하는 경우도 많다. 먼 곳이나 작은 물건이 보이지 않는 시력의 장애가 시각장애로 착각하는 사람이 있으나 시력장애는 시각장애의 일부에 불과하다.

2) [1] 개인위생: 세면, 머리 빗기, 양치질, 면도 등
3) [2] 착 · 탈의: 단추 잠그고 풀기, 벨트 착용, 구두끈 매고 푸는 동작 포함
4) [3] 이동: 침대에서 의자로, 의자에서 침대로 이동, 침대에서 앉는 동작 포함
5) [4] 휠체어이동: 보행이 전혀 불가능한 경우에 평가

의학적으로 시각장애에는 시력, 시야, 광각, 굴절, 조절, 양안시 등 모든 시각분야의 이상 현상이 포함된다.

장애인복지법 장애등급판정 지침에서는 시력장애와 시야결손장애로 구분한다.

시력은 안경, 콘텍트렌즈를 포함한 모든 종류의 시력 교정법을 이용하여 측정된 교정시력을 기준으로 하며, 시력은 만국식 시력표 등 공인된 시력표에 의해 측정된 것을 기준으로 나쁜 눈의 교정시력이 0.02 이하이면 시각장애인으로 규정한다(권선진, 2005).

시각장애의 원인으로는 어린아이의 경우는 대개 종양, 감염, 상해 또는 수정체 후방 섬유증식증(주로 산소치료를 받은 미숙아에서 발견)에 의해 발생하며, 성인은 일반적으로 백내장, 녹내장, 당뇨병, 혈관장애, 감염, 근시, 상해(산업재해, 교통사고)에 의해 발생하는데 전자보다는 후자에 의한 실명률이 훨씬 높은 추세로 눈의 모든 질환과 외상은 몇 가지 외안부 질환을 제외하고는 그 정도가 심해지면 실명을 초래하며 눈과 대뇌 속의 시중추를 잇는 시신경 경로의 고장으로도 시각장애, 나아가 실명에 이르게 된다. 완전실명이 되면 아무것도 보이지 않고 시력을 0으로 기록하게 되는데 자각적으로는 눈이 침침하다, 물체가 흐리게 보인다, 잘 안 보인다, 시야가 가려져 보인다, 물체가 두 세 개로 보인다 등 사람마다 느끼는 바가 다양하다.

특수교육에서는 점자나 촉각 및 청각매체를 통해 교육해야 할 시각장애아동을 맹(盲)으로 분류하고, 잔존시력을 활용하여 문자를 확대하거나 광학적인 기구를 사용하여 교육해야 할 아동을 약시 또는 저시력으로 규정한다(김영욱 외, 2005).

표 5-7 시각장애 하위범주 분류기준

하위범주	분류기준
맹	좋은 쪽 눈의 교정시력이 0.05 미만이거나 시야가 20도 이하인 자, 또는 학습에 시각을 주된 수단으로 사용하지 못하고 촉각이나 청각을 주된 수단으로 사용하여 학습활동이나 일상생활에서 특별한 지원을 지속적으로 요구하는 자
저시력	좋은 쪽 눈의 교정시력이 0.05 이상 0.3 이하인 자, 또는 저시력 기구(광학기구와 비광학기구), 시각적 환경이나 방법의 수정 및 개선을 통해 시각적 과제를 학습할 수 있는 자

4. 청각장애

청각장애란 청각기관의 어느 부분이 어떤 원인에 의하여 이상이 생겨서 청력이 지속적 또는 항구적으로 저하되어 있는 상태로 장애인복지법은 "청각장애로 인하여 장기간에 걸쳐 일상생활 또는 사회생활에 상당한 제약을 받는 자로서 대통령령으로 정하는 기준에 해당하는 자"를 청각장애인으로 규정 최근 청각장애에 대한 개념은 장애당사자인 청각장애인들로부터 새롭게 해석되도록 강력히 요구되고 있다.

그것은 바로 사회문화적인 관점에 토대를 두고 있다.

전통적이고 일반적인 청각장애의 정의는 개인의 "청각 상태"에 초점이 맞추어져 왔다. 이는 병리학적인 청각장애의 개념이다(Padden & Humphries, 1988).

이러한 청각장애에 대한 관점은 청각장애인을 비장애인에게 의존해서 살 수 밖에 없는 감각기관의 선천적 또는 후천적 상실로 인식하기 때문에 철저히 배격되어야 한다는 것

'청각장애인'이라고 하는 용어도 적절치 못하며 '농인' 혹은 '농아인'으로 교정되어야 한다고 보는 것이다.

청각장애의 원인으로는 유전, 모체의 풍진감염, 혈액형 불일치, 조산, 뇌막염 등이 아동기 이전 주요 원인으로 알려져 있고 성인기에는 각종 사고에 의한 원인이 많다.

어린이 난청의 원인으로는 장애발생시기에 따라 출생 전에는 유전적인 원인과 비유전적 원인(임신중 질환, 풍진, 바이러스성 질환, 임신중 약물복용) 등이며, 출생 시에는 미숙아, 출산 시 외상 등이 원인이 된다. 한편 출생 후에는 감염성 질환, 외상, 중이염 등으로 장애가 발생되는 것으로 알려져 있다.

노인성 난청은 진행성 감각신경성 난청의 증세가 대부분으로 보통 65세 이상에서 나타나며, 음향외상성 난청은 소음에 의한 청각장애로서 일반적으로 장기간 소음에 노출되어 생기는 장애로서 폭파음 등으로도 발생될 수도 있다(문선화 외, 2005; 권선진, 2005; 김종인 · 우주형 · 이준우, 2004; 나운환 외, 2003).

청각장애인은 일반적으로 농인과 난청인으로 분류되는데, 보청기 착용에 관계없이 청각에 의하여 말을 듣지 못하는 사람을 농인(deaf person, 일반적으로 70dB 이상)이라고 하고, 듣지 못하는 것은 아니나 곤란을 겪는 이를 난청인(hard-of-hearing person, 일반적으로 35~69dB)이라고 한다.

5. 언어장애

언어장애는 음성기능 또는 언어기능에 영속적인 현저한 장애가 있는 사람으로 소리를 전혀 낼 수 없던가, 소리는 낼 수 있더라도 말이 없다고 하는 것과 같이 음성이나 언어에 의해서 의사를 전달하는 것이 곤란한 장애를 말한다.

언어장애는 소리를 낼 수 없거나 의사소통상의 방해를 받아 사회생활 면에서 정상적인 적

응에 곤란을 겪는 경우로 말을 해도 발음이 정확하지 않아 타인에게 쉽게 들리지 않거나, 말의 내용이 적절히 이해되지 않게 말하거나, 음성이 타인이 듣기에 거북하거나, 특정 음성을 변형되게 말하거나, 언어학적으로 불완전하거나, 발성이 어렵거나, 말의 리듬, 음조 또는 고저에 이상이 있거나, 또는 말하는 사람의 연령, 성, 신체적인 발달정도와 일치하지 않게 말을 하는 경우 등이다(김종인 · 우주형 · 이준우, 2004).

언어장애를 세분화하면 다음과 같다(문선화 외, 2005; 권선진, 2005; 김종인 · 우주형 · 이준우, 2004; 나운환 외, 2003).

1) 조음장애(articulation disorder)

음운장애(phonological disorder)라고도 하며, 말할 때 말소리를 생략, 대치, 왜곡 또는 첨가하는 것을 말한다. 이 조음장애는 기질적 원인과 기능적 원인으로 구분되며, 기질적 원인으로는 구순, 치열, 혀 등의 기형이나 손상 및 신경마비 등

2) 음성장애(voice disorder)

후두 · 구강 · 비강 등에 장애가 있으면 음성장애를 일으키게 되는데, 음성장애가 후두 내의 기능장애와 관련이 있으면 발성(phonation)장애, 구강 및 비강 통로의 기능장애와 관련이 있으면 공명(resonance)장애

3) 유창성장애(리듬장애)

말의 흐름에는 유창성 · 속도 · 리듬 등 세 가지 요소가 포함된다. 이 세 가지 요소 중 일부 또는 전부에 이상이 있으면 말의 흐름에 장애가 있음 이를 '리듬장애' 또는 '유창성 장애'라고 하는데 여기에는 말더듬과 속화증(성급하게 말하기)이 있다. 말더듬(stuttering)은 말소리, 음절 또는 조음 운동을 비정상적으로 반복 또는 연장하는 것이고, 속화증(cluttering)은 말더듬과 유사하나, 말더듬과는 반대로 화자가 자기의 말에 주의를 기울이면 개선되고, 이완되어 있을 경우에는 두드러지게 나타난다.

4) 기타

뇌성마비 · 정신지체 · 청각장애에 따른 단순언어장애, 언어발달지체, 실어증이다(보건복지부, 2005).

(1) 단순언어장애

언어발달 지체 또는 언어발달 이상과 구별하여 단순언어장애(specific language impairment)라 지칭할 때는 언어 이외의 다른 영역 즉 사회성이나 인지 등이 전혀 문제가 되지 않지만 언어의 규칙을 이해하고 언어 상징을 이해하는 데는 어려움을 보이는 경우를 지칭한다.

단순 언어장애를 진단하기 위해서는 아동의 생활연령, 정신연령, 비구어적 지능으로 예상되는 언어능력과 아동의 실제 수행 사이에 차이가 있고, 그러한 문제는 청력손실, 정신지체, 정서장애 등에 의한 것이 아니어야 한다.

(2) 언어발달지체

많은 언어 임상가들은 언어발달 지체(language developmental delay)와 언어발달 이상(language devient)을 나누어 설명한다.

언어발달 지체를 가진 아동은 자기 나이 보다 어린 아동에게서 보여지는 상징체계를 보인다. 즉 생활연령이 같은 아동에 비하여 덜 발달된 또는 늦은 언어 양상을 보이는 것

이에 속하는 대표적인 그룹은 정신지체 아동이라고 할 수 있음

반면에 언어 발달 이상인 아동은 다른 사람에게 자신의 의도를 전달하는데 다른 아동에게서는 별로 보여지지 않는 특이한 규칙을 사용하는 경우가 많다.

(3) 실어증

한번 언어를 익힌 사람이 뇌졸중이나 사고에 의하여 언어와 관련된 뇌중추를 손상당하는 경우 이에 의한 언어장애를 보일 수 있다.

이를 모두 실어증(aphasia)라고 하며 어느 부위를 손상당했는가에 따라 베르니케 실어증, 전도실어증, 브로카 실어증이나 전반 실어증 등으로 나눈다.

6. 안면장애

안면장애는 사회가 고도로 발달하고 산업화되면서 발생하는 산업재해나 각종 사고, 의학의 발달로 인한 유전적 질환을 가진 환자들의 생존율 증가 및 환경오염으로 인한 유전적 질환의 증가 등과 더불어 지속적인 증가 추세에 있다.

안면장애는 간단히 설명하면 안면기형이라고 할 수 있는데 안면기형은 일단 발생하고 나면 현대 의학이 많이 발달하였다고는 하지만 원상회복이 거의 불가능하여 질병이나 상해의 단계에서 장애로 이행하게 된다.

안면장애인들은 원인이 되는 질환 자체로 겪는 어려움과 동시에 경우에 따라 미용수술로 분류되어 보험 혜택을 받을 수 없는 비싼 수술비로 인한 경제적 부담이라는 이중고를 겪고 있다.

더 심각한 것은 사회적 적응의 문제와 경제활동 기회의 제한 때문에 환자뿐만 아니라 가족 모두가 큰 고통과 어려움을 겪고 있다는 것이며, 선천적 원인이나 어릴 때 입은 화상이나 손상으로 인한 안면기형 환자인 경우에는 심리적 장애까지도 유발하며 평생을 고통 속에서 살아야 한다(김종인 · 우주형 · 이준우, 2004).

이러한 안면장애에는 면상반흔, 색소침착, 모발결손, 조직의 비후나 함몰, 결손이 포함되며 가장 흔한 경우가 화상인데(한상교, 2003), 화상은 열 · 전기 · 화학물질 등으로 인한 외상으로서 일반외상과는 달리 치료과정 중에 엄청난 고통을 동반할 뿐만 아니라 치료 후에는 영구적인 화상흉터가 남게 되는 심각한 질병이다(김효진, 2004). 안면장애는 화상이든 다른 원인이든 안면부의 장애와 모발결손이다.

안면부라 함은 두부, 안면부, 경부, 이부와 같이 상지와 하지, 몸통 이외에 일상적으로 노출되는 부분을 의미하며 모발결손은 탈모증에 의한 것은 제외하며 반흔을 동반한 모발결손으로 국한된다(보건복지부, 2003).

안면장애인의 특성을 안면장애인 중 가장 많은 비중을 차지하고 있는 화상 장애인을 중심으로 하여 살펴보면, 화상 장애인은 사고 직후 병원응급실로 이송되는데 상처의 특성상 일반병원에서는 치료 상의 어려움과 낮은 의료수가를 이유로 진료를 꺼리고 있으며, 중환자의 경우에는 국내의 극소수 화상전담 병원에서만 치료를 받고 있는 실정이다.

그래서 목숨이 위급한 환자의 경우는 전담병원으로 이송되는 과정에서 목숨을 잃는 경우가 허다하다.

이렇게 어렵게 치료를 받게 되는 화상환자들은 치료를 하는 과정에서 말로 형언할 수 없을 정도의 고통을 겪게 되는데, 목숨을 건진 화상환자들이 치료과정 중의 고통으로 인하여 차라리 죽는 게 나을 거라는 표현을 할 정도로 화상치료의 고통은 엄청나다(김효진, 2004).

하지만 화상환자의 고통이 여기에서 끝나는 것이 아니다. 화상 장애인들은 치료과정의 엄청난 고통을 감내하며 살아남아서 1차적인 치료를 마쳐도 남겨진 흉측한 상처 앞에서 좌절하게 된다.

이것은 단순한 육체적인 고통에서 벗어나 정신적으로도 견디기 힘든 것이기 때문에 외모의 변형에서 오는 자아의 상실감은 물론이고, 가족이나 이웃으로부터 버림받거나 외면당하는데서 오는 소외감으로 급기야 화상 장애인들을 자살로 몰아가기도 한다(김효진, 2004).

이런 극단적인 상황 외에, 화상 장애인들의 얼굴과 몸에 남은 화상흉터가 징그럽다는 이유하나만으로 화상 장애인들은 일반인들로부터 따가운 시선을 받게 되고, 나아가 학교나 직장 등의 사회생활도 힘든 상태이다(한상교, 2003).

Ⅲ. 정신적 장애

1. 지적장애

지적장애는 '현재 지적기능에 있어서 실질적인 장애가 동반된 상태'를 의미한다. 장애인복지법 시행령에 의하면 정신지체인은 정신발육이 항구적으로 지체되어 지적 능력의 발달이 불충분하거나 불완전하고 자신의 일을 처리하는 것과 사회생활에의 적응이 상당히 곤란한 사람을 의미한다.

미국정신지체학회(AAMR)의 정의에 의하면 정신지체는 현재 기능에 실질적인 제한성이 있는 것을 지칭한다.

지적장애는 표준화된 지능검사의 소견에서 유의하게 평균 이하인 지적 기능과 동시에 그와 관련된 적응적 제한성이 두 가지 혹은 그 이상의 실제 생활적응기술 영역들 즉 의사소통, 자기관리, 가정생활, 사회성기술, 지역사회활동, 자기지시, 건강과 안전, 기능적 교과학습, 여가, 직업기술의 영역에서 존재하는 것으로 특징 지워지며 일반적으로 18세 이전에 나타났다.

지적장애는 발달기(18세 이전)에 발생되고, 지능의 발달지체(IQ 75 이하)와 적응행동의 결함으로 인한 사회적응의 한계라는 두 가지 조건을 만족시키면 지적장애라고 볼 수가 있으며 장애인복지법 시행규칙에 제시된 지적장애의 장애등급은 1~3급으로 1급은 지능지수 34 이하, 2급은 지능지수 35~49, 3급은 50~70 이하인 사람이 해당된다(보건복지부, 2005).

1) 지적 기능수준에 따른 분류

미국정신지체학회(AAMR)의 분류에 따르면 다음과 같다(김영욱 외, 2005).

표 5-8 미국정신지체학회의 지적 기능수준에 따른 분류

수준	지능지수(IQ)
경도	50~55에서 약 70까지
중등도	35~40에서 50~55까지
중도	20~25에서 35~40까지
최중도	20~25이하

2) 적응행동장애 정도에 따른 분류

각 연령기에 따른 적응행동 판단 기준에 따른 분류는 다음과 같은 연령대로 세분화됨

- 학령전기(0~5세, 영아 및 유아기): 감각운동, 의사소통, 신변처리능력, 사회적 기술
- 학령기(6~19세, 아동기 및 청소년기): 기초학습능력, 환경에 적응하는 기술
- 성인기(20세 이상): 직업수행능력, 사회적인 책임수행 능력 등을 갖추어야 하는데 정신지체 장애를 갖고 있는 사람은 이와 같은 일반적인 능력을 소유하지 못하고 있음(김영욱 외, 2005)

2. 자폐성장애

자폐성장애란 뇌손상 또는 뇌의 발달에 문제가 있어서, 인지, 대근육 운동, 소근육 운동, 지각, 언어 등의 모든 영역에서 정상적인 발달을 하지 못하는 광범위성 발달장애(자폐)를 의미하며 주요 장애특성으로는 대인관계의 관심이 결여되어 있고, 심각한 의사소통의 장애가 있으며, 자해를 하는 행동도 보이며, 한정된 활동과 흥미만을 보인다.

장애인복지법 시행령에 의하면 자폐성장애인이란 소아기 자폐증, 비전형적 자폐증에 의한 기능 및 능력 장애로 인하여, 일상생활 혹은 사회생활을 영위하기 위한 기능 수행에 제한을 받아 도움이 필요한 사람이다.

3. 정신장애

정신장애란 정신병 · 인격 장애 · 기타 비정신병적 정신장애를 가진 자로 지속적인 정신분열병, 분열형 정동장애, 양극성 정동장애 및 반복성 우울장애에 의한 기능 및 능력 장애로 인하여 일상생활 혹은 사회생활을 영위하기 위한 기능수행에 현저한 제한을 받아 도움이 필요한 상태로 정신장애란 일반적으로 생각, 느낌, 행동이 병리학적으로 특징 지워지는 상태를 의미하며(유수현, 1999), 어떤 조건에 의하여 영구적이거나 반영구적인 정신적 장애를 갖게 되거나 질병으로 인하여 이전의 정신적 기능으로 되돌아 갈 수 없는 것으로 정신장애는 질병 자체의 활발한 진행 이외에 질병으로 인한 기타 사회적 기능까지 손상되어 증상이 사라진 후에도 질병 이전의 상태로 복귀하지 못하는 특징이 있다.

우리나라 장애인복지법의 정의에 따르면, 정신장애인이란 지속적인 정신분열증, 분열형 정동장애, 양극성 정동장애 및 반복성 우울장애로 인한 기능 및 능력 장애로 인하여 일상생활 혹은 사회생활을 영위하기 위한 기능수행에 현저한 제한을 받아 도움이 필요한 사람이다(장애우권익문제연구소, 2001).

만성정신장애인이란 어떤 정신적 또는 정서적 장애와 더불어 일상생활(위생 및 자기보호, 대인관계, 사회적 교류, 학습과 여가활동 등)의 세 가지 이상 측면에서 기능적 능력의 발달과 경제적 자립을 저해하는 만성적인 장애를 지니고 있는 사람을 지칭한다.

직업적 관점에서 보면, 정신장애인이란 정신적 장애로 인하여 장기간에 걸쳐 일상생활이나 직업생활에 상당한 제약을 받는 사람이다.

미국정신의학회(American psychiatric Association)의 '정신장애 진단 및 통계편람(DSM-IV, 1995)'에서는 대표적인 정신장애로 정신분열증, 정동(기분)장애, 불안장애 등을 제시하고 있다.

1) 정신장애의 분류

국내외적으로 가장 널리 사용되는 정신장애진단통계편람(미국정신의학회: APA)에 따라 정신장애를 분류하면 다음과 같다.

표 5-9 정신장애 분류

대표적 장애	내용
물질관련 장애	마약과 향정신성의약품 등의 물질을 오남용하여 물질에 대한 내성이 생겨 사회적 기능이 손상
정신분열증	피해망상과 같은 사고의 장애, 환청과 환시 같은 지각장애, 특이한 동작을 반복하는 운동성 장애, 사회적 기술이 부족한 생활기능의 손상 등
기분장애	일명 '정동성 장애' – 우울증과 양극성 장애로 분류
신체형장애	생리학적인 원인불명 – 허리나 관절의 통증, 어지러움, 피로, 구역질 등 신체증상을 호소
성격장애	일명 '인격장애' – 사람을 의심하는 편집성 성격장애, 다른 사람들과 관계형성에 어려움을 겪는 정신분열성 성격장애
불안장애	공황장애, 공포증, 강박장애, 후외상성 스트레스 장애, 일반화된 불안장애 등을 포함 다양한 종류의 불안장애

• 조현병

– 조현병은 만성중증장애상태를 가져오는 정신질환 중에서 빈도가 가장 높다. 많은 경우 사춘기 전후부터 20대 초반에 발생하는 정신질환이다. 환각 등의 지각장애, 망상이나

사고전파 등의 사고장애, 감정의 둔마 등의 감정장애, 무관심 등의 의지의 장애, 흥분이나 혼미 등의 정신운동성장애 등이 보인다. 의식의 장애, 지능의 장애는 통상 보이지 않는다. 급격히 발생하는 것부터, 서서히 발병하기 때문에 발병의 시기가 불명확한 것까지 다양하며, 대체로 만성화되어 일상생활 및 사회생활에 장애를 갖게 된다.

– 양성증상

'정신질환의 상태(정신기능장애)'의 기술(記述) 중에 사용되는 '양성증상'이라는 용어는 환각 등의 지각장애, 망상이나 사고전파, 사고탈취 등의 사고의 장애, 흥분이나 혼미, 긴장 등의 정신운동성의 장애 등과 같이 눈에 두드러지는 증상이다.

– 음성증상

음성증상은 급성기를 경과한 후에 정신운동의 완만, 활동성의 저하, 감정둔마, 수동성과 자발성의 결여, 대화의 양과 내용의 빈곤, 비언어적 의사소통의 결핍, 자기관리와 사회적 역할수행능력의 저하 등 눈에 두드러지지 않는 증상을 말한다.

– 인격변화

양성증상이나 음성증상이 만성적으로 지속되면, 연상이완과 같은 지속적인 사고과정의 장애나 언어적 의사소통의 장애가 생기고, 사람다움을 잃어버리거나 변화하는 경우가 있는데, 이것을 인격변화라고 한다.

– 사고장애

사고의 장애는 사고형태의 장애, 사고과정의 장애, 사고내용의 장애 등으로 나눌 수 있다. 사고형태의 장애는 자폐적 사고 등이 있고, 사고과정의 장애는 사고의 우원증(circumstantiality), 사고이탈(tangentiality), 보속증(perse veration), 사고두절(blocking), 비논리적이고 지리멸렬한 사고, 연상이완 등이 있다. 사고내용의 장애는 피해망상 등의 망상을 포함한다.

• 정동장애(양극성 정동장애 및 재발성 우울장애)

– 기분 및 감정의 변동으로 특징 지워지는 질환이다. 주된 증상기가 조증상태만인 경우를 조증, 우울상태만인 경우를 우울증(병), 조증상태와 우울상태가 모두 있는 경우를 조울증(병)이라 한다. 증상기 이외의 기간에는 정신증상이 없는 경우가 많으나, 여러 번 증상기를 반복하는 경우에는 잔여증상이 있거나 인격변화가 오는 경우도 있다. 증상기는 수개월인 경우가 많다. 증상기를 반복하는 빈도는 다양하여 일생에 1회뿐인 경우도 있고, 일 년에 십수회 반복하는 경우도 있다. 병상기가 단기간이더라도 빈번하게 반복되면, 장애상태가 더 중하게 된다. 일 년간에 1회 이상의 병상기가 있으면, 병상기가 자주 반복하여, 통상의 사회생활을 하기 어렵다.

– 기분의 장애

기분의 장애에는 조증에서 보이는 비정상적으로 지나치게 고양된 기분과 우울증에서 보이는 슬픔의 정도가 비정상적으로 심하고 기간도 오래 끄는 우울한 기분이 있다.

– 의욕 · 행동의 장애

조증상태에서는 자아감정의 항진 때문에 행동의 억제가 불가능한 상태, 우울상태에서는 귀찮아서 아무 것도 손에 잡히지 않고 아무 것도 할 수 없는 상태이다.

– 사고의 장애

사고의 장애에 대해서는 조현병의 사고장애 증상과 유사하나, 조울증의 경우에는 사고비약 등의 사고과정의 장애와 과대망상을 주로 하는 사고내용의 장애가 출현하기 쉽다. 또 조증 혹은 우울증의 증상이 있는 기간에는, 장기간에 걸치는 경우도 있고, 단기간에 회복되어 안정화되는 경우도 있다.

• 조현정동장애(調絃情動障碍)

조현정동장애는 조현병의 증상과 정동장애 증상의 양자가 동일한 정도로 동시에 존재하는 질환군을 가리킨다. 발병은 급격하고, 대부분 주기성(周期性)의 경과를 보이고, 예후가 조현병과 정동장애의 중간 정도이다. 증상은 의식장애(착란상태), 정동장애, 정신운동성장애를 주로 하고, 망상은 부동적이고 비체계적인 것이 많다. 경과가 주기적이고 후유증을 잘 남기지 않는 점에서는 조현병보다 조울병에 가깝다.

Ⅳ. 내부 장애

내부 장애는 앞서 설명한 신체적 · 정신적 장애와는 크게 구별되는 독특성을 갖고 있다 내부 장애의 성격을 정확히 파악할 때, 장애인복지실천은 실효를 거둘 수 있는데 내부 장애의 특성을 파악하기 위해서 '신체적 장애와 정신적 장애'를 비교하면, 몇 가지 점에서 차이를 보이고 있는 것으로 나타남(김용득 외, 2005).

첫째, 신체적 · 정신적 장애의 경우 질병이나 손상으로 인한 병리적 현상은 초기에 중단되고 장애와 사회적 불리가 지속되는 경우가 많은 반면, 내부 장애는 질병에 의한 손상과 장애 및 사회적 불리가 동시에 지속되는 경우가 많아 장애의 정도 또는 기능수준이 질병의 치료수준에 따라 많은 영향을 받고 있는 점이 다르다고 할 수 있음. 이에 따라 신체적 · 정신적 장애는 질병의 치료보다 일단 발생한 장애로 인하여 겪게 되는 사회적 장애와 사회적 불리를 극복하기 위한 소득보장과 물리적 환경의 변화를 주요한 장애인복지 서비스의 근간으로 삼았으나 내부 장애의 경우 장애에 대한 복지서비스 체계와 함께 질병의 치료적 개입을 담당하고 있는 보건의료서비스 체계를 효과적으로 연계하는 통합적이고 포괄적인 서비스를 제공하여야 장애인의 기능을 극대화할 수 있다는 것이다.

둘째, 신체적 · 정신적 장애의 경우 사고나 질병에 의한 감각기능 또는 운동기능의 상실, 마비, 절단 등 비교적 장애의 발생시점이 명확한 편인데 반해 대부분의 내부 장애는 장애의 원인이 되는 질병의 발생 시점도 명확하지 않을 뿐 아니라 원인질병에서 장애로의 이행과정도 명확하지 않다고 할 수 있음. 질병의 자연경과나 치료 여부에 따라 장애여부나 장애의 중증여부에 기복이 있기 때문에 장애인으로의 분류가 어려워 상대적으로 신체적 · 정신적 장애에 비하여 장애인등록제도 등의 시행에 행정적 어려움이 발생하고 있다.

셋째, 신체적 · 정신적 장애의 경우 영구적인 장애가 대부분이었으나 내부 장애는 대부분 장애가 장기간 지속되기는 하나 치료의 결과에 따라 다소간의 장애의 중증도가 변화하는 경우가 많아 장애등급 판정 시에 정기적인 재판정을 필요로 하는 경우가 많다는 것이다.

넷째, 신체적 · 정신적 장애와 달리 내부 장애는 물리적으로 구별되는 객관적인 장애진단이 어려운 경우가 많아 장애판정의 객관성 제고에 어려움이 있음. 따라서 장애판정을 위한 진단비용이 기존의 외부 신체장애에 비해 추가로 소요되는 경우가 많은 것으로 보인다.

다섯째, 앞에서 언급한 바와 같이 내부 장애는 장애와 질병이 동시 존재함으로써 지속적인 의료서비스 이용이 불가피하며, 이에 따라 현재 우리나라가 안고 있는 건강보험제도의 문제가 이들에게 심각한 어려움을 초래하고 있음. 즉, 장애의 원인 질병의 치료 또는 장애의 악화를 방지하기 위한 치료를 장기적으로 받아야 하는 경우가 많은데, 우리나라의 건강보험은 상당히 높은 본인 부담금을 요구하고 있기 때문에 장애로 인한 어려움과 함께 질병으로 인한 어려움이 과중하게 나타남. 따라서 과거의 전통적인 장애에 비해 확대된 내부 장애는 의료비에 대한 지원이 절실한 편이며, 이를 위해 장애인복지 서비스에 의료비에 대한 지원이 추가되어야 할 것으로 보임. 뿐만 아니라 지나친 의료비 부담은 경제적 곤란으로 이어지고 질병과 장애가 혼재되어 있는 상황 속에서 직업적 안정을 가질 수 없는 어려운 현실에 직면하게 된다.

1. 신장장애

신장은 신체의 노폐물을 제거하고 수분량을 조절하고 건강한 뼈를 조절하고 혈압과 적혈구 생성을 조절하는 역할을 한다.

신장장애는 통칭 만성신부전을 뜻하는 말로 정상적인 신장은 인체의 불순물을 제거하고 체내의 수분을 균형 있게 유지시켜 주지만 만일 만성 신장질환으로 인해 신장에 이상이 발생하게 되면 신장은 더 이상 정상적인 기능을 할 수 없게 된다.

신장장애가 생기면 혈액 정화를 목적으로 혈액투석기계를 사용하며, 혈액투석을 하거나 인체의 복막을 이용한 복막투석을 하게 된다. 진료일수가 길고 병원에서 소비하는 시간이 많아 취업 등 사회적 활동의 제약이 있으며, 의료비 부담이 커서 경제적인 고통을 받고 있다(보건복지부, 2005).

신장장애의 원인으로는 당뇨병, 만성 신장염, 고혈압, 다낭신, 기타 약제, 만성 신우염 등이 있다.

신장장애인의 수는 당뇨병이 계속 증가 추세에 있고, 만성 신장염이 뚜렷한 치료가 없을 뿐만 아니라 말기 신부전증 환자들의 생존율이 증가하면서 전체적으로 크게 늘어나고 있다.

신장장애의 치료는 첫 번째로 식이요법이 있는데 이는 단백질, 수분, 염분의 섭취를 제한하는 것이고, 두 번째는 투약치료로 항고혈압제, 빈혈 치료제 등을 투약하는 것이고, 세 번째는 신대치 치료법으로 혈액 투석, 복막 투석, 신장 이식 등이 있다(김종인 · 우주형 · 이준우, 2004).

신장장애는 정상적인 타인의 신장을 말기 신부전 환자에게 이식함으로써 정상적인 기능을 유지할 수 있지만 경제적인 문제와 공여자 수의 제한으로 신장장애인들은 혈액정화를 위한 투석요법을 시행 받고 있다.

투석요법은 신장 기능의 일부를 대신해 주는 치료법으로 대개 신장 기능이 90% 이상 소실되었을 때 필요하다.

투석요법은 진료일수가 길고 병원에서 소비하는 시간이 많아 취업 등 사회적 활동의 제약이 커 의료비 부담(월 60~80만원) 등 경제적인 고통이 큰 장애라 할 수 있다.

일부 혈액투석환자는 의료비 부담을 덜고자 의료보호 1종을 지정받기 위해 가족과 따로 떨어져 사는 가족해체라는 극단적인 상황을 감수하기도 한다. 신장장애인의 경우 식사, 수분섭취, 사회활동에도 제한이 있으므로 환자의 급속한 증가와 함께 신장 이식을 추진시키는 노력이 추진되고 있다(권선진, 2005).

신장장애의 판정은 신장의 기능장애가 앞으로 회복할 가능성이 극히 적고 일상생활 활동이 현저히 제한되는 경우를 말하며 현재 혈액투석이나 복막투석을 받고 있는 사람을 대상으로 하며, 신장이식자의 경우 이식 후에는 유예기간을 1년으로 하여 그 후에는 장애인 지정을 취소할 수 있도록 하고 있다.

2. 심장장애

심장장애인이란 "심장의 기능 부전으로 인하여 일상생활 정도의 활동에도 호흡곤란 등의 장애가 있어 일상생활 활동에 현저한 제한을 받는 사람"으로 규정한다.

심장장애는 심장수축력의 정도와 운동능력의 정도에 따라 판정하는데, 심장수축력은 심초음파의 박출계수로, 운동능력은 활차를 이용하여 측정하게 되며, 다른 장애유형에 비해 비교적 중증인 경우에만 장애로 인정하고 있다(보건복지부, 2005).

심장장애인은 일상적인 생활에서뿐만 아니라 사회생활에서 큰 어려움을 겪게 되며, 특히 직업생활이 어려운 경우가 많아서 경제적 어려움 또한 가중되고 있다.

정기적인 진단이나 약복용 등으로 무리한 작업에는 부적합하여 선진국에서는 이들의 직업재활을 위한 재택근무, 시간제 근무 등의 직무 재배치가 시도되고 있다(한국장애인고용촉진공단, 1999).

심장장애는 심장의 기능부전으로 인하여 일상생활 정도의 활동에도 호흡곤란 등의 장애가 있어 일상생활 활동에 현저한 제한을 받는 장애이다.

원인으로는 심장판막결손, 심장근육질환 등 심장의 손상이나 동맥폐쇄질환, 혈전후증후군 같은 현관의 손상, 고혈압과 같은 혈압의 장애 등으로 구분하며 심장은 혈액순환의 원동력이 되는 기관으로 수축과 확장을 반복하여 혈액을 신체의 구석구석까지 보내는 펌프의 역할을 한다.

심부전은 심장의 펌프 기능이 장애를 일으켜 정맥압을 상승시키고, 충분한 양의 산소를 말초조직에 공급할 수 없는 상태를 말하며 '심기능부전'이라고도 하며, 심부전은 모든 기질적인 심장질환에 기인하여 생긴다(권선진, 2005).

심장장애에 따라 좌심부전의 경우에는 호흡곤란이 수반되고 심부전이 가벼울 경우에는 운동할 때 증상이 나타나지만 병세가 진행되면 가만히 있을 때에도 호흡이 곤란하게 된다.

우심부전의 특징은 신체 말초조직에서 심장으로 혈액을 운반하는 정맥의 확장과 수분 및 전해질의 저류이며 이들에 의해 경정맥 부족 등의 장애가 발생(권선진, 2005).

심장장애의 판정은 1년간 동일 심장질환에 대하여 지속적으로 치료하였다는 것을 증명하는 치료력 또는 의사(순환기분과) 소견서를 확인하고 최근 2개월간의 환자상태와 임상 및 검사소견으로 장애등급을 판정한다.

판정 시기는 1년 이상의 성실하고 지속적인 치료 후에 호전의 기미가 거의 없을 정도로 장애가 고착되었을 때에 장애를 진단한다.

심장장애는 의료적 여건 및 치료 등에 의하여 장애상태가 변화의 가능성이 있으므로 매 2년마다 등급판정을 다시 받아야 한다.

다만, 2회의 재판정(최초판정을 포함하여 3회)에서 동급판정을 받은 경우에는 이후의 의무적 재판정에서 제외할 수 있다.

심장장애에 있어 질환의 정도와 질환으로 인한 능력장애의 정도는 운동부하 검사, 심초음파, 수술병력, 입원병력, 치료병력 등을 기준으로 판정한다.

심장장애는 의료적 여건 및 치료 등에 의한 장애상태에 변화의 가능성이 있으므로 매 2년마다 등급판정을 다시 받도록 하고 있으며, 6개월 이내에 1회의 입원경력이 있는 경우에 입원치료로 인하여 검사결과가 다르게(장애등급이 낮게) 나타날 수 있으므로 퇴원 후 2개월이 지난 후에 장애등급을 진단한다.

3. 호흡기장애

호흡기장애란 폐나 기관지 등 호흡기관의 만성적 기능부전으로 인한 호흡기능의 장애로 인하여 일상생활을 하는데 있어 상당한 제한을 받고 있으며 동시에 진행 중인 장애를 의미한다(진교영, 2005).

호흡기장애의 원인으로서 가장 큰 문제가 되고 있는 것이 장기간의 흡연이며 다음으로는 대기오염, 그 가운데에서도 질소나 유황의 산화물질이 심각하며 만성 감염증(특히 우리나라의 경우 폐결핵에 의한 대상성 폐기종), 알레르기성 자극 및 유전적 소인 등이다.

유형으로는 만성천식, 만성폐색성폐질환, 기관지 확장증, 결핵성 파괴폐, 진폐증, 폐 섬유화증, 원발성 폐고혈압 등이다) 중요하고 흔한 증상은 호흡곤란이며 이로 인하여 삶의 질이 매우 불량되며 폐렴 등 호흡기에 감염이 발생하면 평소 안정 상태에서는 큰 불편을 느끼지 못했던 증상이 갑자기 악화되어 호흡곤란을 더욱 심하게 호소하게 된다.

평상시 호흡운동에는 많이 사용하지 않는 호흡보조근육이 동원될 정도로 호흡이 힘들어지고 호흡의 깊이가 얕아지며 호흡수도 빨라지는데 이때 호흡기는 더욱 길어지면서 강해진다.

청색증(cyanosis)이 나타나기도 하며 심할 경우에는 며칠씩 잠을 이루지 못해서 거의 탈진상태에 이르게 되고 더욱 심해지면 의식이 혼미해져 혼수상태에 빠지기도 한다.

기도가 폐쇄되면 청진상 천명음(whezzing)이 들리며 심한 경우에는 호흡음이 들리지 않을 수도 있다.

기타 다양한 호흡기 증상이 나타날 수 있으며 그 결과로 불안과 우울증이 발생한다(진교영, 2005).

호흡기장애의 판정은 충분한 내과적 치료에도 불구하고 장애가 최초 진단 이후 1년 이상 지속적으로 유지되는 만성 호흡기 질환임을 확인해야 하며 최소 2개월 이상의 반복적인 검사결과 중 낮은 등급으로 판정한다.

향후에 장애정도의 변화가 예상되는 경우에는 반드시 재판정을 받도록 하여야 한다.

이 경우 재판정의 시기는 최초 진단일로부터 2년 이상 경과한 후로 한다. 2년 이내에 장애상태의 변화가 예상될 때에는 장애의 진단을 유보하여야 한다.

4. 간장애

간의 만성적 기능부전과 그에 따른 합병증 등으로 인한 간 기능의 장애로 인하여 일상생활을 하는데 있어 상당한 제한을 받는 사람 중, 소관 전문의의 최초 진단 이후 1년 이상이 경과하고, 2개월 이상의 적극적인 치료에도 불구하고 호전의 기미가 거의 없는 만성 간 질환자를 간장애인으로 정의한다(박상섭, 2005).

간은 체외에서 유입되거나 체내에서 생성된 각종 물질들을 가공 처리하고 중요한 물질들을 합성하여 공급하고, 혈액을 저장하는 역할, 면역 기관의 역할 등을 하며, 간은 이렇게 체내의 중요한 기능들을 수행하기 때문에 간 기능이 심하게 저하되면 여러 가지 문제가 발생한다.

간의 손상 원인은 소아의 담도폐쇄증에서 부터 성인의 바이러스성 간염 또는 알코올성 간염, 윌슨씨 병 등으로 구분한다(박상섭, 2005).

판정 기준은 잔여 간기능과 합병증의 평가를 토대로 한다.

- **복수**: 저명한 이학적 소견, 복수 천자, 영상검사(복부 초음파 및 복부 전산화단층촬영 등)에 의해 1개월 이상 지속된 복수가 증명된 경우에서 복수를 일으킬 수 있는 다른 원인이 배제된 경우
- **자발성 세균성 복막염**: 복강 내에 외과적으로 치료할 수 있는 감염원이 없고, 복수 다형핵세포수가 250/㎣ 이상이면서 복수 배양검사상 양성이거나 임상적으로 자발성 세균성 복막염으로 진단된 경우
- **간성뇌증**: 만성 간질환 환자에서 임상적으로 증명된 간성뇌증에서 혼수를 일으킬 다른 원인이 배제된 경우
- **만성 뇌증**: 뇌기능의 장애가 치료를 함에도 불구하고 4주 이상 지속되는 경우로 정의

5. 장루 · 요루장애

장루장애란 각종 사고나 질병 등으로 정상적 배변 기능을 상실 당함에 따라 복벽에 외과적인 방법을 통하여 인위적으로 설치해 준 대장 또는 소장의 돌출 누공으로 이곳을 통하여 소변 또는 대변이 보유자의 의사와는 상관없이 연속적으로 분출된다.

장루를 가진 장애인은 구조적인 변화와 더불어 기능적인 변화를 수반하는 시술로 신체상 변화와 관리에 따르는 부담을 갖고 살게 된다. 장루 장애인은 배설물에 대한 관념과 배설 방법이 변화되고, 신체상도 변하기 때문에 매우 당황하게 되며, 배설 조절의 상실에 따라 관리가 제대로 안되었을 때 자아존중감의 상실, 부끄러움, 타인과의 접촉기피, 자기 거부와 절망의 감정을 갖게 된다(박종희, 2004).

장루장애인들이 병원으로부터 퇴원하는 시점은 치료가 종결되는 것이 아니라 바로 또 다른 치료가 시작되는 순간이다(박종희, 2004).

1) 불편한 장애용구 상시착용의 애로와 경제적 부담

상시 배설되는 변을 처리하기 위한 특수 장구를 항상 착용해야하고 이를 수시로 교체해 주기 위해서는 장소적 · 시간적 · 경제적 여유를 갖추어야하는 애로와 부담을 감수해야 된다.

수시로 배설을 받아 내기 위해 착용한 이질적 장애용구는 정상 활동에 상당한 제약을 줄 수밖에 없으며 사용 보장구는 소모성 제품으로써 배변시마다 교체를 위하여 항상 개인적 프라이버시와 위생이 보장될 수 있는 적정한 환경의 공간과 충분한 시간, 그리고 경제적 뒷받침을 필수적으로 갖추어야 하는 삶의 제약을 받고 있다(유재희, 2003).

한 달 평균 20~30만원 정도의 보장구 비용을 무상지원은커녕 의료보험도 적용이 전혀 안되어 장루장애인이 고스란히 전액을 부담해야 하는 현실이다(박종희, 2004).

2) 수술 후 정기검사

장루장애인들은 대부분 악성종양이 원인이 되어 외과적 수술을 하는 경우이기 때문에 수술 후에도 항암주사, 항암제복용, 방사선치료 등으로 치료를 해야 하고 또 치료 이후에도 다른 곳으로의 악성 종양 전이관계로 2~3개월 간격으로 병원을 방문하여 신체검사를 비롯해서 혈액검사와 가슴 엑스레이, 복부초음파, 컴퓨터 복부 촬영, 대장 내시경 등 종합검사를 해야 한다.

많은 장루장애인들이 이런 치료 및 검사가 본인의 생명과 직결되는 일임에도 불구하고 비싼 병원비의 부담으로 병원을 찾아가는 것을 두려워하고 있는 실정이다(박종희, 2004).

3) 냄새와 소음의 장벽

장루장애인들은 철저한 관리에도 불구하고 배변시 수반되는 냄새 및 가스배출 소음으로 인해 사회활동에 있어서 상당한 어려움을 겪게 됨(유재희, 2003).

신체적 무능력과 아울러 이러한 위생상의 이유로 적지 않은 장루장애인들이 가족들로부터도 배척을 당하는 죽음보다 더한 비애를 겪고 있다.

4) 합병증

장루합병증은 조기합병증과 후기합병증으로 나눌 수 있는데 조기합병증은 부종, 허혈 및 괴사, 급성함몰, 내부탈장, 출혈 및 혈종 등이 있으며 드물게는 장루주위의 농양이나 누공을 형성하는 경우도 있는데 이는 대개 기술적인 문제와 관련된다.

후기합병증으로는 표리박리나 피부알레르기, 모낭염 등의 장루주위의 피부합병증과 출혈, 탈장, 장루탈출, 협착, 함몰 등의 장루합병증이다.

요루합병증으로는 협착, 개구부의 피부문제, 요로감염, 요로폐쇄, 요로결석 등이 있다. 특히 대부분의 장루장애인들은 장루 주위 피부에 배설물, 접착테이프, 화학약품 및 세균에 의하여 소양증, 홍반, 작열감, 쏘이는 아픔 등을 느끼는 등 심각한 피부문제를 안고 있다(박종희, 2004).

5) 장애등록 기피

장루장애인들의 특성 중 하나인 평균 연령이 60세 이상인 것을 감안한다면 장애등급 4~5급은 장루장애인에게는 별 도움이 되지 못한다.

장루장애인들이 대부분이 고령인지라 경제력이 없는데 비해 낮은 장애분류로 인한 경제적 지원은 없고 많은 부분에서 노인복지와 중복되는 경우가 태반이여서 장애인등록으로 받을 혜택보다 장루 보유 사실이 밝혀짐으로 잃게 되는 명예훼손 정도가 더 크기 때문에 장루장애인들이 장애인 등록을 기피하는 현상을 보이고 있다(박종희, 2004).

6) 성기능장애 수반

남성 장루장애인들의 상당수는 성기능에 있어 완전 불능 상태이거나 적어도 심각한 발기장애를 수반하고 있으며, 적지 않은 여성들 또한 성교장애로 인한 애로가 심각한 상태이다.

이러한 성기능 상실은 장루장애인 당사자의 삶의 의욕을 빼앗을 뿐 아니라 가족의 유대관계마저 무너뜨려 가정의 파괴를 초래하는 가장 큰 사회 문제를 야기시키고 있다.

수임기 여성의 대부분이 복강 내 구조 변화로 인하여 수임 불능의 상태가 되기도 한다(유재희, 2003).

장루 · 요루장애의 경우 특기할 사항은 장애등록 이후 매 3년마다 재판정을 받아야한다는 것이다. 다만, 2회에 걸친 재판정에서 최초 판정시와 동급판정(최초판정을 합하여 3회에 걸쳐 동급판정)을 받은 경우에는 이후의 의무적인 재판정에서 제외할 수 있다.

이 경우에도 장애진단을 하는 전문의의 판단에 의하여 장애상태의 변화가 예상되는 때에는 장애진단서에 재판정 시기와 필요성을 구체적으로 명시하여 최종 판정일로부터 2년 이후의 일정한 시기를 정하여 재판정을 받도록 할 수 있다.

6. 간질장애

간질이란 대뇌에서 비정상적인 전기적 방전이 발생하여 자신의 의지와는 상관없이 갑작스럽게 폭발적으로 다양한 현상들이 반복하여 일어나는 현상을 일컫는 말로 전간(癲癎), 경기(驚氣) 혹은 간기(癎氣) 혹은 경풍(驚風) 등의 한의학적 개념에서 유래하며 서양의학에서도 오늘날의 간질(epilepsy)이란 용어가 발작이란 의미를 포함하고 있는 그리스말 'epilepsia'에서 유래된다.

현대의학에서는 간질(epilepsy)이란 용어는 대뇌에서 발생하는 질병상태에 국한되어 사용되고 있으며 오늘날 경련성질환이란 용어는 간질과 같은 의미로 사용되고 있다(김문수, 2003).

간질발작이 일어난다는 것은 뇌의 작용 특히 대뇌 기능에 갑작스런 장애가 일어났음을 말하는 것이다.

간질이란 만성적으로 경련 발작이나 이와 관련되는 증상들이 반복되어 일어나는 상태를 말하는 것으로 한 가지 질병이 아니기 때문에 정확한 진단에 의한 적절한 치료가 무엇보다도 중요하다(신현숙, 2004).

최근 간질의 치료는 진단기술과 치료법의 개발로 인하여 비약적인 발전을 이루었다. 과거에는 경련발작을 조절한다는 개념의 치료법이었으나 요즈음은 경련발작을 완전히 없도록 하는 완치의 개념으로까지 진전을 이룬다.

간질 발병 조기에 적극적으로 치료한다면 대부분의 간질은 평생 약을 먹으면서 지니고 갈 업보나 장애가 아니라, 일시적인 기간 동안 적극적인 치료를 통하여 완치될 수 있는 질환이 된 것이다.

이와 같은 현격한 의학적 발달에도 불구하고 간질장애인들은 여전히 많은 어려움을 경험하고 있다. 이러한 간질장애로 인해 발생하는 일반적 특성을 살펴보면 다음과 같다.

1) 사회적 낙인

간질장애인이 경험하는 가장 큰 고통은 간질에 대한 사회적 오해로 인한 사회적 낙인이 되었다.

천질, 귀신들린 병, 지랄병, 정신병, 유전병, 지적, 신체 능력의 부족 등 간질에 대한 사회적 낙인은 여전하여 본인은 물론 가족까지도 어려움을 경험한다.

본인은 물론 가족들도 간질이 있음을 알리기 원하지 않고, 그 치료시기를 놓치는 경우도 종종 있다.

의학적 발달로 간질경련의 횟수가 줄어든 것은 사실이라 할지라도 여전히 예측할 수 없이 발생할 수 있는 발작에 대한 두려움과 함께 여전히 변화되지 않은 높은 사회적 장벽으로 인하여 많은 간질장애인들이 직장도 구하지 못하고, 결혼도 하지 못한 채 가족들의 불편한 눈길을 감수하고 살아가면서 경제적 빈곤을 호소하고 있으나 까다로운 기준과 절차 때문에 장애인 등록이 되지 못하는 경우가 빈번한 것이 현실이다(신현숙, 2004).

2) 심리적 문제

간질장애인은 갈등, 우울증, 불안과 두려움, 불안정감, 좌절감 등의 심리적 문제를 안고 살아가게 된다.

심리적 문제가 발생하는 이유는 간질에 대한 수용 여부, 장기간 투약치료 어려움, 간질치료의 순응문제, 개인적 가치관과 자존감, 열등감, 간질을 숨겨야 하는 현실 등으로 말할 수 있다(김문수, 2003).

3) 사회제도적 문제

① 간질장애인은 취업 및 직업 선택에 있어서의 차별과 군복무 문제, 학업, 결혼 등 장래문제, 자동차 운전 문제, 공무원 임용법 등 취업제한, 이혼 시 불리한 제도, 간질에 대한 계몽활동 지원기관 부족 등의 사회제도적 문제를 갖고 있다(신현숙, 2004).

② 장애판정은 원인 질환 등에 관하여 충분히 치료하여 장애가 고착되었을 때에 진단한 결과로 하며, 그 기준 시기는 현재의 상태와 관련하여 최초진단 이후 3년이 경과하고 2년 이상의 지속적이고 적극적인 치료를 받음에도 불구하고 호전의 기미가 거의 없을 정도로 장애가 고착되었을 때이다.

③ 장애인등록 이후 성인은 매 3년마다 18세 미만은 매 2년마다 장애등급을 재판정. 다만, 2회에 걸친 재판정에서 최초 판정 시와 동급판정(최초판정을 합하여 3회에 걸쳐 동급판정)을 받은 경우에는 이후의 의무적인 재판정에서 제외할 수 있다.

④ 이 경우에도 장애진단을 하는 전문의의 판단에 의하여 장애상태의 변화가 예상되는 때에는 장애진단서에 재판정 시기와 필요성을 구체적으로 명시하여 최종 판정일로부터 2년 이후의 일정한 시기를 정하여 재판정을 받도록 할 수 있다.

장애인 복지의 관점과 접근 모델 1

CHAPTER

06

CHAPTER 06

장애인 복지의 관점과 접근 모델 1

Ⅰ. 장애인 복지의 가치 및 관점

1. 장애인 복지의 가치

1) 인간의 존엄성 존중

인간은 태어나면서부터 고유하며 존엄한 존재이며, 장애를 가지고 있다는 것이 그 인간을 대표하여 장애인은 부정적이고 열등한 존재로 보아서는 안 된다.

장애 이전에 인간에 초점을 맞추어 장애인도 인간으로서 존엄하다는 가치관이 있어야 한다.

2) 생명존중

장애인 복지의 근본이념인 인권 보장을 실현시키기 위해 반드시 지켜야 할 가치가 생명존중의 가치인데 과거에는 장애인의 생명을 경시하거나 미신과 점술 등으로 부정적인 인식을 갖게 하였다.

3) 생존권 존중

고대나 중세사회에서 장애인의 생존권은 국가의 온정적인 시혜 또는 개인의 양심, 종교적 자선 등에 의해 간헐적으로 보장과 1950년대 이후 복지국가 또는 임금 노동자에 대한 국가의 접근이 시작되었다.

이로 인하여 국민에게 최소한의 건강하고 문화적인 생활을 보장하기 위한 생존권 보장이 시행되었다.

4) 사회접근 보장

가장 최근에 나타난 가치로 위의 이념들이 실현하기 위해서 기본적으로 필수조건이 장애인의 사회참여가 보장되어야 한다. 과거에는 사회의 물리적 환경적 측면은 장애인의 사회참여가 원천적으로 봉쇄되었다.

장애인복지에 있어서 가장 기본적이며 정책적 실천적 접근들의 기초가 되는 것이 사회제반 환경들에 대한 접근 보장이다.

2. 장애인복지의 관점

장애인 복지를 바라보는 관점은 산업혁명에 이은 산업화 과정의 경제적 사회적 측면에서 바라보았으며 정상과 비정상으로 장애를 정의하였다.

이러한 관점은 장애인에 대하여 부정적인 시각이 강한데, 19세기 전후로 사회변화를 가능하게 한 것은 자유주의와 청교도 정신이 있었다.

종교적 이념에 따른 의무로 자선과 구제 등을 실행하여 각각의 개인들이 적절하다고 생각하는 대로 자유롭게 행동할 수 있는 신념으로 변화하므로 사회적 불평등 경쟁, 착취를 정당화하는 데 일조하였다.

따라서 사회를 위한 그리고 개인의 삶에 있어서 노동의 가치와 중요성을 부각하고 노동자체를 인간 활동의 가장 중요한 차원으로 간주하여 열심히 일하는 것 자체가 신이 명령한 목적 자체가 되었다.

결국 노동에 관여하지 못하거나 노동에 적합하지 않는 사람은 이로 인하여 생긴 문제에 대하여 책임져야 하며, 그 결과 역시 자신의 탓으로 돌렸다.

일할 수 없는 사람들, 사회계급의 밑바닥에 있는 사람들, 사회로부터 일탈된 사람들에 대하여 적대적이고 부정적인 태도를 가중시켰다.

사회적으로 문제를 가지고 있는 사람들의 처지는 그들 자신의 탓이며 사회적으로 문제를 가지고 있는 사람들 자체가 사회질서의 가치 신념 열망에 대한 모욕이며 이들은 사회적으로 불필요하고 잉여분에 해당하는 범주에 속한 사람들 그들이 계속적인 존재는 사회를 오염시키는 존재로 여겼다.

주류사회부터 배제시키는 것이 유리하다는 생각되는 관점으로 나타난 결과는 지역사회에서 장애인을 축출하여 보호수용하는 시설에서 생활하는 장애인들에게 비정상적이고 박탈된 생활양식을 경험하도록 강요하여 인간의 존엄성과 가치를 형성하는 데 필요한 경험을 부인하도록 처우하였다.

3. 의료재활 관점

장애로 인하여 나타나는 문제는 장애인 개인에서 비롯된 것으로 보고 변화되어야 할 것은 장애인 개인이라는 관점이다. 자신의 문제를 극복하기 위해서 장애인은 전문가 집단의 지시나 조언을 반드시 따라야 한다는 관점이다.

장애인은 병자역할(sick role) 혹은 클라이언트 역할을 수행하며 장애를 치료하거나 회복시키는 것이 해결책임을 주장하였다.

장애가 치료되거나 극복되면 이와 관련된 심리적 문제도 해결될 것이라고 생각하여 1950년 이후 장애인 관련 운동이 활발해지고 성숙되면서 장애인의 신체적 손상 회복이 장애인 복지를 완성시킨다는 잘못된 자각을 하였다.

4. 심리재활 관점

장애로 인한 문제는 장애 자체의 문제뿐 아니라 장애로 인한 심리적인 문제에 이르며 장애로 인한 문제를 가지고 있는 사람들의 동기에 대하여 논쟁하였다.

장애인의 동기를 강화시키고 동기수준을 증가시키기 위한 임상적인 활동에 중점을 두었으나 동기가 없는 장애인은 존재하지 않는다.

심리적 동기의 결여가 문제가 아니라 동기의 차단이나 잘못된 방향 설정이 문제이다.

5. 기능주의(역할이론) 관점

원칙적으로 문제를 포함한 모든 사회현상을 상호의존적인 사회학적 측면과 병리적인 측면 두 가지 차원으로 설명된다.

장애로 인하여 파생되는 문제 즉 병자역할과 장애와 같은 건강상의 문제를 사회일탈(social deviance)과 적응(adaptation)의 문제와 연관 지어 바라보았다.

이 이론에서는 개인의 심리사회적인 능력에 영향을 미쳐 자동적으로 개인에게 요구되는 특정한 책임과 사회적 역할 수행에 대한 기대에서 제외될 뿐 아니라 개인이 수행하여야 할 모든 일상적인 일에 대한 책임도 면제되게 된다고 주장한다.

결국 장애인의 비장애인으로의 복귀가 불가능하기에 병자역할에 의존하게 되고, 자신의 문제에 자주적으로 대처하는 능력을 약화시키고 사회적으로 모든 면에서의 책임성을 경감시켜주는 결과를 초래한다.

이로 인하여 손상된 역할(Impaired role)을 가져왔다.

손상된 역할로 인하여 인간적 지위의 완전한 상실을 내포하고 있다.

손상된 역할은 의료적 처치에 있어서 협력이나 자신의 건강을 되찾도록 노력하고 재활치료를 위해 참여하고 협조하려는 것을 필요로 하지 않는다.

6. 심리사회 관점

장애인의 개인적인 측면만을 강조하는 시각에서 개인 내적인 측면과 사회 환경 또는 사회 환경과의 상호작용 측면을 동시에 접근하는 새로운 시도가 발생되었다.

장애인이 속한 사회 환경 또는 그러한 환경들과의 부적절한 상호작용에서 기인된다.

이 관점의 특징은 장애나 질병을 사회의 규범적 기준에 근거한 사회적 판단이라고 보는 사회학적 관점을 받아들이고 장애를 규정하고 장애에 대한 부정적인 평가를 받아들이도록 장애인 비장애인 개개인에게 압력을 가하는 요인도 사회적인 것에서 비롯되어 장애인이 이러한 비합리적인 사회적 태도를 인식하고 이를 극복하게 될 때 자신의 장애를 긍정적으로 극복하고 사회 환경에 적응하는 첫걸음을 내딛는 것이다.

7. 사회학적 관점

장애인의 사회참여와 통합을 방해하는 요인은 사회 환경 즉 장애 개인의 생태체계 안의 부적절한 환경이나 기존 사회의 엄청난 편견, 근거 없는 차별 등이 더욱 중요한 저해요인임을 인식하고 인종 정치 사회문화적 소수(minority)들의 차별철폐와 인권운동 등 시민권 운동과 더불어 장애인들도 소수자로서 차별과 편견을 당하고 있다는 인식확산과 그에 대한 대응책으로 기본의 장애인복지 관점과 다른 의식들이 발전하기 시작하였다.

장애운동을 중심으로 옹호(advocacy)와 자조(self-help)의 개념이 중요하게 장애인복지를 바라보는 모델에는 개별적(재활 혹은 치료적) 모델, 사회적 모델, 그리고 정치행정 모델이 있다. 이 세 가지 모델을 중심으로 장애아동 조기재활을 바라보는 관점의 변화를 살펴보고자 한다.

Ⅱ. 장애인 복지 접근 모델

장애인복지를 바라보는 모델에는 개별적(재활 혹은 치료적) 모델, 사회적 모델, 그리고 정치행정 모델이 있다. 이 세 가지 모델을 중심으로 장애아동 조기재활을 바라보는 관점의 변화를 살펴보고자 한다.

1. 개별적 모델

1) 개별적 모델의 내용

개별적 모델(Individual model, Rehabilitation Model)은 의학적 처방으로 시작하였고, 주로 장애인 개인의 재활을 중심으로 하여 각종 서비스 체계를 갖추어야 한다고 대부분 의사의 진단과 처방에 의하여 이 서비스체계가 구성된다.

(1) 개별적 모델을 구성하고 있는 내용적 특성

이론적 배경으로는 개별적 모형에서는 장애를 철저하게 장애를 가진 개인의 문제로 파악한 올리버의 개인적 비극이론, 장애인의 바람직한 행동을 정의하고 이런 행동이 가능한 한 빨리 나타나도록 조건을 조성, 강화해 주어야 한다는 행동주의 이론, 장애인의 신체 이미지가 자아개념을 감소시킬 수 있으며 장애인의 특정한 인성은 그 장애인의 질병과 장애와 관련 있다고 분석하는 정신 신체 의학이론이 기초이다.

(2) 문제의식의 초점

개별적 모델이 갖고 있는 문제의식은 장애인이 병자역할(sick role), 자신이 변화시키거나 제어할 수 없는 장애 상태 즉 병자상태를 한동안 지속하게 되면 장애인은 의존성이 높아지고 환경대처 능력이 떨어진다고 보는 등 개인의 장애 및 심리적인 문제를 개인의 범위 내에서 찾고 있다고 사회학적인 측면에서 바라본다.

(3) 문제해결

장애문제를 해결하는 차원 자체가 장애인 개인에게 한정되어 있다.

신체의 손상을 입은 개인의 환경과 장애상태의 격차를 순차적으로 인식하고 이를 주어진 현실로 받아들여 이와 같은 조건 속에서 삶을 영위해 가는 방법을 터득해 가는 재활모델에 따른 문제를 해결하려 하며 전문가를 양성하여 장애인에게 질 높은 서비스를 전달하거나 장애인에 대한 편견을 갖지 말자는 공인 홍보가 있다.

(4) 전문가

이 모델에서는 전문가의 역할이 절대적이며, 개별모델이 적용되기 시작한 초창기에는 주로 의사들이 병원을 무대로 하여 각종 재활 업무 담당, 심지어 의료재활을 넘어서는 영역까지 확대된다.

(5) 소외

장애인이 사회에서 소외받은 원인은 장애인들의 신체적 기능이나 동기의 역동성이 그 사회의 평균 수준에 미달하기 때문이라고 분석하는데 이는 장애의 원인과 책임이 장애인 자신에게 있다는 주장에 근거한다.

장애는 개인의 심리 사회적인 능력에 영향을 미치고 주류 사회가 구성원들에게 요구하는 책임과 사회적 역할을 장애인등에게는 면제받도록 하여 장기적으로 장애인들에 대한 편견을 일으킨다고 생각한다.

(6) 권리

개별적 모델에서 장애인이 가진 권리는 재활의 대상으로서 인들은 자신들의 손상에 따른 고통을 호소하고 전문기관을 찾을 수 있을 정도의 소극적인 권리만을 누리며 그 이후에는 각종 재활관련 전문기관의 논리와 전문성에 구속되기 쉽다.

(7) 변화

이 모델에 따르면 정부정책의 집행 프로그램에 따라 사회 적응력을 확대시키는 과정에서 발생하며, 이 경우 적응은 손상치유해 최대한의 정상성 확보와 고착된 장애를 지닌 채 자신과 주변 환경에 자신을 재적응 시키는 경우를 말한다.

2) 개별적 모델에 대한 비판

장애 문제의 원인과 해결방법을 철저하게 개인의 책임과 전문가의 전문성에 귀속시키면서 몰사회성, 몰환경성이라는 특성을 나타낸다.

장애인이 존재하는 사회적 맥락을 고려하지 않는다.

지나치게 의료 전문적이다.

재활 관련 전문가들의 관성

제도 개선, 현행 제도에 대한 개선의 상당부분을 전문가들의 전문성에 기초한 정책에서 그 동인을 찾고 있으나 이 경우 장애인들은 의사결정 과정에서 제외된다.

2. 사회적 모델(Social Model)

1) 사회적 모델의 내용

사회적 모델은 장애인의 원인과 처방을 개인이 아닌 사회적인 관점에서 고찰하며, 장애 문

제는 장애인들의 직접적이고 집단적인 행동 즉, 정치투쟁을 통해서만 해결할 수 있다고 생각

(1) 이론적 배경

장애인에 대한 사회의 구조적 차별은 장애인들의 삶을 억압하게 되고 이에 대한 책임은 전적으로 사회의 실패 때문이라고 주장하는 사회억압이론이 사회적 모델의 이론적 배경

(2) 문제의식의 초점

장애는 사회적 문제(social problem)이며 이는 산업발전의 구조 즉 인간의 가치는 노동 생산성에 의해 결정되며, 인간 생활을 규제하는 물리적 환경 그대로 영향을 미친다는 근거 하에서 장애문제가 발생한다.

(3) 문제 해결

장애문제를 해결하기 위해서는 사회에 대하여 집단적인 형태로 대항하여 문제해결을 쟁취하여야 하고, 개별적 모델을 주장한 올리버는 정상화의 개념도 장애인 관련 서비스 기관 형태의 전환만을 논의 했을 뿐 억압된 상황과 갈등 및 모순 관계를 설명해 주지 못하고 있을 뿐 아니라 오히려 무모한 지역사회의 복귀는 위험한 결과를 낳을 수 있다고 주장함에 사회적 모델과 결정적 차이를 가진다.

(4) 전문가

이 모델에서 전문가들이 장애에 대한 직접적인 경험이 전문하기에 장애문제에 대한 전문성이 약하다고 비판한다.

Davis는 많은 재활작업들이 장애인들이 메일 당하는 장애를 겪어 보지 못한 사람들에 의해 주도된 결과 잘못된 도출, 장애인의 영속화, 자원 낭비 등을 할 수 있다.

(5) 소외

장애인 개개인에 대해 비장애인 개개인이 갖는 편견의 수준을 넘어 장애인들을 집단적으로 인식하고 전체 사회적인 차별을 가함으로써 장애인들을 소외에 빠지게 한다.

(6) 권리

사회적 모델은 장애인이 사회가 자신들의 질 높은 삶을 보장하라고 요구할 권리가 있다고

판단하며 집단적 형태의 투쟁을 통해서 장애인 평등권을 확보하며 장애인의 인권이 공고하게 확보된다.

(7) 변화

투쟁을 통해서만 억압된 상황에서 독립할 수 있다고 보고 정치적 투쟁을 통해서 사회가 변화하고 근본적으로 억압상황을 제거할 수 있고 자기의 발전을 주체적으로 도모한다.

2) 사회적 모델에 대한 비판

사회적 모델을 적용하는 것으로는 장애인이 일상생활에서 겪게 되는 불편함을 감소시키지 못하였다.

사회적 모델이 장애인 개개인이 당하는 신체적·심리적 손상으로 연유하는 고통의 경험과 죽음에 대한 공포를 무시하고 있다.

손상과 장애 간에 인과 관계가 없고 다만 사회적 편견과 차별이 장애의 주된 원인이라지만 손상이 없을 경우 장애인으로서의 편견 대상이 되지 않는다는 점을 감안한다면 손상의 의미를 지나치게 과소평가한다.

장애인과 비슷한 처지에 대한 문제를 다루지 못함으로써 한계점을 노출한다.

장애인들에게 각종 서비스를 제공하는 사회정책이 장애인의 의존성을 심화시킬 뿐이라고 주장하면서 그 의미를 극단적인 수준까지 축소시킨다.

장애인의 긴장관계를 장애인 대 비장애인으로 구성된 사회로 지나치게 단순화하여 장애인계 내부의 갈등관계와 비장애인들 중 장애인들의 인권옹호론자들의 역할을 배제시킨다.

3. 정치행정적 모델(Political–Administration Model)

1) 정치행정 모델의 내용

한국의 역사와 문화적 요소를 고려하고 장애인의 참여를 통한 정치행정 과정을 중시하는 정치 모델은 위 두 모델에서 간과하고 있는 영역까지 설명해 줄 수 있는 제3의 모델이며 참여모형(participation model)이라 할 수 있다.

- "핀켈스타"(사회모델의 주창자 중의 한 사람): 장애인 개인의 물리적 고통과 사회적 편견에서 오는 억압 상황을 통합적으로 분석하기 위한 접근법은 행정적 접근방법밖에 없다.

(1) 이론적 배경

정치 행정의 갈등 조정 역할을 중시하며 어느 사회 어느 집단에도 갈등은 존재한다고 보는 입장으로서 장애인 문제를 순기능적으로 돌리기 위해서는 우선 장애인 문제를 사회문제로 보고 장애인을 둘러싼 전체 사회를 조망하는 분석틀이 필요하다. → 기능적 갈등주의를 장애문제 분석하는 이론적 틀로 제시하는 것

(2) 문제의식의 초점

장애문제를 개개인만의 문제도 아니고 사회만의 문제도 아닌 정책과제로 인식

(3) 문제해결

정치행정 담당자들에 대한 정치 행정적 교섭[6]이 매우 중요

(4) 전문가와 전문성

전문가의 전문성은 정치행정 담당자들의 가치관과 관심의 정도에 영향을 주는 측면에서 중시하고, 장애 문제를 연구하는 전문가들이 어떤 자문을 하느냐는 정치행정 담당자들의 매우 중요한 의사결정 요인이며, 경험 있는 젊은 학자들이 진출함으로써 전문가 그룹과 정치행정 관련자들의 의사소통 원활, 전문가들의 정책분야에 대한 영향력이 증가해야 한다.

(5) 소외

현재의 국가 재정 상태의 한계나 절차상의 어려움을 이해한 후엔 사회분노가 약화되지만 결정과정에 참여하지 못한 장애인 그룹의 경우에는 정책의 미비성에 과잉 반응하게 되고 이는 곧 정책적 무관심과 참여의 단절이 된다.

(6) 권리

정치 행정 모델에서는 장애인들의 권리가 정치행정 과정을 거쳐서 복지에 대한 보편주의를 획득 비로소 확보. 이 보편주의는 장애의 종류와 정도에 따라 다양한 서비스를 전달 할 수 있도록 하여 정책의 대응성 또는 책임성을 높여야 가능하다. → 장애인 등의 삶과 질, 평등권 보장

---

6) ① 장애인 단체가 대표자를 정치행정권에 직접참여
② 장애인에게 우호적 전문가를 정치행정권의 정책수립에 많이 참여

(7) 변화

정치과정의 패러다임이 변화하여야 하고, 장애인과 그 가족을 포함한 시민 사회의 정책 참여를 폭넓게 확대해야 개인과 사회를 통합시키는 정치행정의 기능을 효과적으로 도출시키는 데 필수적이다.

장애인 복지의 관점과 접근 모델 2

CHAPTER

07

CHAPTER 07

장애인 복지의 관점과 접근 모델 2

Ⅰ. 생태체계 관점

1. 생태체계 관점의 개념

생태체계 관점은 일반체계 이론의 주요 개념들과 생태학적 관점을 결합하여 인간과 환경을 상호작용하는 하나의 전체로 보는 통합 모델로 인간과 환경의 상호작용방법에 관한 것이다.

생태체계 관점을 이해하기 위해서는 우선 체계와 생태학의 의미를 이해하는 데서 출발해야 하는데, 생태체계 관점은 일반체계 이론의 기본 요소에 생태학적 관점이 결합된 것으로 인간과 그를 둘러싸고 있는 다양한 체계 간의 상호작용을 이해하는 접근 방법으로 일반체계 이론은 개방과 폐쇄체계, 총체성, 상호 연관성 개념 등을 통해 인간이 환경과의 상호작용 속에서 끊임없이 변화하는 존재라는 관점을 제시한다.

생태학적 관점은 적응과 상호 호혜성 개념을 통해 인간과 환경이 어떻게 상호 교류하며, 이를 통해 서로가 어떻게 변화되고 적응하는지를 이해하는 데 중요한 준거틀이 된다.

생태체계 관점은 개인과 개인을 둘러싼 환경체계의 중요성을 인식하고, 이 둘 사이의 상호작용 속에서 발생하는 문제나 역기능을 예방하고 해결하는 사회복지실천방법의 기본적 관점으로 유용하게 사용된다.

생태체계 관점에서 '체계 이론'은 개인을 하나의 체계로 또, 개인의 환경을 하나의 체계로서 파악하고, 생태학적으로 인간과 환경 간의 적응과 상호작용을 바라봄으로써 통합하여 인간은 신체적, 심리적, 정치적, 경제적(직업적), 교육적, 정신적, 사회적, 성적인 다양한 부분들로 이루어진 하나의 체계이다. 환경은 두 가지 주요한 부분들, 즉 보호하고 발달시키는 부분(가족, 친구, 지역사회)과 지속, 유지시키는 부분(제도, 조직, 프로그램)으로 구성된 하나의 체계이다.

이러한 생태체계 관점은 다양한 부분 사이에서 그리고 인간과 환경의 공유 영역에서 일어나는 상호작용과 상호 교류를 강조함으로써 환경 속의 인간에 대한 견해를 강조(이탈환 외 공역, 1999)하고 개인과 환경 간에 상호작용과 상호 교류를 추구하다 보면 개인의 스트레스는 욕구와 환경적인 상황, 환경의 질이나 다른 조건들과 같은 서비스 제공 가능성 사이에 나타난 모순이나 불일치에 의해 일반화되는 것이다.

환경은 늘어나는 욕구를 채워줄 수 있는 능력이 없으며, 개인과 환경 사이를 조절해 주거나 엮어주는 기능이 떨어지게 됨에 따라서 스트레스가 생겨나게 되는 것이다(오혜경, 2005b).

사람은 대체로 다음 세 가지 영역에서 스트레스가 발생된다.

첫째, 삶의 변화 혹은 전환을 경험하거나 위기에 처했을 때,

둘째, 환경적인 압력, 예를 들면 사회체계나 구조로부터 반응이 없을 때,

셋째, 인간관계의 상호과정에서 잘못된 적응이 이루어졌을 때이다.

장애를 오랫동안 가지고 있는 사람들의 경우에는 일반적으로 위기를 극복하는 데 시간이 걸린다.

특히 사회적인 조직이나 기관과의 기능적인 관계를 만들어 나가는 일, 그리고 사회적인 상호작용을 하는 일 등에 있어 극복하는 시간이 좀 더 오래 걸린다.

장애의 발생이나 장애로 인해 상황이 갑자기 악화되는 경우, 조건이 갑자기 변화하는 경우에는 위기상황이 시작되는 것 혹은 삶의 전환이 일어나는 것으로 이해할 수 있는데, 이 때 매우 중대한 스트레스를 경험하게 된다(오혜경, 2005b).

생태체계 관점은 장애인복지실천을 전망하고, 중재의 표적을 설정하기에 가장 적절한 관점이다.

전체에 직접적 관심을 두고자 할 때 적절하며, 장애인 고객 상황의 한 부분이나 한 체계나 한 가지 특징에 관심을 두지 않는다.

이는 결과적으로 복합적이며 다양한 문제체계로 둘러싸여 있는 장애 문제를 해결하는 데에 매우 유용한 관점으로 대두되게끔 한다.

2. 생태체계적인 장애인복지실천을 위한 개념적 틀

1) 생태체계 관점은 장애인의 다양한 개성과 장애특성 및 장애인과 사회적 환경간의 관계를 이해하는 방법을 제공한다.

2) 생태체계 관점은 장애인 클라이언트 체계가 어떻게 기능하는지에 대한 내용과 사회복지사들이 장애인과의 역량강화 관계를 실제적으로 형성하고 장애인 클라이언트 체계의 자원을 발굴하고, 장애인 클라이언트 체계의 능력을 향상시킬 수 있는 개념적 도구를 제공한다(이준우 외, 2006).

(1) 초점체계의 확인

생태체계 분석에서 첫 단계는 다음 분석을 위한 준거점을 제공하는 초점체계를 확인하고 초점체계는 다양할 수 있다.

우리가 장애인 클라이언트 체계의 기능을 평가하려 한다면, 장애인 클라이언트가 초점체계의 개입 전략을 수행하려 할 때에는 장애인 클라이언트 체계, 장애인 클라이언트 체계의 하위체계, 장애인 클라이언트의 환경인 다른 영향력 있는 체계를 포함하는 변화를 위한 몇몇 체계 중의 하나가 표적이 될 수 있다.

(2) 체계 내부에서의 기능

장애인 클라이언트 체계의 기능에 대한 각 관점은 가치 있는 정보를 제공한다. 구조적 관점은 장애인 클라이언트 체계의 성원, 경계, 위계 등에 관한 정보를 제공하고 상호작용적 관점을 강조하는 것은 장애인 클라이언트 체계의 성원들이 의사소통하는 방식, 그들이 발달시키는 유형, 그들이 균형을 유지하는 방법 등에 관한 정보를 제공한다.

가치, 신념, 태도, 의사소통 유형, 규범 등의 문화적 영향을 고려하는 것은 초점체계의 내부 기능에 대한 사회복지사의 이해를 통해 도움이 된다.

(3) 체계 외부에서의 기능

- **초점체계의 물리적 · 사회적 환경의 영향을 조사하고 환경**으로 체계의 상호 교류의 나머지 절반, 즉 환경을 검토하는 것으로 사회복지사는 환경체계의 구조, 상호작용, 사회문화적 차원을 검토한다.

  많은 체계들이 같은 환경의 측면들을 공유한다할지라도, 어떤 한 체계의 특정 생태체계는 초점체계에 대해 독특한 유형을 갖게 되므로 환경은 초점이 되는 특정 체계에 따라 다양하며 가령 장애인 중에서도 청각장애인과 정신지체인의 초점체계는 다를 가능성이 높다.

  왜냐하면 장애의 특성이 크게 차이가 나며 이는 결과적으로 외부 체계와의 상호작용 방식도 다르게 기능할 수 있기 때문이다.

(4) 내부와 외부의 연결

환경과 체계의 공유 영역, 상호 교류는 장애인복지실천의 사정 및 개입의 주요 표적이며 상호 교류 또한 하나의 체계이기 때문에 다른 체계를 정의하는 똑같은 차원들이 상호교류를 분석하는 데 유용하다.

어떤 체계의 상호 교류를 분석하는 것은 현재 일어나고 있는 것에 대한 이해를 제공하고, 앞으로의 변화 가능성에 관한 생각을 자극하게 한다.

(5) 체계의 활동

생태체계 관점은 장애인 클라이언트 체계 발달의 진보적 성질을 강조하는데 체계는 지속적으로 내적 · 환경적 사건에 반응하여 적응하고 변화와 체계 내부, 외부, 두 체계 간의 연결을 검토하는 것은 이러한 지속적 적응 및 변화에 대한 단기적 견해를 제공한다.

장기적 견해는 다양한 체계를 이해하는 또 다른 차원을 제공하고 개인에서 사회에 이르는 모든 수준에서의 체계는 기대된 것과 예기하지 않은 사건에 반응하여 그들의 발달경로를 따라 움직인다.

유능한 사회복지사는 이러한 변화의 영향을 주의 깊게 모니터하고, 장애인이 그들의 문제 및 관련 사건들에 생산적으로 반응할 수 있도록 도움을 준다.

Ⅱ. 강점 관점(Strengths perspectives)

1. 강점 관점의 개념

강점 관점은 장애인의 강점을 강화시키는 과정을 통해서 장애인의 역량을 향상시킬 수 있으며 이것이야말로 가장 신속하게 장애인에게 문제해결 능력과 권한을 부여할 수 있다는 전략적 인식으로 이 관점에서는 문제의 발생 원인에 관한 관심보다는 해결점을 발견하고 강점을 강화시키는 데 주요 초점이다.

강점 관점에 의하면 모든 사람들은 원조 과정에서 확인되어야만 하는 강점을 가지고 있기 때문에 사회복지사는 강점 관점에서 복지 소비자인 장애인의 장점, 능력, 재원, 자원과 열망 등에 대한 깊은 이해와 존중을 통해 우선적으로 강점을 이끌어 낼 수 있어야 한다.

이는 모든 장애인 개인과 집단이 능력, 에너지, 용기, 저항력, 통합 능력 그리고 다른 많은 강점을 가지고 있다는 것을 간과하지 않아야 가능한 일이다.

강점은 좋지 않은 결과의 가능성을 줄이는 어떤 요소로 정의될 수 있고 이런 강점들은 과

거의 문제해결 혹은 대처기제가 실현될 때 명확해진다.

강점 관점은 문제에 대한 관심보다는 장애인이 해결점을 발견하고 강점을 강화시키는 데 주요 초점이 있으므로 장애인을 독특한 존재로서 다양성을 인정하고 존중하면서 장애인의 결점보다는 강점에 초점을 두고 가능한 모든 자원을 활용하여 장애인의 역량을 실현해 나가도록 돕는 것이다(Dunst, Trivette & Deal, 1994).

장애인의 강점은 변화를 이끌어 내는 자원으로서 모든 사람은 강점을 가지고 있다는 철학에 기초하여 사회복지사가 이러한 내재된 힘을 지지할 때, 장애인은 긍정적 성장의 가능성을 고양시킬 수 있다.

강점 관점은 장애인복지실천의 근본적 가치라고 할 수 있는 인간 중심의 실천관점으로 강점 관점에 의하면 사회복지사와 장애인 간에는 협력적 동등한 관계가 형성되고 장애인이 아무리 보잘것없고, 장애가 심하며 아무리 실패하였다 할지라도 그들의 내면에 숨어 있는 강점을 발견하여 인지하게 하는 것이 강점 관점이다.

강점 관점은 장애인들의 과거 병력과 현재의 장애 그리고 그로 인한 다양한 문제가 걸림돌이 되지 않고, 오히려 발전과 성장을 위한 기반이 되도록 돕는 실천 관점이라고 할 수 있다(이준우, 2005).

2. 강점 관점 중심 장애인복지실천의 전제 조건

1) 강점 지향적 사회복지사들은 모든 장애인 클라이언트 체계의 강점은 변화 과정을 발생시키고, 에너지를 부여하고 지속시키는 자원임을 믿는다. 사회복지사는 장애인 클라이언트 체계 내에서 그리고 환경적 맥락에서 보다 효과적으로 기능할 수 있도록 이용 가능한 자원을 끌어낸다(Dunst, Trivette & Deal, 1994).

2) 강점 관점의 실천을 위한 전제 조건(이준우, 2005)

첫째, 장애인은 성장 및 변화를 위한 개별적·본래적 능력을 갖고 있음

둘째, 장애인 클라이언트 체계는 이미 유용한 자원과 활용 가능한 외부 체계와의 상호작용 능력을 갖고 있다.

셋째, 상호작용과 협력은 새로운 자원을 구축하기 위해 기존의 자원을 증대시킨다.

넷째, 긍정적 변화는 희망과 미래의 가능성을 위해 구축된다.

다섯째, 장애인 클라이언트 체계는 그들 자신이 자신에게 처해진 상황을 가장 잘 알며, 대안이 주어지면 가장 좋은 해결책을 스스로 결정할 수 있다.

여섯째, 무력감을 증대시키기보다 완수감과 능력을 증대시키는 과정이 문제해결에 훨씬 크게 도움이 된다.

일곱째, 체계의 결함을 단점으로 강조하기 보다는 결함을 체계 간의 상호 교류 과정에서 해결해야 할 도전과 관심으로 인식한다.

3. 강점 관점으로부터 발생하는 세부 시각들

강점관점을 기초로 장애인복지를 실천하는 사회복지사는 다음과 같은 세부시각들을 실현해야 할 책임이 있다.

1) 역량강화

역량강화는 개인, 집단, 가족 그리고 지역사회가 장애인의 내부와 장애인을 둘러싸고 있는 자원과 도구들을 발견할 뿐만 아니라 확장시킬 수 있도록 돕는 일련의 과정이다.

강점 관점을 기초로 장애인복지를 실천하는 사회복지사는 보다 만족스런 삶을 창조하는 장애인 자신의 세계, 문제, 영감, 강점을 정의하도록 격려함으로써 장애인의 역량을 강화하려고 노력한다(Fast & Chapin, 2002).

2) 소속감 증진

장애인은 그들의 문화적 · 지리적 기반으로부터 떨어져 있어서 취약하고 차별을 경험하거나 아니면 주류 사회로부터 소외되기 쉽고 그리하여 그들은 소속의 감정이 결핍된다.

부분적이라도 소외된 사람들은 소속의 개념이 결핍되기 때문에 그들의 강점과 가능성과도 접촉하지 않는다.

강점 관점은 장애인복지실천이 원조하는 모든 장애인들이 소속감에서 오는 존엄과 존중 그리고 책임감을 부여받아야 한다는 인식에서 출발한다.

장애인복지가 원조하는 대부분의 장애인들은 소속될 곳도 소속감도 가지고 있지 않을 경우가 많다.

구성원이나 시민이 되기 위해 그리고 참정권과 책임감, 안전의 혜택을 누리고자 하는 장애인의 욕구가 해결되는 것이 강점 관점의 첫 번째 단계라고 할 수 있다.

3) 적응력

적응력은 장애인 개인의 고난과 충격적 삶의 경험을 경시해 버리거나 생의 고통을 본질적으로 무시해 버리는 것이 아니라 이러한 고통에도 불구하고 굴하지 않는 능력으로 손상은 이미 생겼고, 정서적 · 신체적 상처들이 그 증거가 된다. 적응력은 하나의 특징이나 통계적 현상이 아니라 계속적 성장, 능력, 지식, 통찰력 그리고 한 개인의 삶에서 도전과 욕구를 충족시키는 가운데 생겨나는 미덕을 연결시키는 것으로 적응력에 기초한 장애인복지실천은 이상적으로 위험 요소를 감소시키고 보호 요소를 증가시키는 두 가지 초점(Oliver, 1996)이 있다.

4) 회복

회복은 장애, 질병 그리고 분열에 직면했을 때 저항하고 갱생하려는 신체와 정신기능이 복원되는 것을 의미하며, 회복은 개인과 더 큰 사회 및 물리적 환경 사이의 유익한 관계를 요구한다.

회복은 스스로 복원하기 위해 사회복지사 내지 개인이 조직과 동맹을 이룰 때 생겨나는 것이기 때문에 항상 본질적 생명지원체계로 작용하고 장애인 대부분이 필요하다.

이는 장애인에게 무엇이 최선인지를 단지 장애인복지 전문가만이 알고, 치료, 복원 또는 변형이 오로지 외부의 원천에서만 온다는 질병 모델의 가정과 반대되는 것이다.

5) 대화와 협력

장애인은 타인과의 창조적이고 새롭게 발생하는 관계를 통해 존재를 확인한다.

그러한 교류가 없다면 장애인 개인의 힘의 발견과 시험, 지식, 자각의 증진 그리고 내부의 강점들은 있을 수 없을 것이다. 대화를 함으로써 다른 사람들의 중요성을 확인하고 자신과 타인 그리고 제도 사이의 불화를 회복하기 시작(Pilling, 1992)한다.

대화가 사랑, 겸손, 믿음에 기초할 때, 그것은 대화자 간의 상호 신뢰가 논리적 결과가 되는 수평적 관계를 이루고 장애인의 인식과 강점을 찾아낼 때 사회복지사는 장애인의 개성을 계속적으로 존중하고 신뢰하게 한다.

장애인과 협력하는 것은 전문적 대답을 제공하는 것이 아니라 장애인과 상의하고 협상하는 것이다(이준우, 2001).

6) 객관성의 추구

장애인복지실천 현장에서 언어적 보고가 가장 기본적 정보의 원천이기는 하지만, 한편으론 언어적 보고는 그릇된 회상, 왜곡된 인식, 편견, 그리고 장애인 편에선 제한된 자기 인식의 가능성 때문에 실책을 범할 수 있는 취약점이다.

장애인의 견해, 설명 그리고 보고 등을 진실과 관계된 확실한 주장으로 수용하는 경향을 피해야 한다(Pilling, 1992).

장애인에 의해서 표출된 느낌이 그릇된 인지에서 나올 수도 있고, 불합리한 것들이 조합된 것일 수도 있음을 인식해야만 한다.

객관성의 추구가 비록 단기적으로는 어려움이 있어도, 장기적으로는 사회복지사와 장애인 간의 역량강화 관계에서 협동이라는 큰 희망을 가져다준다.

4. 주요 개념

강점 관점을 적용하기 위해, 사회복지사들은 장애인복지실천에 대한 전문가로서의 지향, 장애인 클라이언트 체계에 대한 전문가적 견해, 장애인 클라이언트 문제에 대한 전문가적 해석을 재검토할 필요가 있다.

1) 문제가 아닌 도전

문제를 과도하게 강조하는 접근을 이용하는 사회복지사는 장애인이 극복해야 하는 바로 그 어려움만을 강조하는 결과를 초래하기 쉽다.

사회복지사가 장애인의 문제를 도전, 전환점, 성장의 기회로 바라볼 때, 자신의 관점을 의미 있게 변화시킬 수 있다(Roessler & Rubin, 1998).

2) 병리가 아닌 강점

강점에 초점을 두는 사회복지사들은 장애인이 가져오는 어려움을 무시하지 않는다. 병리적 관점은 장애인의 독특한 능력을 숨기게 되기 쉬우며 흔히 병리적으로 장애를 진단하는 것은 장애인 개인의 강점을 덮어 버리는 경우가 많다.

부정적 명칭은 협소한 정의를 낳고, 부정적 기대를 확립시킨다. 사회복지사가 장애인을 향한 지향점을 강점으로 돌릴 때, 장애인은 병리에 초점을 두는 함정을 피하게 된다(이준우, 2005a).

3) 과거가 아닌 미래

강점 지향적 사회복지사들은 미래의 성장을 위해 이용될 수 있는 자원을 발견하기 위해 현재를 탐색하여, 미래에 초점을 둔다면, 사회복지사와 장애인이 갖고 있는 것, 배운 것, 다가올 도전을 맞는 데 이용 가능한 추가적 자원들을 통합할 기회를 가질 수 있다(Roessler & Rubin, 1998).

5. 강점 관점의 원리

장애인복지실천에서 적용되어야 할 강점 관점의 원리(이준우, 2005a, 재인용; Saleebey, 2002)

첫째, 모든 개인 집단, 가족과 지역사회는 강점을 가지고 있다.

사회복지사가 실천을 할 때 간과하기 쉽지만 장애인 개인이나 가족 그리고 그들을 둘러싼 지역사회는 사회복지사 자신도 몰랐던 자산, 자원, 지혜, 지식을 처음부터 가지고 있다.

강점 관점은 그러한 자원을 식별하고, 불운을 극복하고 질병에 직면하고 통증을 없애며 목표에 도달하기 위해 장애인이 가진 잠재력을 존중하는 것이며 장애인들은 사회복지사가 그들에게 정말 관심이 있는지, 영향력이 있는지, 그들의 이야기를 경청할 것인지, 과거 경력에 상관없이 그들을 존중할지 여부를 알고 싶어 하고, 사회복지사는 장애인의 내부자원과 주변의 자원들로 무엇인가 가치 있는 것을 만들 수 있다.

무엇보다도 장애인은 그들이 역경을 이겨내고 변화와 성장을 향해 오를 수 있는가를 믿고 있는지를 알고 싶어 한다.

둘째, 정신적 외상, 학대, 질병 그리고 투쟁의 경험은 해롭지만, 동시에 도전과 기회의 원천이 될 수 있다는 것이다.

장애인들은 그들의 강점이 지지될 때 긍정적으로 변화하고 장애극복을 향해 더욱 동기화되며 결과적으로 크게 성장한다.

그래서 그들과 그들 가족의 문제가 무엇인지 묻는 대신, 사회복지사는 그들이 가족에게 가져다 줄 강점이 무엇이고 그들이 생각하는 다른 가족 구성원의 강점이 무엇인지를 물을 수 있다.

이 과정을 통해 사회복지사는 장애인과 그들 가족의 능력을 발견하고 그들 자신에 관해 생각하는 새로운 방법을 형성하도록 도울 수 있다.

셋째, 성장하고 변화할 가능성의 최고 한계선을 모른다고 생각하고, 장애인 개인, 집단 그리고 지역사회의 열망을 심각하게 받아들여야 한다는 것이다.

장애인들은 사회복지사가 그들의 약속과 가능성에 대해 개방적 계약을 맺을 때에 더 좋은 서비스를 받을 것이다.

이는 사회복지사가 장애인에 대해 높은 기대를 가지고 있어야 하고 그들의 희망, 비전 그리고 가치를 소중히 다루어야만 함을 의미한다.

넷째, 장애인과 협력을 통해 가장 좋은 서비스를 제공할 수 있다는 것으로 장애인복지 담당 사회복지사의 역할은 장애인의 강점과 유능한 자질을 평가하는 데 가장 유리한 입장을 제공할 수 없다.

장애인 당사자 자신이야 말로 가장 분명한 자신의 강점을 확인할 수 있다. 이에 사회복지사는 장애인과 함께 장애인 클라이언트의 모든 강점을 함께 창조하고 발견해 나가야 한다.

모든 환경은 자원으로 가득 차 있다. 즉 모든 환경이 복지자원화될 수 있다.

III. 역량강화(Empowerment) 이론

1. 역량강화의 개념

역량강화의 사전적 의미는 힘을 부여하고, 권한을 부여하고, 능력을 부여하는 것이다.

역량강화는 일반적으로 개인이나 집단이 상대적으로 무기력한 상태에서 힘을 가진 상태로 이동해 나가는 것으로 개인적 · 대인관계적 · 정치적 힘을 증가시켜 개인, 가족 및 지역사회가 그들의 상황을 개선하기 위한 행동을 할 수 있도록 하는 과정이다.

그들 자신의 삶에 대한 집단적 통제력을 획득하는 방법에 관한 이론으로서 사회복지사들이 사람들의 결여된 힘을 증대시키기 위해 추구하는 방법이다(Berlin, 2002).

1990년대 말부터 장애인복지실천 현장에서 역량강화 이론은 장애인 개인과 그 가족에게 힘을 불어 넣어주거나 장애인이 자신의 삶에 대한 자신감을 획득하는 방법에 관한 이론이다.

역량강화는 장애인 개인 · 집단 및 지역사회가 장애인의 환경에 대한 통제력을 얻고, 장애인 자신의 목표를 달성하여 결과적으로 장애인 개인과 집단 나아가 지역사회를 원조하여 장애인의 인권을 보장하고 궁극적으로 삶의 질을 최대화시켜 나가는 수단이 되고 있다(오혜경, 2005b).

2. 역량강화 접근

역량강화 접근은 문제 해결 과정의 강점에서 시작된다. 이 접근은 상황에 대한 포괄적 이해, 개입을 위한 구체적 활동 계획, 변화 전략에 대한 지속적 평가의 중요성을 인정하고 역량강화 접근은 장애인의 강점과 환경적 자원, 해결에 대한 비전을 강조한다.

생태체계적 관점을 통합하고 있으면서, 강점을 지향한다.

장애인 클라이언트 체계의 능력을 신뢰하고, 현재 또는 잠재 능력 위에서 해결책을 모색하며, 환경적 자원이 활성화된다(이준우, 2005).

이 접근은 장애인 클라이언트 체계가 갖고 있는 다양한 강점을 인정하고, 따라서 문제를 해결하기 위한 해결책도 다양하게 존재함을 인식하고 장애인을 자원으로 보게 한다.

이는 장애인의 완전한 참여를 격려하며, 장애인을 자원으로서 활용하기보다 권리와 책임을 지닌 진정한 동반자로서 신뢰(Berlin, 2002)하게 된다.

접근은 강점을 문제 확인보다는 해결 추구를, 처방에 따른 치료보다는 능력 향상을, 전문가의 전문적 능력보다는 협력적 동반자 관계를 강조한다.

일관되게 클라이언트는 강점을 갖고 있으며, 환경은 잠재적 자원을 보유하고 있으며, 클라이언트는 변화 과정의 모든 국면에서 완전한 동반자로서 참여해야 한다는 전제하에 운영한다.

3. 역량강화 이론의 특징[7)]

1) 전문적 관계에 대한 새로운 시각: 협력과 파트너십

전통적으로 예측, 통찰, 지식, 활동 계획을 가지고 있는 우월적 사회복지사가 통찰, 지식, 행동 계획이 부족한 의존적 클라이언트를 돕는 것이 전문적인 사회복지실천이라는 인식이 팽배했었던 것이 사실인데 사회복지사는 치료자이고 클라이언트는 서비스의 수동적 수혜자로서 기능하고 이러한 불평등한 전문직의 관계는 역량강화에서는 효과적 팀워크, 전문적 협동, 그리고 사회복지사와 클라이언트, 사회복지사 간, 사회복지사와 기관과 같은 현존하는 협력적 향상을 위해 현재의 욕구를 강조하여 클라이언트를 원조 과정의 파트너로 보아 클라이언트를 개성과 잠재력을 가진 인간 및 자원으로 인식하여 클라이언트의 참여를 중시하고 변화 노력의 전 과정에서 클라이언트의 자기결정권을 강조하는 것이다.

따라서 장애인은 전문가적 파트너로서 변화 과정에 능동적으로 참여하는 파트너이며 장애인 자신이 처한 환경과 능력을 가장 잘 알고 있는 사람으로 간주된다. 이는 사회복지사와 장애인 간의 상호 협력적 파트너십을 갖게 한다.

2) 클라이언트에 대한 새로운 시각: 소비자 혹은 고객

역량강화 이론은 클라이언트에 대한 시각을 변화시킨다.

즉, 클라이언트는 기존의 수혜자, 환자, 도움을 받는 사람들이라는 낙인으로부터 소비자 혹은 고객이라는 개념으로 전환하여 '소비자' 혹은 '고객'이란 용어는 사회복지사와 클라이언트 체계의 파트너십 내에서 클라이언트의 자기결정권 보호와 활동적 역할을 강조한다.

클라이언트를 소비자로 보는 것은 이들이 시민의 권리로서 혹은 구매자로서 공적 · 사적 조직으로부터 그들이 필요로 하는 것에 대한 정보를 구하고, 선택을 하고 계약을 하는 사람으로 기대하여 역량강화 접근에서는 클라이언트를 개입의 객체가 아니라 주체로 보기 때문에

---

7) 양옥경 외(2006), 정신보건과 사회복지, 나남출판.

자기결정권을 가장 잘 보호하고 반영할 수 있다는 장점이 있다.

3) 역량

역량이란 인간체계의 구성원을 돌보는 기능을 수행할 수 있으며, 다른 체계와 효율적으로 상호 작용하고, 사회적 · 물리적 환경의 자원체계에 기여할 수 있는 능력이다.

즉, 역량은 주위 환경과 상호 작용하기 위해 체계가 소유하고 있는 지식과 기술의 질로 정의할 수 있다.

역량은 개인의 특성, 대인관계, 사회적 · 물리적 환경에서 비롯되는데, 이러한 세 가지 차원이 잘 기능할수록 각 개인이 환경에 대처할 수 있는 역량은 향상되고 자원에 대한 정확한 사정과 활용이 매우 중요하며, 특히 자원을 활용할 수 있는 기회를 증가시키는 것과 장애인 클라이언트의 역량을 강조하는 그 자체가 모두 역량강화이다(Berlin, 2002).

이러한 모든 과정은 사회복지사와 장애인 간의 파트너십을 형성하여 협력을 통해 이루어져야 하며, 장애인의 역량이 강화되어 일상생활에서의 대처 기술 향상으로 연결될 수 있다(오혜경, 2005b).

4. 실천과정

역량강화 이론에 따른 장애인복지실천의 과정은 다음과 같은 단계로 진행된다(이준우, 2005a; 양옥경 외, 2006).

1) 대화 단계

사회복지사는 대화를 통해 장애인의 현재 상황, 주요 욕구, 강점을 파악 장애인과 협력적 파트너십 관계를 형성해야 하며, 관계의 목적을 명확화해야 한다.

대화는 사회복지사와 장애인이 상호 협력적 관계를 시작하게 하고 유지

사회복지사와 대화를 통해 장애인은 자신이 처한 상황에 대해 스스로 어떻게 생각하고 있는지를 보여주며, 이를 통해 사회복지사는 장애인의 강점과 잠재된 능력을 파악

(1) 함께 작업하기 위한 준비

사회복지사는 장애인 자신의 개인적 · 전문적 가치를 구체화하고 장애인 자신의 지지체계를 양성하고 장애인 클라이언트의 지식과 기술을 개발함으로써 실천을 위한 준비를 하며 장애인 클라이언트의 강점, 능력, 잠재력을 발견하고자 한다.

장애인도 사회복지사와의 원조과정에 대한 기대를 갖고, 그 과정에서 수행하게 될 그들 자신의 역할에 관한 가정을 가진다.

(2) 파트너십 형성

사회복지사와 장애인은 협력자

장애인을 동반자의 지위로 끌어올리고, 그들의 전문성과 능력을 확신시키는 것 자체가 능력을 발휘하게 하는 것, 이러한 관계는 자기결정의 목표를 지지하고 장애인이 중심이 된 과정을 격려하게 되며 사회복지사는 장애인의 관점을 경청하고 존중한다. 효과적 경청은 신뢰를 구축한다.

(3) 도전 탐색

이 과정에서 사회복지사와 장애인은 장애인복지실천 개입을 요청하게 된 상황에 대한 상호이해를 발달시키며 '문제'보다는 '도전'이라는 용어를 사용하는 것은 긍정적 기대를 갖게 하며, 부정적 낙인을 회피한다.

도전은 일시적으로 장애인의 목표 달성에 장애가 발생한 상황임을 표현하는 것이며, 기존의 강점을 활성화하거나 환경적 자원에 접근함으로써 극복하게 된다.

사회복지사는 장애인의 메시지 내에 담긴 정보와 감정에 반응하며 장애인의 가치와 우선순위를 존중한다.

(4) 강점 확인

대화를 통해 도전이 드러나면 사회복지사는 장애인의 강점을 발견할 기회 가진다.

강점 확인 과정은 장애인의 강점이 변화를 위해 중요하므로 초기에 자주 언급하며 사회복지사는 장애인의 특성, 대인관계, 자원망, 문화적 정체성, 지역사회 연계 등을 포함하는 생태체계의 각각의 측면을 검토함으로써 강점을 확인하고 사회복지사가 장애인의 강점을 과정 초기부터 강조할 때, 장애인은 완전한 동반자로서 기여할 수 있다는 느낌을 갖게 되고 성공할 능력을 갖고 있다는 희망을 경험한다.

(5) 방향 결정

이 과정에서 사회복지사와 장애인은 예비 목표를 설정하게 되고 방향은 사정을 이끄는 초점을 결정하며 방향을 정하는 것은 분명한 목표 의식을 갖게 하고, 참여할 동기를 불어 넣게 된다.

장애인이 그들 상황과 그가 추구할 목표를 기술하는 동안, 사회복지사는 즉각적 관심을 요하는 문제를 파악하여, 이러한 긴급한 상황을 인식하고 장애인과 함께 장기적인 해결로 들어가기에 앞서 위기를 경감시키기 위해 노력이다.

2) 발견 단계

발견 단계에서는 사회복지사와 장애인은 해결점을 찾고자 자원이 있는 곳을 체계적으로 탐색한다.

(1) 자원체계 탐색(잠재적 자원 사정)

이 과정은 장애인의 상황에 대한 이해에 상호 교류적인 차원을 덧붙이고, 사정은 장애인 클라이언트 체계와 환경 상에 있는 자원에 대한 포괄적 기술 사정은 장애인과 사회복지사가 상황을 조사하는 방법이다.

역량강화적인 시각에서 수행되는 사정은 환경과 상호 교류하는 장애인 클라이언트에 대한 긍정적이고도 포괄적 견해를 낳고 사회복지사는 장애인과 함께 이용 가능한 개인적 · 대인간 · 환경적 자원을 평가한다.

이 과정은 장애인의 내부와 외부에서 이용 가능한 자원에 관한 광범위한 정보를 제공하며, 장애인이 과감하게 그들 자신의 능력, 자원, 대안들을 발견해나가는 사정 과정에서 장애인은 그들 상황에 대한 책임을 경험한다.

(2) 자원 능력 분석(수집된 정보를 종합하고 조직화)

수집된 정보를 종합하고 조직화하는 과정으로 이용 가능한 자원을 조직하고, 연관되는 정보를 한데 모으고 주제를 찾고 추가 정보의 필요성을 결정하며 이용 가능한 자원을 장애인이 필요로 하는 것에 맞게 연결시키는 과정으로 성공적 분석은 생태체계 사정에 의해 수집된 풍부한 정보를 행동 계획을 수립하기 위한 일련의 일관되고도 조직화된 자료로 변형시킨다.

3) 해결방안 형성(구체적 목적 설정하고 행동 계획 세우기)

구체적 목적을 설정하고 행동 계획을 세우는 과정으로 행동 계획은 장애인이 달성하기를 원하는 것과 목적 달성을 위한 구체적 전략들에 대한 분명한 진술을 포함하고 장애인은 그들이 달성하고자 하는 것을 정함으로써 목적과 목표의 내용에 기여한다. 사회복지사는 장애인이 측정 가능한 방법으로 목적과 목표들을 설명할 수 있도록 지도하는 기술적 전문가로서 기능할 수 있다.

4) 발달 단계

사회복지사와 장애인은 대인관계 및 제도적 자원을 활성화하고, 다른 조직들과 동맹관계를 형성하고, 자원 개발을 통해 기회를 넓히기 위해 개입하며 발달 단계의 주요 활동들은 자원을 조직하고 확장하며, 성과 목표에 도달하고, 성취를 측정하며, 공식적 개입 과정을 마무리 짓는 것이다.

(1) 자원 활성화

장애인은 개발된 과업을 수행하고, 사회복지사는 개입 활동을 조직, 모니터하고 장애인의 동기를 격려하며, 장애인에게 대안과 선택을 줌으로써 힘을 북돋우고, 장애인에게 도움이 되는 피드백을 제공한다.

(2) 기회 확장시키기

장애인에게 필요한 자원이 현재 이용 가능하지 않거나 접근을 거부하는 경우가 있을 때 사회복지사와 장애인은 자원 개발을 위해 노력하고 장애인에게 필요한 자원이 현재 이용 가능하지 않거나 장애인의 접근을 거부하는 규정 및 공식적 해석이 있을 수 있는데, 이런 상황에서 사회복지사와 장애인은 자원개발을 위해 노력한다.

(3) 성공적인 결과에 대한 인식

종결이 가까워질수록 공식적 평가는 장애인에게는 진행되어 온 것에 대한 정보를 제공하며 사회복지사에게는 그들 자신의 기술과 실천 접근에 관한 피드백을 제공, 효과성, 효율성, 공평성에 대한 평가는 양자 모두에게 그들의 독특한 노력의 성공 경험을 다른 상황에서도 대처할 수 있도록 일반화시킨다.

(4) 서비스 실천 결과의 통합

사회복지사와의 노력이 종결된 이후에도 장애인이 성장, 발달, 변화하는 것을 강조하고 장애인의 독립과 지속적 성공을 격려하기 위해, 장애인이 지금까지 이루어진 일을 검토하고 종결에 대한 그들의 생각과 감정을 표현하게 하고, 다른 사건도 다룰 수 있을 것이라는 이 과정의 전이성을 인식시키기 위해 노력한다.

memo

장애와 사회복지실천이론

CHAPTER

08

CHAPTER 08

장애와 사회복지실천이론

Ⅰ. 사회복지실천기술로서 사정

1. 사정의 개념

개별 클라이언트나 클라이언트 집단이 겪고 있는 문제, 가지고 있는 자원, 그리고 충족시키고자 하는 욕구는 서로 다르고 독특하다. 처음 문제가 제기될 때는 문제, 자원, 욕구가 모두 별개라고 인식한다. 사정(assessment) 과정은 다양한 욕구가 서로 어떻게 연관되어 있는지 클라이언트와 사회복지전문가가 알 수 있도록 돕는다. 즉, 사정과정은 개별 경험이나 인식을 클라이언트의 전체 삶에 연결시켜 준다.

사정은 끝이 없는 과정이다. 클라이언트 개인이나 집단, 또는 지역사회나 상황에 대해서 언제나 이해해야 할 새로운 것이 있어서, 사정은 클라이언트와 사회복지전문가 간의 상호작용 전 기간에 걸쳐서 지속된다. 그러나 사회복지전문가와 클라이언트가 접촉하는 주된 기능으로서 사정은 개입과 해결을 향해 지속될 수 있는 구조를 갖추어야 한다. 따라서 사정 과정에서 기관 내의 서비스, 자원 및 시간과 클라이언트의 문제라는 맥락에서 클라이언트를 이해하는 데 도움이 되는 정보를 끌어내야 한다.

2. 장애인실천현장에서 사정 단계

장애인실천현장에서 사정이란 장애인의 문제를 이해하고 해결하는 데 필요한 자료를 수집하여 이를 기초로 그들의 현 상황과 원인을 분석하고 추론하는 과정이다. 이 과정은 사례관리의 전반적인 과정에서 지속적으로 이루어지지만, 특히 접수면접 이후 집중적으로 이루어진다. 사정은 장애인과 가족에게 어떤 요인들이 영향을 미치는지, 상황을 변화시키기 위해서는 어떤 자원들이 필요한지, 변화 과정에서 나타날 문제는 어떤 것들이 있는지, 어떤 변화들을 평가지표로 삼아야 할지 등에 대한 필요한 정보를 모으는 과정이다.

사정 과정은 5단계로 나누어 볼 수 있다. 1단계는 자료를 수집하여 이해할 수 있게 체계화하는 과정이다. 2단계는 추론으로, 사회복지 전문가가 1단계에 수집한 자료를 이해하면서 지식과 판단을 사용하는 과정이다. 3단계에서는 클라이언트 기능에 대한 평가를 하며, 4단계에서는 앞으로 다루게 될 문제에 대해 클라이언트와 사회복지전문가가 동의를 하게 되며, 5단계에서는 개입을 위한 계획을 세운다.

실천현장에서 효과적인 사정을 실시하기 위해서는 몇 가지 실천 원칙을 고려해야 한다. 첫째, 가능한 한 포괄적이고 총체적인 관점을 가지고 실시해야 한다. 둘째, 장애인의 다양한 문제와 욕구, 강점뿐만 아니라 활용 가능한 자원을 확인한다. 셋째, 유용한 사정을 하기 위해서 충분한 시간을 마련하고, 적절한 사정도구를 사용한다. 넷째, 복합욕구를 가진 장애인의 경우 여러 분야의 전문가를 상호 연계하여 사정을 실시한다. 다섯째, 장애인의 참여를 기반으로 한 사정을 실시한다.

특히 사정 과정에서 장애인에 대한 포괄적인 사정을 진행해야 한다. 장애인을 사정하는 데 유용한 관점으로는 생태체계 관점, 강점관점, 생애주기 관련 등이 있을 수 있는데 이러한 관점들은 각기 독립적이라기보다는 상호 유기적인 관계를 가지고 있다. 장애인을 대상으로 포괄적인 사정을 위해 이러한 다양한 관점을 가지고 장애인과 가족을 바라볼 필요가 있는데, 다음과 같은 적합한 사정 방식을 제시할 수 있다.

- **생태계적 관점**: 장애인이 환경과 영향을 주고받는 상호 호혜적인 관계라는 것을 이해하는 관점
- **강점관점**: 장애인의 문제나 약점보다는 장점, 능력, 잠재력, 자원과 열망에 초점을 두는 관점
- **생애주기 관점**: 비장애인과 마찬가지로 장애인도 아동, 청소년, 성인기, 노년기로 향하는 단계적 변화 과정을 경험하게 되며, 각 단계마다 독특한 욕구와 과업이 있다는 관점

3. 장애인실천현장에서 사정의 내용 및 방법

장애인실천현장에서 사정은 장애인의 욕구를 기본으로 한다. 이를 기본으로 독립적인 능력뿐만 아니라 비공식적 관계망과 지지 정도, 공식적인 지역사회 자원에 대한 분석까지 포함된다. 이를 위해서 다양한 경로를 통해 자료를 충분히 수집해야 한다. 그러나 사정의 영역과

세부내용을 모든 장애인에게 동일하게 적용하여 실시할 필요는 없다. 사정 단계에서 장애인이 정보 공개를 거부하는 경우 이를 최대한 존중해야 하며, 지원 과정에서 반드시 수집되어야 할 정보의 경우 충분히 설명을 한 후 장애인의 동의하에 사정이 이루어져야 한다.

표 8-1 사정의 영역 및 내용

사정내용	장애인의 욕구	장애인의 독립적인 기능, 능력 및 강점	장애인의 비공식적 관계망	공식적 지역사회 자원체계
사정단위	- 소득 - 주택 - 고용, 직업 - 건강 - 정신건강 - 사회활동 - 여가활동 - 일상생활 - 이동수단 - 법률 - 교육	- 신체적 기능 - 인지적 기능 - 정서적 기능 - 행동적 기능	- 사회적 관계망의 구조 - 사회적 관계망의 상호작용 - 지지체계(도구적, 물질적, 사회적)	- 자원목록 (유용성, 적합성, 적절성, 수용성, 접근성 수준 포함)

사정을 위한 방법으로는 크게 면접, 관찰, 검사 등이 일반적으로 많이 사용된다.

첫째, 면접은 생각과 느낌을 교환하면서 언어적 · 비언어적 의사소통을 해 나가는 목적 지향적인 대화를 의미한다. 사정 단계에서는 주로 정보를 얻기 위한 면접이 이루어진다. 면접의 대상은 장애인과 가족, 주변인들, 의뢰기관 담당자 등이 될 수 있으며 사정 단계에서 실시되는 면접으로 초기면접에서는 장애인의 다양한 욕구 파악과 함께 치료 이력, 진단명, 가족관계 등 각 영역의 진단에 필요한 공통적인 정보를 수집한다. 그리고 서비스 지원계획 수립에 필요한 기초 자료를 제공하며, 심층 사정이 필요한 영역을 결정하는 기초 과정이기 때문에 매우 중요하다. 장애인실천현장에서는 지속적으로 변화하는 장애인의 욕구를 파악하여야 하며, 그들이 표현하고 제시하는 욕구의 내용을 중립적인 입장에서 구체적으로 확인하여야 한다. 따라서 사정 단계에서 장애인가족과 협력 관계를 유지하면서 최대한 욕구를 정확하게 파악할 수 있도록 노력해야 한다. 이때 장애인의 규범적 욕구 또한 판단해야 하지만 욕구의 우선순위를 선정하는 데 있어 장애인의 의견을 우선적으로 존중하여야 한다.

둘째, 관찰은 비언어적인 형태의 자료를 수집할 때 유용한 방법으로 장애인의 정보를 자연스럽게 수집할 수 있다. 특히 초기면접에서는 가족 구성원 간의 역동성을 자연스럽게 관찰하는 것이 필요하다.

셋째, 장애인의 심리 · 정서적 상태(지능, 성격, 대처행동의 유형, 자아개념, 불안이나 우울의 정도 등), 신체건강 상태 등을 심리검사 도구나 의료적 검사를 통해 파악할 수 있다. 표준화된 검사를 사용할 때에는 검사 도구에 대한 이해와 교육이 선행되어야 하며, 검사 도구를 시행할 수 있는 담당자가 없을 경우에는 관련 전문기관에 의뢰하여 정확한 결과와 정보를 수집하여야 한다.

장애인실천현장에서 다양한 방법을 통해 정확한 사정을 실시하고 이후 장애인에 대한 개별적인 서비스 계획을 수립하고 개입하고 평가를 실시한다. 이때 사례관리자의 역할은 장애인에 대한 정보를 수집하고 이들을 대신해서 자원동원을 협상하며 서비스 제공결과를 점검, 평가하기 위해 관련 기관 또는 조직체계에 걸쳐 활동하게 된다.

Ⅱ. 사회복지실천모델과 장애인복지실천

사회복지실천모델은 클라이언트와 사회복지실천에 대한 전반적인 방향을 제시한다. 사회복지전문가들은 다양한 실천모델을 활용하도록 배우고, 특정 클라이언트에게 적용할 모델을 여러 가지 이유로 선택하게 된다. 사회복지전문가의 성향은 중요한 결정요인의 하나로, 전문가는 정신역학, 인지행동모델, 페미니즘 모델 등을 선호할 수 있다. 사회복지기관 단위에서도 클라이언트에게 적용시키는 선호 모델을 가지고 있기도 하다.

여기에서는 위기개입모델, 강점모델, 역량강화모델, 탄력성 모델, 사례관리 모델 및 옹호모델을 주요 실천모델로 소개한다. 그러나 현실에서는 실천모델들을 따로 사용하는 것이 아니라 함께 사용한다. 사회복지전문가들은 한 가지 실천모델만을 사용하는 경우는 거의 없으며 클라이언트의 욕구를 최대한 충족시키는 데 필요한 부분을 각 모델에서 절충하여 사용하는 경우가 대부분이다. 장애인복지실천에서도 다양한 이론적 접근들은 서로 배타적인 것이 아니라 동일한 대상자에게 함께 사용될 수 있으며, 많은 경우 함께 사용될 때 더 효과적일 수 있다. 따라서 장애인복지 분야에서 일하는 사회복지전문가는 다양한 이론적 접근들을 충분히 익혀서 각 사례에 가장 적절한 이론적 접근들을 함께 활용하는 것이 중요하다.

1. 위기개입모델

위기개입모델(crisis intervention model)은 일반적으로 병원이나 다른 긴급 환경에서 사용되는 실천모델이다. 이 모델은 새로이 장애판정을 받았거나 장애 상태나 인생의 상황이 변한 클라이언트 또는 비장애인처럼 인생에서 위기를 경험하고 있는 장애인 클라이언트를 지원하는 데 유용하다. 또한 부모가 신생아의 발달장애를 수용하도록 지원할 필요가 있을 때, 성인이 척수손상으로 인생의 중대한 변화에 부딪혀야 할 때, 위기개입모델은 적절하게 활용될 수 있다. 이 모델의 목표는 경험하고 있는 변화 한계 내에서 최적의 기능을 할 수 있도록 클라이언트를 안정화시키는 것이다.

위기개입은 직전에 발생한 사건의 결과로 심각하고 긴급한 어려움을 경험하고 있는 사람들에 대한 우려에서 발전한 사회복지실천모델이다. 위기개입모델은 새로 장애인이 된 클라이언트가 갑작스러운 변화로 인한 심한 스트레스에 대처하도록 지원할 수 있는 즉각적인 개입을 제공한다.

위기가 될 것으로 예상되는 사건을 세 가지로 나누어 볼 수 있다. 첫째는 긴급 상황 사건으로 심각한 질병 또는 장애가 시작하는 것이다. 중대한 교통사고, 사랑하는 사람의 사망, 지진 · 홍수 · 화재 또는 전쟁과 같은 재난, 흉악한 범죄의 피해 등은 당사자 및 그 가족에게 위기 상태를 초래하는 경우가 많이 있다. 두 번째는 생애발달의 전환으로, 은퇴, 요양시설 입소, 자녀 출산, 결혼 또는 이혼, 폐경기, 자녀의 독립 또는 사춘기의 시작과 같은 사건이 위기를 초래할 수 있다. 세 번째는 '존재의 위기'로, 인생의 목적, 책임, 독립, 자유 및 헌신과 같은 중요한 인간의 쟁점을 동반하는 내적 갈등과 걱정을 말한다.

위기에 빠진 사람이 도움을 받지 못하거나 도움을 찾지 않으면 일반적으로 세 가지 유형 중 한 유형이 발생한다. 첫째, 스스로 위기에 대처하여, 새로운 힘을 얻고 위기 경험으로 성장한다. 둘째, 모든 고통스러운 감정을 차단하여 위기에 살아남는다. 그 감정은 사라지지 않으며, 표면 밑에서 해결되지 않은 채 남아서 위기로 인한 변화에 긍정적으로 적응하지 못하게 막는다. 셋째, 완전히 효과적으로 대처할 수 없어서 심각한 좌절로 고생할 수 있다.

위기개입은 일반적으로 6~7주 동안의 단기간 형태의 치료이다. 위기개입의 목표는 위기에 처한 개인이 위기를 긍정적으로 해결하고 기능적으로 적응하도록 지원하는 것이다. 위기의 영향이 8주를 넘어갈 수도 있지만 클라이언트는 문제를 제기하면서 통제감과 적절한 대처기술을 사용할 능력을 회복하게 된다.

사회복지실천에서 많이 활용되는 위기개입모델은 6단계로 구성되어 있다.

① 문제를 정의한다. 클라이언트가 이야기하는 것(몸짓도 포함)을 주의 깊게 듣는다. 클라이언트의 관점에서 문제를 정의한다. 장애가 클라이언트의 인생에서 유일한 위기의 근원은 아니다. 주의 깊게 듣고, 장애 상태가 위기를 촉진하는 주된 요인이라고 가정하지 않는 것이 중요하다. 클라이언트가 경험하고 있는 위기에서 장애의 역할을 클라이언트

자신이 결정하도록 지원한다.

② 클라이언트의 안전을 보장한다. 내부 상황과 외부 상황을 조사하여 클라이언트가 신체적 또는 정신적 피해를 받을 위험이 없는지 사정한다.

③ 지지를 제공한다. 클라이언트의 이야기에 관심을 기울이고 감정이입을 하여 듣는다. 클라이언트가 사회복지 전문가를 실질적인 지지로 여기고 의존할 수 있도록 한다.

④ 대안을 조사한다. 클라이언트가 여러 선택을 검토하고 효과적인 대처체계를 발전시키도록 지원한다.

⑤ 계획을 세운다. 클라이언트 자신이 달성할 수 있도록 하는 단계를 포함하는 단기 계획을 발전시키도록 지원한다.

⑥ 헌신하도록 한다. 클라이언트가 자신이 발전시킨 계획과 행동에 대해 헌신을 하도록 지원한다. 장애는 클라이언트의 독립적 기능 능력을 영구히 변화시킬 수 있으며, 사회복지실천 개입은 위기의 기간이 훨씬 지난 후에도 필요하게 될 것이다. 클라이언트와 함께 발전시킨 계획에는 사례관리를 시작하는 것이나 자립생활 또는 직업재활로 연계하는 것도 포함할 수 있다.

2. 강점모델

강점모델(strengths perspective)은 사회복지전문가의 관점의 핵심을 개인의 장점으로 옮기는 것이다. 강점모델에서 사회복지전문가는 클라이언트의 수행능력과 잠재력에 초점을 둔다. 또한 클라이언트의 문제를 직접적으로 다루지 않더라도 이들의 강점을 발견하고 이를 강화하는 데 초점을 둠으로써 자연스럽게 문제를 해결할 뿐만 아니라 이들의 삶의 질을 향상시킬 수 있다고 본다.

강점모델의 기본 전제를 살펴보면, 첫째, 클라이언트의 강점, 관심과 열망, 욕구에 초점을 둔다. 무엇보다도 클라이언트의 긍정적인 면과 능력, 재능과 자원, 욕구와 열망, 더 나아가서는 그들의 삶의 이야기에 귀 기울이고 존중하는 것이 필요하다. 둘째, 클라이언트가 배우고 성장하며 변화할 수 있는 잠재력을 가지고 있다고 본다. 강점 지향의 사회복지전문가는 클라이언트 본인이 미래에 대해 희망과 계획을 세우도록 돕는다. 클라이언트가 결정을 내려야할 때 사회복지전문가가 할 일은 클라이언트 자신이 결정 권한을 가지고 있다는 사실을 인식시키는 것이다. 셋째, 원조과정에서 주도권은 클라이언트가 가진다. 강점모델을 사용하는 사회복지 전문가는 클라이언트와 협력 활동을 전개하며 목표 지향적 활동과 클라이언트의 선택을 위해 많은 정보를 준다. 넷째, 클라이언트와 사회복지전문가의 관계는 원조과정에서 가장 중요한 요소이어서 의도적인 파트너 관계를 형성하는 것이 매우 중요하다. 다섯째, 원조에서 전문적 판단에 따른 적극적인 아웃리치가 필요하다. 클라이언트의 권리 행사에 대한 지역사회의 신뢰는 서비스 중심의 프로그램보다 클라이언트 중심의 프로그램을 제공하는 것이 필요하다는 것을 보여준다. 여섯째, 지역사회는 원조과정에서 잠재적인 협력체계자원이다. 많은 사회복지전문가들이 지역사회 내에 클라이언트를 돕기 위한 가용 자원이 상당히 부족하다고 생각한다.

강점모델의 특징을 두 가지로 요약하여 설명하면 다음과 같다. 첫째, 강점모델은 '문제'(병리)가 아닌 '도전'을 강조한다. '문제'는 오랫동안 사회복지실천에서 클라이언트로 하여금 수치감, 죄책감, 낙인감을 느끼게 하였다. 문제에 초점을 두는 것은 강점을 드러낼 클라이언트 체계와 사회복지전문가의 능력을 덮어버리며, 그것을 병리로 진단하는 것은 개인의 강점을 덮어버리게 된다. 반면 강점 지향적인 사회복지 전문가는 사회복지실천의 손상모델(병리모델)보다는 도전모델(건강모델)을 지지한다. 사회복지전문가가 클라이언트들의 문제를 도전과 성장의 기회로 삼을 때 그들은 자신의 관점을 의미 있게 변화시킨다.

둘째, 강점모델은 과거가 아닌 현재와 미래를 중시한다. 의학모델(의료모델: 병리모델)에 초점을 둔 개입활동에서는 언제, 왜, 어떻게 클라이언트체계가 잘못되기 시작했는지 등의 과거를 주로 탐색한다. 반면 강점 지향적 사회복지실천은 미래의 성장과 발달을 위해 활용될 수 있는 제반 자원들을 발견하기 위해 현재를 탐색한다.

장애인은 강점이 별로 없는 존재로 인식되는 경향이 있다. 하지만 강점모델에서는 장애인이 가지고 있는 제약보다는 장애인이 가지고 있는 능력, 장애인이 가질 수 있는 기회에 초점을 둔다. 예를 들어, 시설이나 기관에서 과거 장애인에 대한 사정을 할 때 장애인이 가지고 있는 문제를 주로 파악한 반면, 강점모델은 장애인이 가지고 있는 장점에 초점을 맞춘다.

장애인실천현장에서 강점모델은 다음의 세 가지 요소가 포함된다. 첫째, 장애인의 다양성을 인정하고 존중한다. 둘째, 장애인의 결점보다는 강점에 초점을 둔다. 마지막으로 가능한 모든 자원을 활용하여 장애인의 역량을 강화하도록 돕는다. 이러한 목적을 달성하는 데 효과적인 방법은 '문제중심의 접근'보다 장애인의 '강점에 근거'하여 '역량을 강화하는 방법'이 선호되고 있다. 따라서 강점모델은 장애로 인한 문제에 연연하지 않고, 장애가 있음에도 불구하고 장애인이 가진 개인, 가족, 환경의 자원, 강점이 무엇인지를 파악하는 것을 강조하므로 장애인복지실천에 매우 유용하다.

3. 역량강화모델

역량강화(empowerment)는 "타인에 대하여 통제, 권위, 영향력을 소유할 뿐 아니라 자신의 삶을 통제할 수 있도록 돕는 것"이다. 즉, 역량강화란 개인이나 집단이 상대적으로 무기력한 상태에서 힘을 가진 상태로 이동하는 것으로, 권력은 주어지는 것이 아니라 스스로 얻어내는 것으로, 자기 자신의 주체적 행동을 통해 성취되는 능동적 의미를 가진다.

역량강화모델은 취약계층 등 권리와 혜택을 상실한 무기력을 경험하고 있는 사람들을 주 대상으로 하며, 그들이 자신의 삶, 지역, 그리고 사회에서 사용할 수 있는 권력을 강화시키는 과정이다. 장애인은 기능적 제약뿐만 아니라 사회적 낙인, 억압, 배제, 편견으로 인해 사회적으로 부과된 제약 때문에 취약하고 상처받기 쉬운 집단으로 여겨진다.

역량강화모델은 완전히 새로운 것이 아니라 일반사회사업실천에 오랫동안 내재되어 있는 강점중심 개입활동의 재부상이라고 할 수 있다. 이는 강점모델과 역량강화모델은 분리된 것이 아니라 연속적인 과정으로 상호 밀접한 연관성을 가진다는 것을 의미한다. 즉, 임파워먼트 과정을 활용하여 장애인의 역량을 향상시키고자 하는 사회복지전문가에게 강점관점은 중요한 하나의 준거틀이다. 특히 역량강화모델에서는 장애인을 경험과 역량을 가진 파트너로 인식하고 장애인에게 문제해결이 가능한 잠재력이 있다는 것을 의미한다. 이 관점에 따르면 장애인은 변화과정에 능동적으로 참여하는 파트너이자 자신이 직면한 환경과 능력을 가장 잘 알고 있는 사람으로 간주된다. 장애인실천현장에서 역량강화모델을 적용하기 위해서 사회복지전문가는 자원의 중요성을 인지하고 장애인뿐 아니라 가족 및 지지체계와 협력 그리고 파트너십의 유지 능력을 갖추어야 한다.

한편 역량강화모델에 기초하면, 장애인복지 실천은 장애인을 서비스 수혜자라는 수동적인 인식에서 그치는 것이 아니라 문제해결에 적극 참여하는 능동적인 주체로 전환하도록 돕는 것이다. 장애인이 자신의 의지에 따라 서비스 제공기관을 선택하고 서비스를 받을 수 있게 해야 한다. 그 결과 장애인이 스스로 설 수 있도록 하는 능력을 향상시키는 것이 역량강화의 초점이 된다.

4. 탄력성 모델

탄력성(resilience)은 개인의 내부 및 외부 문제를 유연하고 여유롭게 대처하고 불안에 대한 민감성을 극복하며 세상에 대한 긍정적인 참여와 긍정적인 문제 해결전략을 통해 이전의 상태로 복귀하게 하는 적응능력을 의미한다. 이러한 탄력성은 일부 사람들에게만 있는 특별한 특성이 아니라, 모든 사람들 안에 내재되어 있어 역경이나 어려움을 극복해 가는 적응능력을 의미한다.

탄력성 개념이 처음 연구되었던 분야는 주로 아동발달과 위기개입이었다. 아동발달 분야에서는 "두 아동은 동일한 위험요인 또는 동일하게 낮은 지지환경을 가지고 있는데 왜 차이가 날까?"라는 의문을 가졌었다. 또한 위기개입 분야에서는 "정신적 외상을 심하게 겪었거나 상당한 스트레스가 있음에도 불구하고 잘 지내는 것은 무엇 때문인가?"라는 의문을 가졌다. 따라서 초기 연구에서는 '자아의 강점', '생존'과 같은 개인의 특성에 초점을 두었으나 후기연구에서는 개인 특성 외에도 생태학적 요인들도 관심을 갖게 되었다. 즉, 탄력성이 어떤 상황에서는 나타나지만 다른 상황에서는 나타나지 않는 이유에 대한 관심을 갖게 되었다.

탄력성 모델의 등장은 사회복지전문가들 사이에서 병리학에 대한 관심이 감소하고 강점에 대한 관심이 증가한 것과 관련되어 있다. 가족 분야에서 강점모델은 클라이언트 자신이 어려움을 해결할 자원을 가지고 있다고 가정한다. 클라이언트의 탄력성을 강조하게 되면 강점도 강조한다.

장애는 탄력성의 개념을 적용할 가능성이 높은 분야로서, 장애가 선천적이든 후천적이든 장애인은 정체성을 확립하고 사회에 통합하는 과정에서 다양한 심각한 도전에 직면하게 된다. 이는 탄력성 모델에서 논의하는 높은 위험 상황과 매우 유사한 상황이다. 탄력성 모델에 기초한 연구자들은 장애라는 고위험에 직면한 개인이 어떻게 생존하며 고위험에도 불구하고 성공적으로 적응하는지를 탐색한다. 탄력성 접근은 장애인으로서 정체성을 확립해야 할 아동 및 청소년기, 생애주기 중 갑작스러운 장애를 맞게 된 중도장애인들에게 적응을 지원하는 전략뿐 아니라 발생 가능한 문제를 예방하는 데도 유효한 전략이 될 수 있다.

5. 사례관리모델

사례관리모델은 사회복지뿐만 아니라 의료, 재활, 정신건강 등 다양한 분야에서 사용되고 있으며, 특히 노인, 장애인, 노숙인 등을 대상으로 적용되고 있다. 사례관리는 대상자의 욕구, 서비스의 목적, 서비스 제공자의 역할 등에 따라 포괄적으로 적용되어 왔기 때문에 한 가지 합의된 개념으로 단정하기는 어렵다.

무엇보다도 사례관리모델이 사회복지방법론에서 중요한 위치를 차지하고 있다는 것이다. 그 이유는 지역사회에서 다양하고 복합적인 욕구를 가진 클라이언트가 증가하고, 기존의 서비스들이 복잡하고 분산되어 있어 클라이언트의 욕구에 적절히 대응하지 못하며, 서비스의 효과성 및 책임성에 대한 사회적 욕구가 증가되었기 때문이다. 사례관리가 등장하게 된 역사적 배경에서 살펴본 바와 같이 사례관리가 1980년대 이후 사회복지실천방법에서 보다 진보된 방법론으로 부각되게 된 주요 요인으로 ① 탈시설화, ② 서비스의 비중앙화, ③ 복합적 욕구를 가진 서비스 인구의 증가, ④ 서비스의 단편성, ⑤ 사회적 지지체계와 지원망의 중요성에 대한 인식 증가, ⑥ 서비스 비용 억제 등을 들 수 있다.

특히 장애인실전현장에서 사례관리는 지역사회를 배경으로 당사자의 욕구를 충족시킬 수 있는 적합한 서비스를 연계하는 포괄적이고 적극적인 활동으로 이루어져야 한다. 여기서는 장애인의 존엄성을 최대한 존중하고 그들이 행복한 삶을 영위하는 데 필요한 자원과 서비스에 접근할 수 있는 기회를 강조한다. 따라서 사례관리의 가치는 장애인의 삶에 대해 사회가 연대적 책임을 지며 장애인의 문제를 잘 해결할 수 있는 사람은 당사자라는 신념을 가지는 것이다.

장애인실천현장에서 사례관리 개입과정에서 준수되어야 할 원칙은 다음과 같다.

① 서비스의 개별화

장애인의 독특한 신체적, 정서적, 사회적 상황에 따라 장애인의 개별적인 욕구에 맞게 서비스를 제공하는 것이다.

② 서비스제공의 포괄성

장애인의 다양한 욕구를 충족시키기 위해서 지역사회에서 기능하는 데 필요한 지지를 연결하고 조정, 점검하는 것이다. 필요한 도움의 유형과 범위는 매우 다양하므로 사례관리자들은 지역사회에 존재하는 잠재적 자원에 대해 지식을 충분히 가지고 이를 활용할 수 있어야 한다.

③ 장애인의 자기 결정

장애인의 선택에 대한 자유를 최대화하고 지나친 보호를 하지 않는 것을 말한다. 이는 장애인의 자기결정권을 가능한 한 보장하고자 하는 것이다.

④ 서비스의 지속성

사례관리자가 장애인의 욕구를 점검하여 서비스를 지속적으로 제공한다는 것이다. 즉, 일회성의 단편적 서비스 제공이 아니라 장애인이 자신의 일상생활에 잘 적응할 수 있도록 지속적으로 지원해야 함을 의미한다.

⑤ 서비스의 연결성

복잡하고 분리되어 있는 서비스 전달체계를 연결한다는 것을 의미한다. 예를 들어, 장애인에게 필요한 서비스가 여러 기관에 분산되어 있을 때 타 기관에 장애인을 의뢰함으로써 서비스가 분산되지 않도록 하는 것이다. 이때 사례관리자는 다른 서비스 전달체계 간의 중개자 혹은 권익 옹호자의 역할을 하게 된다.

⑥ 서비스의 연계성

장애인실천현장에서 사례관리자들은 중증장애인을 사정하고, 필요한 주거, 보건, 정신보건, 사회화, 여가생활, 교육 등의 서비스를 찾는다. 중증장애인에게 필수적인 서비스들이 제공된 후에는 사례관리자는 이 서비스들이 적절히 유지되고 있는지 지속적으로 사례를 점검하여야 한다. 따라서 사례관리자는 상담자, 대변자, 교육자, 중개자 등의 다양한 역할과 기능을 수행하여 클라이언트의 지역사회 생활을 지원하게 된다.

장애인에게 서비스를 제공하는 과정에는 여러 기관, 프로그램 및 체계가 관련되는 경우가 많다. 사례관리자는 여러 서비스 제공자들 간에 의사소통과 조정을 가능하게 하는 연결을 제공하며, 클라이언트에게 보호를 제공하는 궁극적인 책임이 있다. 사례관리는 집중도가 떨어지는 모델이지만 사례관리자는 수년에 걸쳐서 동일한 클라이언트에게 서비스를 제공하는 경우가 많다.

6. 옹호모델

역량강화 모델에서 클라이언트는 행동과 변화의 주 원천이다. 그러나 모든 장애인 클라이언트가 자신의 목표를 성취하고 자신의 욕구를 독립적으로 충족시킬 정도로 충분히 역량이 강화될 수는 없다. 옹호모델(advocacy model)은 이러한 클라이언트의 독특한 욕구에 대해 관심을 가진다. 옹호는 필요한 서비스와 자원을 얻고, 부정적으로 클라이언트에게 영향을 미치는 정책, 과정 및 실천을 바꾸고, 클라이언트 욕구를 충족시키기 위해 새로운 입법이나 정책을 촉진하기 위해 일하는 과정이다.

옹호모델에서 사회복지전문가는 개인적으로 적극적인 역할을 맡게 된다. 사회복지전문가는 클라이언트를 자원과 서비스에 연결시키고, 기관에서 클라이언트를 위해 대변하며, 클라이언트의 사회적 욕구와 관계에 대한 욕구를 충족시키고자 가족을 지원하면서 대변자로서 클라이언트를 위해 싸운다. 옹호모델은 지역사회에 기존에 이용할 수 있는 자원으로 적절하게 문제에 대처할 수 없는 클라이언트와 자신의 욕구를 효과적으로 충족시키기 위해 옹호할 수 없는 클라이언트의 욕구를 충족시킨다. 이 모델을 사용하는 사회복지전문가는 다른 기관, 지역사회 프로그램에 대해 클라이언트를 옹호하는 데 참여하고 행동하는 역할을 맡게 된다.

옹호모델을 사용하는 사회복지전문가는 클라이언트의 복리와 최적의 기능을 위해 필요한 자원과 서비스를 확보하고자 환경을 주장하고, 논쟁하고, 협상하고, 협의하고, 조작한다. 옹호는 클라이언트 자격을 갖추고 있지만 받지 못하고 있는 급여와 서비스를 확보하려고 하는 경우가 많다. 옹호는 그 과정에서 클라이언트의 직접 개입이 없이 사용될 수 있다. 이 때문에 사회복지전문가가 클라이언트를 위해 행동하는 것을 승인하는 클라이언트의 이해를 얻거나 클라이언트와 계약을 맺는 것이 중요하다.

우리 사회의 장애에 대한 이론적 접근은 장애의 개인적 모델에서 사회적 모델로 주된 모형이 전환되고 있으며, 장애인복지에서의 초점도 장애인의 개인 문제에서 장애인을 둘러싼 환경의 문제로 옮겨지고 있다. 이에 따라 장애인복지현장의 사회복지 전문직도 실천의 중심을 개인적 모델에 기반을 둔 실천에서 사회적 모델에 기반을 둔 실천으로 전환할 필요성을 인식하고 있다.

그렇다고 해서 개인적 모델이 전혀 유용하지 않다고 할 수는 없다. 장애는 단순히 개인적 불행도 아니고 순전히 사회적 문제도 아니다. 장애는 손상을 가지고 있는 개인과 사회가 그에게 부과한 제한 간의 관계이다. 다시 말해서 장애는 개별적 손상과 사회조직에 의해 부과된 사회적 제한 간의 관계이다.

장애인에 대한 사회복지실천은 개인적 모델이나 사회적 모델 중 한 가지 모델에만 기초한 접근보다는 다양한 접근을 필요로 한다. 예를 들어, 어떤 장애인은 사회복지실천만이 제공할 수 있는 장기간의 지지를 필요로 할 수 있다. 또 어떤 장애인에 대해서는 장애 가족이라는 개념하에서 전체 가족이 사회복지실천 개입을 위한 대상이 될 수도 있다. 그 결과, 사회복지실천은 개인과 가족이 장애에 적응할 수 있는 치료적 환경을 만들 필요가 있을 것이다.

사회복지전문가가 개인적 모델보다 사회적 모델의 틀에 기초하여 일한다고 해서 의학적 상태에 대한 지식이 전혀 필요 없는 것은 아니다. 의학적 상태에 대한 지식이 없으면 클라이언트의 개인적 결과, 대인관계의 결과, 또는 사회적 결과를 고려하는 것이 불가능하다. 장애인의 의학적 상태가 눈에 띄는 것인지 아닌지, 발달이 정지한 것인지 진행 중인지, 유전적인 것인지 아니면 생후 발생한 것인지, 손상이 감각적인 것인지 육체적인 것인지 등이 손상이 가져올 개인적 결과, 대인관계에서의 결과, 사회적 결과에 중요한 영향을 미친다.

의학적 상태에 대한 지식은 타 전문직이나 책을 통해서도 얻을 수 있지만, 대부분의 경우 가장 중요한 원천은 장애인이다. 예를 들어, 어떤 사회복지전문가는 전신마비 여성에게 서비스를 제공하면서 자신이 전신마비에 대해 아는 것이 없지만 배우려고 한다는 의사를 밝히는 것으로 관계를 시작하였다. 사회복지전문가는 장애여성이 아침에 일어나서 밤에 잠자리에 들 때까지 같이 하루를 보냈으며, 그 경험을 통해 전신마비에 대해 많은 것을 배웠고, 그 결과 클라이언트에게 만족스러운 서비스를 제공할 수 있었다.

지역에서 사회복지전문가들은 장애인단체들을 조직하여 지방자치단체의 예산 삭감에 대해 압력을 행사할 수 있다. 사회복지전문가는 상호부조, 동료 상담, 정보와 조언의 제공 등을 통해 장애인단체 회원의 집단적 지혜와 경험을 이용하여 단체의 문제와 해결책을 만들어내도록 회원들의 역량을 강화시킬 수 있다. 사회복지전문가는 장애인을 위해서가 아니라 장애인들과 함께 일하기 위해 다음과 같은 변화가 필요하다.

첫째, 장애 평등 훈련이 사회복지전문가 교육에 포함되어야 한다. 의존과 장애에 대한 부정적인 감정은 현대 사회에 뿌리 깊게 박혀 있다. 사회복지 교과과정 내에 인간 성장과 발달을 다루면서 정상과 비정상에 초점을 맞추는 것은 사회복지교육이 장애의 개인적 모형에 기초한 이론에 의해 주도되고 있다는 것을 보여준다.

둘째, 사회복지전문가는 억압적인 복지 체계 내에서 실천가와 관리자로서 자신들의 행동을 알리는 장애의 사회적 모형에 대한 지식이 필요하다.

셋째, 사회복지전문가는 장애인이 참여하여 자신의 욕구를 사정하는 권리를 지지해야 한다. 사회복지전문가의 충고와 경험은 장애인이 자기사정을 발전시키도록 돕는 데 중요한 가치가 있다. 그렇다고 이것이 전문적 판단이나 개입을 포기하는 것으로 볼 수는 없다. 무엇보다 사회복지실천의 역할이 자립생활에 또 다른 장벽으로 작용하지 않도록 해야 한다.

넷째, 장애인과의 사회복지실천에서 상담의 역할이다. 사회적 모형의 관점에서 필요한 것은 장애 장벽을 제거하는 투쟁에서 상담의 유용성을 평가하는 것이다. 장애인을 상담하면서 의도적으로 클라이언트에게 통제권을 돌려주거나 클라이언트가 실질적이며 사회적인 수단을 통해 능력을 강화하게 한다. 통제를 상실했다는 느낌으로 일부 장애인들은 정서적 어려움을 겪고 있다. 무기력의 느낌으로 인해 낮은 자아존중감, 낮은 자신감, 스스로 가치 없다는 느낌을 가진다. 상담은 장애인이 부딪히는 많은 장벽의 영향에 대처하는 데 있어서 유용하고 필요한 역할을 할 수 있다.

다섯째, 지역사회보호 안에서 지역사회복지전문가의 역할을 재발견할 필요가 있다. 지방자치단체에서 사회복지실천을 행정적 과정으로 보는 경향이 있다. 또한 사회복지실천은 다른 훈련을 이수한 사람들도 수행할 수 있는 것으로도 보일 수 있다. 사회복지실천은 옹호의 역할로 돌아가야 한다. 해결책은 개인적인 것이 아니라 사회적인 것으로, 장애에 대항하는 싸움은 집단적인 것이다. 사회복지실천이 그 싸움에서 효과적인 동맹자가 되려면, 복지국가 내에서 장애정책을 바꾸고 변형시키기 위해 영향력을 행사하려면 장애인 조직들과 함께하는 위치에서 그렇게 해야 한다.

memo

장애와 차별

CHAPTER

09

CHAPTER 09

장애와 차별

장애인에 대한 차별은 사회 전반적으로 나타난다. 장애인은 가정과 학교, 사회 내에서 장애라는 이유로 함께하지 못하고 어려움을 겪고 있다. 이러한 차별은 장애인이 우리 사회에서 더욱 낮은 위치를 차지하게 만들고 있기에 차별을 해소할 수 있는 방안이 요구된다. 이 장에서는 차별의 개념과 유형, 차별의 이론에 대해 배우고, 장애인의 차별을 해소할 수 있는 방법으로 장애인 차별금지법에 대해서도 살펴본다.

Ⅰ. 차별의 개념과 유형

1. 차별의 개념

차별이란 한 개인이나 집단을 다르게 대우함으로써 심리적 · 사회적 불이익을 주는 것을 말한다. 개인과 집단들 간의 차이 가운데 특정한 차이들이 차별로 전환되는 것은 그 차이가 권력 관계에 있어서 중심적인 위치에 있는 집단의 관점과 기준에 의해 서열화되어 서열에서 낮은 위치를 차지하는 특성을 가진 집단이 열등한 존재로, 또는 부인되어야 할 존재로 간주되기 때문이다.

장애인이 경험한 사회적 차별을 개념화하기 위해서는 차별에 대한 논의가 선행되어야 한다. 캠브리지 사전의 정의에 따르면, "차별이란 특정 집단이나 개인에 대하여, 피부색, 성별, 장애 유무, 종교 등을 이유로 불리한 처우를 하는 것을 말한다. 불리한 처우란 다르게 처우함으로써 결과적으로 해당 대상에게 불이익을 주는 행동 및 기회의 제약을 포함"한다.

이 중 장애인 차별이란 장애인을 주변화시키는 사회적 권력, 문화적 가치 그리고 개인적 편견 등이 결합된 것으로 부정적인 측면에서 장애인을 묘사함으로써 그들을 억압하는 것을 의미한다. 이러한 결합은 장애인이 주류사회에 완전히 참여하는 것을 가로막는다. 즉, 위의 정의에 따르면 장애차별은 개인적, 문화적, 사회적 차원에서 발생하며 이러한 여러 차원의 복합적인 상호작용을 통해 장애인에 대한 억압이 실제적으로 현상화되는 것으로 파악된다.

2. 차별의 유형

1) 직접차별

직접차별은 규정 및 실제에서 명백하게 특정 집단의 구성원이라는 이유만으로 특정인을 배제하거나 특혜를 주는 것이다. 즉, 직접차별은 합리적 이유 없이 성이나 연령, 신체조건, 성적 지향 등 개인의 태생적 또는 후천적 속성을 기준으로 그 개인에 대해 불이익한 대우를 하는 것을 의미한다. 예를 들어, 장애인에 대한 편견으로 주택임대 시 장애인이라는 것을 이유로 임대를 거부하였다면 이는 신체조건을 이유로 한 직접차별이 된다. 초기에는 이처럼 차별의 직접적 의도성을 차별 판단의 주요한 기준으로 삼았으나 점차 그 의도성과 상관없이 차별을 판단하고 있다.

초기에는 직접차별에 대해 규제를 만들어 제재를 했지만 많은 한계를 가지고 있다. 첫째, 의도와 무관하게 결과가 발생한다는 것이다. 편견은 종종 무의식적 수준에서 일어나는 경우가 많으며, 행위는 의도하지 않아도 발생하는 경우가 더 많다. 따라서 차별의 결과가 가장 타당하고도 유일한 차별의 증거가 될 수 있다. 둘째, 동일한 위치에 있었음을 밝히기가 어렵다. 직접차별에서 차별이란 동일한 상황에 있는 사람을 그가 속한 집단을 이유로 다르게 대우하는 것을 의미하기 때문에 차별의 입증은 그가 동일한 위치에 있음에도 다르게 대우받았음을 보여야 한다. 그러나 이는 현실적을 쉽지 않은 일이다. 셋째, 장애에 대한 차별은 단지 장애라는 이유라기보다는 복합적인 상황에 의해 발생한다는 것이다.

2) 간접차별

한 사회에서 지배적인 차별의 성격이 직접적이고 의도적인 차별에서 점차 비가시적이고 간접적인 차별로 변화됨에 따라 직접차별에 대한 규제만으로는 평등의 실현이 실질적으로 어렵다. 또한, 의도성이 있는 직접적인 차별에 대한 규제만으로는 사회적 소수자에 대한 편견, 통념, 그리고 관습 등의 변화를 가져올 수 없다는 인식에 따라 편견과 통념들을 수정할 수 있는 새로운 차별개념 판단 기준이 만들어진다. 대표적인 예가 바로 '간접차별'이다.

간접차별은 형식상으로는 제한 · 배제 · 분리 · 거부 등에 의하여 불리하게 대하지 아니하지만 정당한 사유 없이 장애를 고려하지 아니하는 기준을 적용함으로써 장애인에게 불리한 결과를 초래하는 경우를 말한다. 직접차별에 비하여 간접차별의 가장 큰 특징은 차별의 직접적인 사유가 장애임을 입증하기 어려운 경우에도 차별을 인정할 수 있다는 것이다. 간접차별의 경우 직접차별과는 달리 장애를 사유로 차별하였음을 명백히 인정하기 힘든 경우로서, 학력테스트나 체력 등 일반적으로 볼 때에는 객관적 기준을 사유로 장애인과 비장애인에 대한 다른 처분이 이루어짐으로써 외형상 차별임을 인정하기 힘든 경우에 위법한 차별이 이루어졌음을 인정할 수 있는 근거가 된다. 따라서 위와 같이 각종 테스트나 객관적인 조건을 이유로 행하여진 처분 내지 결과라 하더라도 채택된 객관적 기준들이 정당성을 흠결하였을 때에는 위법한 차별이다.

즉, 직접차별이 편견이나 고정관념을 기초로 의도적으로 다르게 대우하는 것에서 기인한다면, 간접차별은 특정 소수자집단에게 현저하게 불리한 영향을 미치는 기준이나 행위에 의해 이루어진다.

3. 차별이론

장애차별이란 장애인을 주변화시키는 사회적 권력, 문화적 가치 그리고 개인적 편견 등이 결합되어 부정적으로 장애인을 묘사하고 처우함으로써 장애인을 억압하는 것을 의미한다. 이러한 결합은 장애인이 주류사회에서 완전히 참여하는 것을 가로막는 강력한 이데올로기를 보호하게 된다. 즉, 장애차별은 개인적, 문화적, 사회적 차원에서 발생하며 이러한 차원들의 상호작용에 의해 장애인에 대한 억압이 현상화된다고 하겠다. 여기서는 장애차별 이론 중 대표적인 이론을 중심으로 살펴보고자 한다.

1) 선호차별이론

베커는 차별을 선호에 따른 선입견에 의한 것으로 보았다. 비주류 집단의 구성원과 교류하는 것을 반대하는 고용주, 고객, 동료와 같은 주류 집단의 일부 구성원에 의한 차별로, 특정 집단에 대한 선호나 편견이 있을 때 차별이 발생한다고 본다. 그중에서 고용주 차별은 일부 고용주들의 비주류 집단의 구성원들에 대해 선입견을 가지고 있는 상태로 정의했다.

고용주들은 특정 집단들의 사람을 고용할 때 효용의 금전적 가치와 이윤의 합을 포함하는 효용함수를 극대화시킬 것이다. 이러한 선호차별은 특히 기업의 규모가 작아 노 · 사 간에 잦은 상호 접촉이 있는 경우 사용자의 개인적 선호로 인해 발생할 수 있으며, 공동체의 규범이나 사회 · 문화적 영향 때문에 발생할 수도 있다. 또한, 경쟁 산업보다는 진입장벽이 쌓인 내부노동시장을 가진 경제력 집중이 높은 독과점 대기업에서 고용주의 차별이 훨씬 심각하며, 독과점을 형성하고 있는 공공부문에서도 사용자의 차별이 심각할 것이라고 예측할 수 있다.

전반적으로, 편견을 가진 고용주의 수가 더 많아질수록 선호에 대한 효력은 더 강해지며,

A형과 B형 근로자들의 임금 격차도 더 커진다. 베커의 모형은 근로자 특성에 대해 시장 프리미엄을 지불하는 헤도닉모형과 형식적으로 유사하다. 근로자의 특성에 대한 가격은 B형 근로자들을 고용한 최소한의 편견을 가진 고용주의 선호에 의해서 결정된다. 이 모형은 B형 근로자들이 최소한의 편견을 가진 회사에 의해서 고용되며, A형과 B형 근로자들은 노동시장에서 분리되는 것으로 나타난다.

2) 통계적 차별이론

펠프스와 애로우에 의해 도입된 통계적 차별의 개념은 편견이 존재하지 않는 상황에서도 특정 집단에 속하는 것 자체가 그 사람의 생산성이나 능력에 대한 정보를 담고 있을 때 동일한 생산성을 가진 집단 간에 격차가 발생할 수 있다고 본다.

통계적 차별이론은 선호차별에서의 두 가지 가정에 대해 의구심을 제기한다. 첫째는 기업이 특정 그룹을 선호하는 것처럼 보이는 것이 단지 효용 때문이 아니라 생산성과 연관되었을 수 있다는 것이고, 둘째는 기업이 의사결정을 해야 하는 상황에서 정보의 제약이 존재할 수 밖에 없다는 것이다.

즉, 근로자에 대해 충분한 정보를 가지고 있지 못한 상황에서 고용주는 성이나 인종과 같이 생산성이나 이직성향과 일정한 상관관계를 갖는 그룹 특성을 이용해 근로자 개인의 성과를 예측하게 되는데, 이처럼 그룹 특성이 채용 및 임금 결정의 요소가 된다면, 고용주가 개별 근로자에 대해 특별한 편견이나 선호가 없다 하더라도 상대적으로 열등한 그룹에 속한 개인에 대해서는 통계적 차별의 결과가 나타날 수 있게 된다. 그리고 이러한 통계적 차별은 불완전 정보하에서 기업의 이윤추구 행동이 만들어 낸 결과이므로 현재 존재하는 차별을 소멸시키기보다는 지속적이게 하는 힘으로도 작용할 수 있다.

통계적 차별은 기업이 관찰할 수 있는 개인의 특성들이 생산성을 완전히 예측하지 못할 때 나타나게 되는 선별의 문제로 이해할 수 있다. 이 경우 기업은 생산성이나 이직성향과 일정한 상관관계를 갖는 것으로 나타나는 그룹 특성 정보를 이용해 근로자 개인을 평가하게 되는데, 이때 고용주가 그룹에 대해 특별한 편견이나 선호가 없다 하더라도 개별 근로자는 통계적 차별의 결과로 불이익을 받을 수 있다.

통계적 차별은 기업이 관찰할 수 있는 개인의 특성들이 생산성을 완전히 예측하지 못할 때 나타나게 되는 선별의 문제로 이해할 수 있다. 이 경우 기업은 생산성이나 이직성향과 일정한 상관관계를 갖는 것으로 나타나는 그룹 특성 정보를 이용해 근로자 개인을 평가하게 되는데, 이때 고용주가 그룹에 대해 특별한 편견이나 선호가 없다 하더라도 개별 근로자는 통계적 차별의 결과로 불이익을 받을 수 있다.

통계적 차별은, 임금차별을 주로 설명하고 있는 선호차별과는 달리, 일반적으로 채용과 배치 문제에서의 차별에 초점을 맞춘다. 임금에 있어서의 차별은 초임에 한정되는 것이 보통이다. 이는 고용주가 근로자에 대한 정확한 정보를 갖지 못하는 상황을 염두에 두기 때문이다. 근로자가 채용되어 일정 기간이 지나면, 고용주는 그 근로자에 대한 보다 정확한 정보를 갖게 되기 때문에 통계적 차별의 가능성은 훨씬 줄어든다.

3) 세대 간 차별결과 지속이론

앞에서 제시한 모델에서는 차별적 관행이 없어지면 한 세대 내에서는 아니겠지만 세대 간 차별결과의 지속은 사라질 것이다. 그러나 일부는 차별이 더 이상 없어도 차별결과의 지속이 관찰될 수 있다고 주장한다. 젊은 세대 인적 자본 축적 능력과 행위는 부모의 인적자본과 사회적 자본이라는 의미에서 지역사회의 인적자본에 의존한다.

루리는 세대 간 효과는 아동이 인적자본을 취득할 기회가 가정환경과 지역 환경에 모두 의존하기 때문이라고 주장했다. 한 지역의 성인들의 인적자본의 평균 수준은 젊은이들의 인적자본에 대한 투자의 생산성에 영향을 미친다. 그리고 일자리에 대한 인적자본의 생산성은 동료 근로자들의 평균 기술 수준을 증가시킨다.

4) 도시경제학 근거 차별이론

도시경제학이론은 경쟁시장이 형성되어 있고 이동비용이 충분히 낮으면 고용에 대한 접근성의 차이는 주택의 가격, 동네 시설 및 임금수준의 보상적 차이에 의해서 상쇄된다는 것이다. 그러나 시장이 경쟁적이지 않으면 부정적 복지 효과가 나타날 가능성이 높다. 주택시장에서 차별이 있으면 차별을 받는 집단에 개인들은 자신들이 최적이라고 인식하는 위치를 선택할 수 없으며, 상당한 복리의 손실로부터 고통을 받게 될 수 있다.

주거의 차별은 근로자에게 이동을 제한하여 차별을 받도록 만들 것으로 예상할 수 있다. 따라서 이러한 근로자들은 의중임금을 더 낮추게 되며 동일한 생산성을 나타내지만 주거 차별을 경험하지 않는 근로자들에 비해 상대적으로 낮은 급여를 받게 된다. 복리의 손실은 차별을 당하는 사람들이 공공 구조물과 설비가 제대로 갖추어지지 않은 주거지역에 격리되어 있으면 더 커지게 된다.

4. 차별의 실태

1) 장애로 인한 사회적 차별 실태

장애인은 전 생애에 걸쳐 전반적인 사회활동영역에서 장애로 인한 차별을 경험하고 있다. 2017년 장애인 실태조사 결과를 바탕으로 장애인의 사회적 차별 실태에 대해 알아보고자 한다.

장애인의 유치원 초 · 중 · 고등학교 및 대학교의 입학이나 전학에서 차별 경험이 있는 보면, 전체적으로 유치원 37.1%, 초등학교 40.3%, 중학교 33.0%, 고등학교 26.0%, 대학교 11.8%가 차별 경험이 있는 것으로 나타나, 초등학교에서의 차별 경험이 가장 많은 것으로 나타났으나, 이후의 고등 교육과정으로 올라갈수록 차별 경험이 적어지는 것으로 나타났다. 장애유형별로는 모든 교육과정에서 정신적 장애인이 차별 경험이 가장 많은 것으로 나타났다. 성별로는 남성에 비해 여성이 모든 과정에서 차별 경험이 더 많은 것으로 나타났다.

표 9-1 장애인의 사회적 차별 경험(입학 · 전학)(2017)

(단위:%)

구분	장애유형															성별		전체
	지체장애	뇌병변장애	시각장애	청각장애	언어장애	안면장애	지적장애	자폐성장애	정신장애	신장장애	심장장애	호흡기장애	간장애	장루·요루장애	뇌전증장애	남자	여자	
유치원	29.9	41.5	19.9	19.7	34.9	39.3	43.8	58.9	-	-	-	-	-	53.3	-	36.2	38.5	37.1
초등학교	37.8	44.6	18.7	29.7	58.1	46.7	29.7	67	54.5	37.4		53.3	16.4	53.3	20.5	37.8	43.8	40.3
중학교	29.5	42.9	17.5	24.8	25.5	51.9	41.2	58	35.7	37.4	19.1	61.9	-	40.2	21.2	28.2	41.5	33.0
고등학교	17.9	29.3	9.9	20.6	42.2	33.4	38.1	53.9	25.2	22.8	-	34.9	-	40.2	18.4	23.5	30.6	26.0
대학교	6.1	18.2	3	16.6	-	-	18.6	44.6	30.1	41.8	-	-	-	-	-	10.1	14.6	11.8

출처: 한국보건사회연구원(2017). 2017년 장애인실태조사.

장애인의 학교생활 시 차별 경험을 교사로부터, 또래 학생으로부터, 학부모로부터의 차별로 구분하여 보면, 또래 학생으로부터가 47.1%가 가장 많고, 다음이 교사로부터 18.7%, 학부모로부터 13.7%인 것으로 나타났다. 장애유형별로는 전반적으로 정신적 장애인의 차별 경험이 가장 많은 것으로 나타났는데, 특히 또래 학생으로부터의 차별 경험이 매우 많았다. 성별로는 학교생활 전반적으로 여성의 차별 경험이 남성보다 더 많았는데, 역시 또래 학생으로부터의 차별 경험이 53.6%였다.

표 9-2 장애인의 사회적 차별경험(학교생활)(2017)

(단위:%)

구분	장애유형															성별		전체
	지체 장애	뇌병변 장애	시각 장애	청각 장애	언어 장애	안면 장애	지적 장애	자폐성 장애	정신 장애	신장 장애	심장 장애	호흡기 장애	간 장애	장루·요루 장애	뇌전증 장애	남자	여자	
교사	15.7	20.3	7.8	14.2	19.3	13.7	31.6	27.8	15	17.8	12.7	37.5	–	–	15.5	17.6	20.6	18.7
또래 학생	49.7	46	29.4	41.4	61.1	49.9	66.7	53.7	42.2	39.8	12.7	100	16.4	29.7	49.6	43.3	53.6	47.1
학부모	12.5	19.8	7.6	8.3	38.8	10.5	32.6	24.4	6.6	17.8	–	37.5	–	–	18.8	13.4	14.3	13.7

출처: 한국보건사회연구원(2017). 2017년 장애인실태조사.

장애인의 결혼과 취업에서의 차별 경험을 보면, 결혼에서 17.9%, 취업에서 30.9%가 차별 경험이 있는 것으로 나타났다. 장애유형별로는 결혼과 취업 모두 정신적 장애인의 차별 경험이 50% 이상 수준으로 가장 많았고, 성별로는 결혼에서는 여성의 차별 경험이 18.3% 남성(15.2%)보다 많았고, 취업에서는 남성이 37.1%로 여성(32.8%)보다 차별 경험이 더 많은 것으로 나타났다.

표 9-3 장애인의 사회적 차별경험(결혼 및 취업)(2017)

(단위:%)

구분	장애유형															성별		전체
	지체 장애	뇌병변 장애	시각 장애	청각 장애	언어 장애	안면 장애	지적 장애	자폐성 장애	정신 장애	신장 장애	심장 장애	호흡기 장애	간 장애	장루·요루 장애	뇌전증 장애	남자	여자	
결혼	15	19.9	14.4	18.1	18.3	53	51.2	–	38	25	10	2.9	–	14	25.5	15.2	18.3	17.9
취업	25.5	46.3	23.1	34	34	59.8	55.3	67.3	61.5	46.3	–	6.3	17.4	32.1	33.5	37.1	32.8	30.9

출처: 한국보건사회연구원(2017). 2017년 장애인실태조사.

장애인의 직장생활에서의 차별 경험을 소득, 동료관계, 그리고 승진으로 구분하여 알아보았다. 장애인은 소득에서 19.4%, 동료관계에서 17.6%, 그리고 승진에서 12.4%가 차별 경험이 있는 것으로 나타났다. 장애유형별로는 직장생활의 모든 영역에서 정신적 장애인의 차별 경험이 가장 많은 것으로 나타났는데, 특히 소득과 동료관계에서의 차별 경험이 가장 많았다. 성별로는 모든 영역에서 남성의 차별 경험이 더 많았는데, 특히 소득에서의 차별 경험이 24.6%로 가장 많았다. 이러한 결과는 남성의 취업활동이 여성에 비해 많은 것에 기인하는 것으로 볼 수 있다.

표 9-4 장애인의 사회적 차별경험(직장생활)(2017)

(단위:%)

구분	장애유형															성별		전체
	지체 장애	뇌병변 장애	시각 장애	청각 장애	언어 장애	안면 장애	지적 장애	자폐성 장애	정신 장애	신장 장애	심장 장애	호흡기 장애	간 장애	장루·요루 장애	뇌전증 장애	남자	여자	
소득	15.3	32.6	11.9	21.3	42.2	27.7	54.3	67.3	34.4	24.7	13.6	5.4	3.4	19.5	13.9	24.6	21.9	19.4
동료관계	11.8	24.7	11.0	27.3	30.4	1.7	38.3	42.7	44.0	17.7	–	–	4.2	24.7	32.8	20.4	19.1	17.6
승진	10.7	18.2	8.6	12.8	14.2	6.6	21.1	18.4	27.3	17.6	–	–	10.2	7.8	6.6	14.6	10.0	12.4

출처: 한국보건사회연구원(2017). 2017년 장애인실태조사.

이 외 장애인은 운전면허 취득에서 8.9%, 보험제도 계약에서 36.4%, 의료기관 이용에서 4.0%, 정보통신이용에서 1.9%, 지역사회생활에서 8.1%가 차별 경험이 있는 것으로 나타났는데, 이 중 보험제도 계약에서의 차별 경험이 가장 많은 것으로 나타났다. 장애유형별로는 정신적 장애인 중 자폐성장애인이 운전면허 취득(73.7%), 보험제도 계약(78.4%), 의료기관 이용(24.1%), 지역사회생활(48.9%)에서 차별 경험이 가장 많은 것으로 나타났다. 성별로는 남성이 운전면허 취득, 의료기관 이용, 지역사회생활에서 여성보다 차별 경험이 더 많은 것으로 나타났고, 보험제도 계약과 정보통신 이용에서는 여성의 차별 경험이 더 많은 것으로 나타났다.

표 9-5 장애인의 사회적 차별경험(2017)

(단위:%)

구분	장애유형															성별		전체
	지체 장애	뇌병변 장애	시각 장애	청각 장애	언어 장애	안면 장애	지적 장애	자폐성 장애	정신 장애	신장 장애	심장 장애	호흡기 장애	간 장애	장루·요루 장애	뇌전증 장애	남자	여자	
운전면허 취득	3.6	8.7	25.4	9.6	8.2	–	47.7	73.7	14.4	6.5	–	1.9	–	–	61.0	10.2	10.1	8.9
보험제도 계약	29.9	46.0	32.6	27.4	52.3	31.1	65.7	78.4	63.4	43.1	73.9	60.5	51.1	49.6	45.8	44.4	47.2	4.0
의료기관 이용	1.8	5.9	2.7	6.0	3.1	14.5	11.7	24.1	8.7	1.2	4.6	1.7	1.8	0.3	3.4	4.7	4.3	4.0
정보통신 이용	0.3	1.0	4.0	8.4	3.9	11.4	1.7	–	1.3	1.3	–	0.5	–	–	–	1.8	2.0	1.9
지역사회 생활	3.9	11.7	5.3	10.3	7.6	16.1	25.7	48.9	17.1	0.6	4.6	5.1	3.7	2.2	3.3	7.6	6.8	8.1

출처: 한국보건사회연구원(2017). 2017년 장애인실태조사.

2) 장애 차별에 대한 인지

우리나라에서는 장애인에 대한 차별이 어느 정도 있다고 생각하는지에 대해서는 전혀 없다 1.8%, 별로 없다 18.3%, 약간 많다 46.0%, 매우 많다 33.9%로 나타났다. 이는 장애인에 대한 차별이 없다고 인지하는 경우가 20.1%, 차별이 많다고 인지하는 경우가 79.9%인 것으로 차별이 많다고 인지하는 경우에 비해 약 4배 수준으로 많은 것이다. 장애유형별로 볼 때 차별이 '매우 많다'고 응답한 비율은 자폐성장애가 76.0%로 가장 높고 다음이 안면장애(53.2%), 뇌전증장애(51.0%), 지적장애(42.2%) 등의 순이다. 성별로는 여성의 31.3%, 남성의 24.5%가 우리나라에서 장애인에 대한 차별이 없다고 느끼고 있는 것으로 나타났다. 이러한 결과를 볼 때 장애유형별로는 정신적 장애인이, 성별로는 남성 장애인이 우리나라의 장애인에 대한 차별이 많다고 인지하는 정도가 더 높음을 알 수 있다.

표 9-6 우리나라의 장애인에 대한 차별인지 정도(2017)

(단위:%)

구분	장애유형															성별		전체
	지체 장애	뇌병변 장애	시각 장애	청각 장애	언어 장애	안면 장애	지적 장애	자폐성 장애	정신 장애	신장 장애	심장 장애	호흡기 장애	간 장애	장루·요루 장애	뇌전증 장애	남자	여자	
전혀 없다	2.1	2.2	1.3	2.0	1.6	0.0	1.0	0.0	1.6	0.6	0.0	0.0	0.9	1.2	0.8	0.8	1.3	1.8
별로 없다	20.8	15.3	19.2	18.5	14.0	27.7	7.1	0.0	16.6	21.6	26.6	25.3	17.0	14.8	11.1	23.7	30.0	18.3
약간 많다	46.2	44.8	48.9	50.7	42.2	19.1	42.2	24.0	40.5	44.9	45.6	48.6	55.9	53.2	37.2	47.0	45.2	46.0
매우 많다	30.9	37.7	30.6	28.8	42.2	53.2	42.2	76.0	41.3	32.9	27.9	26.0	26.1	30.8	51.0	28.5	23.4	33.9

출처: 한국보건사회연구원(2017). 2017년 장애인실태조사.

장애인차별금지법에 대해 어느 정도 알고 있는지에 대해서는 알고 있다 13.9%, 들어본 적 있으나 내용에 대해서는 모른다 25.3%, 알지 못한다 60.7%로 나타남으로써 장애인 당사자들이 인지할 수 있도록 교육과 홍보 등이 필요하다는 것을 알 수 있다. 또한 장애인차별금지법의 존재를 모른다고 응답한 비율을 장애유형별로 보면 청각장애가 68.5%로 가장 높았고 다음이 정신장애(65.6%), 시각장애(64.6%), 뇌전증장애(62.8%), 장루·요루장애(62.5%) 등이다. 성별로는 남성장애인(16.7%)의 인지도가 높은 것으로 나타났다.

표 9-7 장애인차별금지법에 대한 인지 정도(2017)

(단위:%)

구분	장애유형															성별		전체
	지체 장애	뇌병변 장애	시각 장애	청각 장애	언어 장애	안면 장애	지적 장애	자폐성 장애	정신 장애	신장 장애	심장 장애	호흡기 장애	간 장애	장루·요루 장애	뇌전증 장애	남자	여자	
알고 있다	13.6	15.9	13.1	10.5	20.4	23.4	15.5	43.8	7.1	20.2	13.0	9.2	29.2	11.8	19.3	16.7	10.2	13.9
들어본 적 있으나 내용은 잘 모른다	26.1	26.0	22.3	21.0	27.2	44.1	25.1	35.8	27.3	28.0	31.0	30.9	37.0	25.8	17.9	29.0	20.3	25.3
알지 못한다	60.4	58.1	64.6	68.5	52.4	32.5	59.4	20.3	65.6	51.8	56.0	59.9	33.8	62.5	62.8	54.2	69.5	60.7

출처: 한국보건사회연구원(2017). 2017년 장애인실태조사.

5. 차별해소방안

장애인에 대한 차별을 해소하려는 노력이 구체적으로 나타나는 것은 장애인차별금지법이라고 할 수 있다. 현재 별도의 장애인차별금지법을 제정하고 있는 나라는 미국, 호주, 영국, 스웨덴, 독일, 한국 등이다.

여기에서는 장애인차별금지법의 시초라고 할 수 있는 미국의 장애인차별금지법과 또 다른 장애인차별 해소방안이라고 할 수 있는 적극적 조치에 대해 알아보고 우리나라의 장애인차별금지법에 대해 알아본다.

1) 미국 장애인법과 적극적 조치

일반적으로는 미국의 1990년 ADA가 최초의 장애차별금지법으로 인정된다. ADA에서는 장애인을 차별행위로 인하여 차별금지조치를 취할 수 있는 자격을 가진 보호대상으로 분명히 규정하고 있다. 이는 사회접근 보장과 기회균등 보장을 기본 정신으로 하고 있다.

미국의 ADA는 장애인의 사회통합 또는 장애인 문제 해결을 위한 법률로서 미국 내에서보다 국제적인 영향이 큰 것으로 나타났다. 1994년 이후 호주, 영국, 캐나다, 홍콩 등을 비롯한 여러 나라는 장애인차별금지법을 제정하였고, 2002년부터 독일은 '장애인 기회균등에 관한 법'을 제정 · 시행하고 있다.

ADA의 주요 차별금지의 영역으로는, 제1장은 고용, 제2장은 공공서비스 제공, 제3장은 민간제공 공공편의시설 및 서비스 제공, 제4장은 전기통신에 관한 것이다. 제1장에서는 15인 이상의 종업원을 고용하는 사용자는 채용지원 절차, 채용, 승진, 해고, 보수, 직무상 훈련,

기타 고용 관계상 조건과 특권과 관련하여 장애를 이유로 차별해서는 안 된다고 규정하고 있다. 또한, 사용자는 채용지원자나 고용인에 대하여 장애 유무나 장애의 성질이나 정도에 대한 건강진단 또는 문의를 할 수 없다. 장애인을 배제하거나 배제하는 경향을 갖는 자격기준이나 시험, 선택기준이 직무와 관련되고 사업사의 필요에 부합하고, 합리적인 편의제공이 적절한 기능으로 달성되지 못하는 경우에는 차별행위가 아닌 것으로 간주된다. 제2장에서는 주정부나 지방정부는 장애인에 대하여 공공교육, 고용, 공공교통, 레크리에이션, 보건의료조치, 사회서비스, 법원, 투표, 지역회의 등 모든 기능에 있어 동등한 편익을 누릴 수 있는 동등한 기회를 제공하도록 요구하고 있다. 제3장에서는 공공기관이 아닌 민간이 운영하는 공공편의시설, 일정 종류의 교육 및 시험, 교통수단, 상업시설 등에서 장애인에 대한 배제, 분리, 불평등 대우 등의 차별행위를 금지하고 있다. 재화나 서비스, 시설, 특권, 편익이나 편의를 충분하고 동등하게 향유함에 있어 장애를 이유로 차별해서는 안 된다. 제4장은 청각 및 언어장애을 가진 사람들에 대해 전화통화 서비스 및 연방정부의 재정보조를 받는 공공서비스의 TV 공고에 대한 장애인들의 접근권을 보장하고 있다.

ADA에 의한 독립적인 차별시정기구는 별도로 존재하지는 않으며 각 영역별로 기존의 담당기관들이 지속적으로 차별시정기구 역할을 담당하고 있다. 고용영역에서 발생한 차별행위의 경우 시민권법에 의해 설립된 고용기회평등 위원회가 피해자가 차별행위가 일어난 지 180일 이내에 고소를 재기할 경우 이를 조사하고 차별행위를 증명하는 합리적인 이유가 있다고 판단되면 조정, 협의, 설득 등의 방법을 통해 우선적으로 당사자 간의 자발적인 해결을 모색하고 이러한 방법이 실패할 경우 연방법원에 제소할 수 있도록 조치를 취하고 있다.

ADA가 장애인과 비장애인의 차별을 해소하기 위한 소극적인 평등 기회정책이라면, 적극적 고용개선조치는 적극적인 정책이다. 이는 단순히 반차별정책을 통해 평등한 처우를 보장하는 것 이상을 의미한다. 즉, 직장, 직업, 직무, 임금을 막론하고 정치 또는 고등교육제도 내에서 역사적으로 소외된 집단의 대표성을 높이려는 적극적인 시도이다. 적극적 조치는 반차별 정책에 비해 논쟁의 여지가 많고 수동 또는 능동적 저항을 유발하기 쉬운 정책이지만, 모든 집단에 대한 기회 · 성과 · 평등 보장이라는 궁극적 목표를 달성하는 데 있어 보다 급진적인 변화를 이끌어낼 수 있는 정책이다.

2) 우리나라의 장애인차별금지법

2007년 3월 6일 장애인차별금지 및 권리구제에 관한 법률이 국회를 통과하여 2008년 4월 11일부터 시행되었다. 이는 장애인계에서 7년 동안 요구한 결과로 장애인차별금지법이 제정된 것이다. 서구의 경우 미국의 ADA, 호주의 DDA, 영국의 DDA 등 주로 영미권 국가들이 장애인차별금지법을 시행하여왔고 이후 스웨덴, 독일, 스페인, 벨기에, 네덜란드, 스위스, 오스트리아, 프랑스 등 대륙 유럽 및 북유럽 국가들도 독자적인 장애인차별금지법을 제정하였다. 또한, 차별금지법 내에 장애차별을 금지하는 규정을 도입 · 강화하는 추세를 보이고 있다. 이와 같이 장애차별을 금지하려는 제도적 조치가 강화되는 것은 국가별로 장애차별문제의 심각성과 장애인의 권리 보장에 대한 인식이 향상되고 있다는 것이다.

(1) 법 제정의 의의

우리나라 장애인차별금지법은 "모든 생활영역에서 장애를 이유로, 한 차별을 금지하고, 장애를 이유로 차별받은 사람의 권익을 효과적으로 구제함으로써 장애인의 완전한 사회참여와 평등권 실현을 통하여 인간으로서의 존엄과 가치를 구현"하는 것을 목적으로 한다. 이러한 법률 제정의 의의는 네 가지 차원에서 고찰할 수 있다.

첫째, 장애인 당사주의에 입각한 입법 및 인권 패러다임의 전환을 의미한다. 즉, 장애인 당사자 자신의 입장을 구체적으로 담은 법안을 만들고 정부, 국회 등 관계자와의 협의와 설득을 통한 적극적 입법운동을 전개한 결과물이라는 데 큰 의미가 있다.

둘째, 이 법률은 사회의 장애에 대한 대처의 변화를 의미한다. 즉, 기존에 장애인을 시혜나 배려의 대상에 한정하는 것에서 벗어나 권리의 주체로 자리매김하며 인권 패러다임으로의 전환을 제시한 것에 의의가 있다.

셋째, 이 법률은 장애인차별에 대한 판단기준을 제시하였다는 데 의의가 크다. 즉, 장애인 차별의 보편성과 특수성을 충분히 감안하여 차별 판단의 기준을 제시하였다.

넷째, 이 법률은 사회적 약자의 인권 증진을 위한 입법의 모범이 된다는 데 의의가 있다. 입법과정뿐만 아니라 내용적인 측면에서도 장애인 외에도 사회적 약자의 인권을 위한 입법에서 모범이 될 것이다.

(2) 주요 내용

장애인차별금지법은 총칙을 포함하여 총 6개 장과 50개 조문으로 구성되어 있다. 제1장 총칙에서는 동 법의 목적과 용어의 정의, 국가 및 지방자치단체의 의무에 관한 사항을 규정하고 있다. 제2장 차별금지에서는 고용, 교육, 재화와 용역의 제공 및 이용, 사법 · 행정절차 및 서비스와 참정권, 모 · 부성권, 가족 · 가정 · 복지시설 · 건강권 각각에 대한 차별금지 및 정당한 편의제공 의무 등의 사항을 규정하고 있다. 제3장 장애여성 및 장애아동에서는 장애여성, 장애아동, 정신적 장애를 가진 사람에 대한 차별금지 조항과 국가 및 지방자체단체의 의무에 관한 사항을 규정하고 있다. 제4장 장애인차별시정기구 및 권리구제에서는 차별행위의 진정, 직권조사, 시정명령 등의 조항을 규정하고 있다. 제5장 손해배상, 입증책임에서는 차별행위로 인해 발생한 피해에 대한 손해배상, 입증책임의 배분, 법원의 구제조치에 관한 사항을 규정하고 있다. 제6장 벌칙에서는 차별행위에 대한 벌칙 및 과태료에 관한 사항을 규정하고 있다.

① 법의 적용대상

이 법률은 장애인에 대한 차별을 금지한 법이다.

② 차별의 개념과 영역

장애인차별금지법은 차별행위를 네 가지로 규정하고 있다. 제4조에 따르면 직접차별, 간접차별, 정당한 편의제공 거부, 광고에 의한 차별로 구분된다. 이러한 차별행위는 장애인 뿐만 아니라 장애인을 보조하기 위해 대리 동행하는 장애인 관련자와 장애인보조기구 또는 보조견에도 적용된다. 차별유형에 대해 설명하면 다음과 같다.

- **직접차별**: 장애인에 대해 장애를 사유로 정당한 사유 없이 제한 · 배제 · 분리 · 거부 등에 의하여 불리하게 대하는 경우

※ **사례**: 뇌병변장애 2급 장애인이 식당을 이용하고자 함에도 불구하고 장애인이 들어오면 비장애인이 안 온다고 식당 주인이 거부하는 행위

- **간접차별**: 장애인에 대하여 형식상으로는 제한 · 배제 · 분리 · 거부 등에 의하여 불리하게 대하지 않지만 정당한 사유 없이 장애를 고려하지 아니하는 기준을 적용함으로써 장애인에게 불리한 결과를 초래하는 경우

※ **사례**: 서울시 교육공무원 시험에 시각장애인이 응시는 하였으나 음성시험지를 제공하지 않고 시험시간을 확대하지 않은 행위

- **정당한 편의제공 거부**: 과도한 부담이나 현저히 곤란한 사정과 같은 정당한 사유 없이 장애인에 대하여 정당한 편의 제공을 거부하는 경우. 여기서 '정당한 편의'라 함은 장애가 없는 사람과 동등하게 하는 활동에 참여할 수 있도록 편의시설, 설비, 도구, 서비스 등 인적, 물적, 제반 수단과 조치, 장애인의 성별, 장애유형 및 정도, 특성 등을 고려함을 말함

※ **사례**: ㅇㅇ대학에 전동휠체어를 이용하는 장애인학생이 면접 시 편의시설 제공을 요구하였으나 실제로는 엘리베이터가 설치되어 있지 않은 건물의 2층 강의실을 배정받은 경우

- **광고에 의한 차별**: 정당한 사유 없이 장애인에 대한 제한 · 배제 · 분리 · 거부 등 불리한 대우를 표시하거나 조장하는 광고를 직접 행하거나 그러한 광고를 허용 · 조장하는 경우

※ **사례**: 공중파 방송에서 시각장애인이 착용하는 의안을 '징그럽다, 괴상하다' 등의 비하와 편견을 조장하는 말로 표현하는 경우

- **장애인 관련자 차별**: 장애인을 돕기 위한 목적에서 장애인을 대리 · 동행하는 자에 대하여 차별행위를 하는 경우

※ **사례**: 시각장애인 보조견을 동반한 장애인이 식당을 이용하고자 하였으나 다른 손님에게 피해를 주어 영업에 지장을 줄 수 있다는 막연한 편견에 의해 보조견과 장애인의 출입을 거부하는 행위

장애인차별금지법의 차별영역은 총 7개의 영역을 포함한다.

항목	주요내용
고용	– 차별금지, 정당한 편의제공 의무, 의학적 검사 금지
교육	– 차별금지 – 정당한 편의제공 의무
재화와 용역의 이용	– 재화 · 용역 제공, 토지 · 건물매매 임대 – 금융사움 · 서비스, 시설물 접근 · 이용 – 이동 및 교통수단, 정보접근, 정보통신, 의사소통 – 문화 · 예술 · 체육에서의 정당한 편의제공 – 개인정보보호, 국가 및 지방자치단체의 의무
사법 · 행정절차 및 서비스와 참정권	– 점자자료, 인쇄물, 음성변환 출력기, 수화통역, 대독 등 제공 – 인신구금 · 구속 시 장애유형 및 상태를 고려한 정당한 편의제공 – 정당 및 후보자에 대한 정보 접근성 보장
모 · 부성권, 성 등	– 모 · 부성권의 차별금지, 성에의 차별금지 – 출산 · 임신 · 입양 시 장애로 인한 차별금지 및 실질적 평등보장
가족, 가정, 복지시설, 건강권	– 재산권 · 양육권, 친권 등에서 장애로 인한 불합리한 차별금지 – 복지시설 이용 시 장애로 인한 친권 향유, 가족면접, 외부소통 차별금지 – 의료행위에서 장애를 이유로 제한 · 배제 · 분리 · 거부 금지 – 선 · 후천적 장애발생의 예방 및 치료 등을 위한 시책 추진
장애여성 및 장애아동 등	– 장애여성 및 아동의 정신적 장애인 차별금지 – 성폭력 예방교육 시 장애여성에 대한 성인식 포함 – 장애여성 근로자 직장보육서비스 등 편의제공

③ 차별행위에 대한 권리구제

차별행위가 발생하면 일차적으로 국가인권위원회에 진정을 접수하여 시정권고하게 되며, 시정권고를 이행하지 않고 차별행위가 악의적일 경우에는 법무부장관이 시정명령을 하게 된다. 법무부장관의 시정명령을 정당한 사유 없이 이행하지 아니한 경우에는 3천만 원 이하의 과태료가 부과된다. 또한, 차별행위가 고의적 지속적 · 반복적 · 보복적인 특성을 지닌 경우에는 3천만 원 이하의 벌금이나 3년 이하의 징역과 같은 형벌을 부과할 수 있다.

memo

장애유형별 판정기준

CHAPTER

10

CHAPTER 10

장애유형별 판정기준

Ⅰ. 신체적 장애 판정기준

1. 지체장애 판정기준

1) 장애진단기관 및 전문의

(1) 절단장애

절단이란 사지 중의 한 부분이나 모든 부분을 손실한 것이다. 절단은 일반적으로 선천성 절단과 후천성 절단으로 나눌 수 있다. 선천성 절단의 원인은 임신 후 첫 3개월 동안 태아에게 발생되는 질병에 적절하게 대처하지 못한 것으로, 신생아 중에서 가끔 팔이나 다리가 없이 태어나는 경우가 있다. 이는 2차 대전 이후 산모가 복용한 안정제의 일종인 탈리도마이드의 영향으로 생긴 기형아를 지칭하기도 한다.

선천성 절단은 크게 두 가지의 형태로 나눌 수 있는데 팔이나 다리가 전체적으로는 없는 것과 팔이나 다리의 중간 부분이 없이 손이 어깨에 부착되었거나 발이 골반부에 부착되어 있는 경우이다. 후천적 절단은 질병, 종양, 혹은 외상 등으로 사지가 전부 혹은 부분이 절단된 경우를 의미하고, 산업사회의 발달, 전쟁, 교통사고와 같은 재해와 성인병으로 인한 혈액순환 장애가 그 원인인 경우가 많다.

X-선 촬영시설이 있는 의료기관의 의사에 의해 진단받는다.

(2) 기타 지체장애

X-선 촬영시설 등 검사장비가 있는 의료기관의 재활의학과 · 정형외과 · 신경외과 · 신경과 또는 내과(류마티스분과) 전문의 진단을 받는다.

2) 진료기록 등의 확인

장애진단을 하는 전문의는 원인 질환 등에 대하여 6개월 이상의 충분한 치료 후에도 장애가 고착되었음을 진단서, 소견서, 진료기록 등으로 확인하여야 한다(필요시 환자에게 타 병원 진료기록 등을 제출하게 한다).

다만, 장애 상태가 고착되었음이 전문적 진단에 의해 인정되는 경우 이전 진료기록 등을 확인하지 않을 수 있다. 이 경우 이에 대한 의견을 구체적으로 장애정도 심사용 진단서에 명시하여야 한다.

(1) 상지절단장애

표 10-1 장애정도기준(보건복지부 고시 제2019-117호)

장애 정도	장애 상태
장애의 정도가 심한 장애인	1. 두 팔을 손목관절 이상 부위에서 잃은 사람 2. 두 손의 엄지손가락을 지관절 이상 부위에서 잃고 다른 모든 손가락을 근위지관절 이상 부위에서 잃은 사람 3. 한 팔을 팔꿈치관절 이상 부위에서 잃은 사람 4. 두 손의 엄지손가락을 지관절 이상 부위에서 잃고 둘째 손가락을 근위지관절 이상 부위에서 잃은 사람 5. 한 손의 엄지손가락을 지관절 이상 부위에서 잃고 다른 모든 손가락을 근위지관절 이상 부위에서 잃은 사람
장애의 정도가 심하지 않은 장애인	1. 두 손의 엄지손가락을 지관절 이상 부위에서 잃은 사람 2. 한 손의 엄지손가락을 지관절 이상 부위에서 잃고 둘째손가락을 근위지관절 이상 부위에서 잃은 사람 3. 한 손의 엄지손가락을 지관절 이상 부위에서 잃고 2개의 손가락을 근위지관절 이상 부위에서 잃은 사람 4. 한 손의 엄지손가락을 지관절 이상 부위에서 잃고 1개의 손가락을 근위지관절 이상 부위에서 잃은 사람 5. 한 손의 엄지손가락을 중수수지관절 이상 부위에서 잃은 사람 6. 한 손의 둘째손가락을 포함하여 3개의 손가락을 근위지관절 이상 부위에서 잃은 사람 7. 한 손의 엄지손가락을 지관절 이상 부위에서 잃은 사람 8. 한 손의 둘째손가락을 포함하여 2개의 손가락을 근위지관절 이상 부위에서 잃은 사람 9. 한 손의 셋째, 넷째 그리고 다섯째 손가락 모두를 각각 근위지관절 이상 부위에서 잃은 사람 ※ 두 손의 수부절단(절단부위가 중수수지관절 이상 손목관절 이하 부위)은 두 팔을 손목관절 이상 부위에서 잃은 사람(장애의 정도가 심한 장애인)에 적용한다.

출처: 보건복지부(2019). 장애판정기준

(2) 하지절단장애

표 10-2 장애정도기준

장애 정도	장애 상태
장애의 정도가 심한 장애인	1. 두 다리를 무릎관절 이상 부위에서 잃은 사람 2. 두 다리를 발목관절 이상 부위에서 잃은 사람 3. 두 다리를 가로발목뼈관절(Chopart's joint) 이상 부위에서 잃은 사람 4. 한 다리를 무릎관절 이상 부위에서 잃은 사람
장애의 정도가 심하지 않은 장애인	1. 두 다리를 발목발허리관절(lisfranc joint) 이상 부위에서 잃은 사람 2. 한 다리를 발목관절 이상 부위에서 잃은 사람 3. 두 발의 엄지발가락을 지관절 이상 부위에서 잃고 다른 모든 발가락을 근위지관절(제1관절) 이상 부위에서 잃은 사람 4. 한 다리를 가로발목뼈관절(Chopart's joint) 이상 부위에서 잃은 사람 5. 한 다리를 발목발허리관절(lisfranc joint) 이상 부위에서 잃은 사람

출처: 보건복지부(2019). 장애판정기준

2. 뇌병변장애 판정기준

1) 장애진단기관 및 전문의 판정

1999년 장애인복지법 시행령 개정령에서부터 뇌병변장애를 기존의 지체장애에서 별도로 분리하여 새로운 장애범주로서 추가하였다. 뇌병변장애란 "뇌성마비, 외상성 뇌손상, 뇌졸중 등 뇌의 기질적 병변으로 인하여 발생한 신체적 장애로 보행이나 일상생활의 동작 등에 상당한 제약을 받는 사람"으로 정의하고 있다. 사람의 뇌는 뇌수·골이라고도 하며 그 아래쪽에 이어진 척수와 함께 중추신경계를 구성한다. 뇌는 두개강 안에 수용되고, 척수는 척수관 안에서 각각 보호된다. 사람의 신경계는 동물 가운데도 가장 고도의 기능을 가지고 있으며, 신경계의 분화도 이에 따라서 복잡한 구조로 되어 있다. 따라서 이러한 중추신경계의 손상은 복합적인 장애로 나타나며, 기질적 병변으로 인해 보행 또는 일상생활 동작에 현저한 제한을 받게 된다.

뇌성마비(Cerebral Palsy: CP)는 뇌가 발육하는 시기에 손상을 입고 그 기능이 저하되어 마비와 기타 여러 장애가 동반되어 있는 것을 말하는데 마비가 더 이상 진행되지 않는 것이 특징이다.

의료기관의 재활의학과 · 신경외과 · 신경과 전문의 진단을 받는다.

2) 진료기록 등의 확인

장애진단을 하는 전문의는 원인 질환 등에 대하여 6개월 이상의 충분한 치료 후에도 장애가 고착되었음을 진단서, 소견서, 진료기록 등으로 확인하여야 한다(필요시 환자에게 타 병원 진료기록 등을 제출하게 한다).

3) 장애진단 및 재판정 시기

① 뇌성마비, 뇌졸중, 뇌손상 등과 기타 뇌병변(파킨슨병 제외)이 있는 경우는 발병 또는 외상 후 6개월 이상 지속적으로 치료한 후에 장애 진단을 하여야 한다.

② 파킨슨병은 1년 이상의 성실하고 지속적인 치료 후에 장애 진단을 하여야 한다.

③ 식물인간 또는 장기간의 의식 소실 등의 경우 발병(외상)후 6개월 이상 지속적으로 치료한 후 장애진단을 할 수 있으며, 이러한 경우 최초 판정일로부터 2년 후에 재판정을 하도록 하여야 한다.

④ 장애상태는 고착되었다 하더라도, 수술을 비롯한 기타의 치료 방법을 시행하면 기능이 회복될 수 있다고 판단하는 경우에는 장애판정을 의료적 조치 후로 유보하여야 한다. 그러나 합병증의 발생, 장애인의 건강상태 등의 이유로 1년 이내에 의료적 조치를 실시할 수 없을 경우는 일단 장애판정을 실시한 후 필요한 시기를 지정하여 반드시 재판정을 받도록 하여야 한다.

⑤ 치료 등에 따라 장애정도가 변화할 수 있는 뇌병변은 최초 판정 후 2년 이후의 일정한 시기를 정하여 재판정을 하여야 하며, 재판정 시에 장애상태의 현저한 변화가 예측되는 경우는 다시 재판정일로부터 2년 이후의 일정한 시기를 정하여 재판정을 하여야 한다. 다만, 재판정 당시 장애의 중증도나 연령 등을 고려할 때에 장애상태가 거의 변화하지 않을 것으로 예측되는 경우는 재판정을 제외할 수 있다.

⑥ 소아청소년은 만 1세 이상의 연령부터 장애진단이 가능하며 진단 시기는 해당 의사의 판단에 따라 진단한다.

- 만 6세 미만에서 장애판정을 받은 경우 만 6세 이상~만 12세 미만에서 재판정을 실시하여야 한다.
- 만 6세 이상~만 12세 미만 기간에 최초 장애판정 또는 재판정을 받은 경우 향후 장애상태의 변화가 예상되는 경우에는 만 12세 이상~만 18세 미만 사이에 재판정을 받아야 한다.

장애 정도	장애 상태
장애의 정도가 심한 장애인	1. 독립적인 보행이 불가능하여 보행에 전적으로 타인의 도움이 필요한 사람 2. 양쪽 팔의 마비로 이를 이용한 일상생활동작을 거의 할 수 없어, 전적으로 타인의 도움이 필요한 사람 3. 한쪽팔과 한쪽다리의 마비로 일상생활동작을 거의 할 수 없어, 전적으로 타인의 도움이 필요한 사람 4. 보행과 모든 일상생활동작의 수행에 전적으로 타인의 도움이 필요하며, 수정바델지수가 32점 이하인 사람 5. 한쪽팔의 마비로 이를 이용한 일상생활동작의 수행이 불가능하여, 전적으로 타인의 도움이 필요한 사람 6. 마비와 관절구축으로 양쪽 팔의 모든 손가락 사용이 불가능하여, 이를 이용한 일상생활동작의 수행에 전적으로 타인의 도움이 필요한 사람 7. 보행과 모든 일상생활동작의 수행에 대부분 타인의 도움이 필요하며, 수정바델지수가 33~53점인 사람 8. 마비와 관절구축으로 한쪽 팔의 모든 손가락 사용이 불가능하여, 이를 이용한 일상생활동작의 수행에 전적으로 타인의 도움이 필요한 사람 9. 한쪽 다리의 마비로 이를 이용한 보행이 불가능하여, 보행에 대부분 타인의 도움이 필요한 사람 10. 보행과 모든 일상생활동작의 독립적 수행이 어려워, 부분적으로 타인의 도움이 필요하며, 수정바델지수가 54~69점인 사람
장애의 정도가 심하지 않은 장애인	1. 보행과 대부분의 일상생활동작은 자신이 수행하나 간헐적으로 타인의 도움이 필요하며, 수정바델지수가 70~80점인 사람 2. 보행과 대부분의 일상생활동작을 타인의 도움 없이 자신이 수행하나 완벽하게 수행하지 못하는 때가 있으며 수정바델지수가 81~89점인 사람 3. 보행과 대부분의 일상생활동작을 자신이 완벽하게 수행하나 간혹 수행 시간이 느리거나 양상이 비정상적인 때가 있으며 수정바델지수가 90~96점인 사람

출처: 보건복지부(2019). 장애정도 판정기준

표 10-3 보행 및 일상생활동작 평가(수정바델지수, Modified Bathel Index)

※ 부록의 예시를 참조 후 평가한다. 총점:

수행정도 / 평가항목	전혀 할 수 없음	많은 도움이 필요	중간 정도 도움이 필요	경미한 도움이 필요	완전히 독립적으로 수행
개인위생[1)]	0	1	3	4	5
목욕(bathing self)	0	1	3	4	5
식사(feeding)	0	2	5	8	10
용변(toilet)	0	2	5	8	10
계단 오르내리기 (stair climb)	0	2	5	8	10
착 · 탈의(dressing)[2)]	0	2	5	8	10
대변조절 (bowl control)	0	2	5	8	10
소변 조절 (bladder control)	0	2	5	8	10
*이동(chair/bed transfer)[3)]	0	3	8	12	15
*보행(ambulation)	0	3	8	12	15
*휠체어이동 (wheelchair)[4)]	0	1	3	4	5

1) 개인위생: 세면, 머리 빗기, 양치질, 면도 등

2) 착 · 탈의: 단추 잠그고 풀기, 벨트 착용, 구두끈 매고 푸는 동작 포함

* 3) 이동: 침대에서 의자로, 의자에서 침대로 이동, 침대에서 앉는 동작 포함

* 4) 휠체어이동: 보행이 전혀 불가능한 경우에 평가

3. 시각장애 판정기준

1) 장애진단기관 및 전문의

일반적으로 시각장애의 정의는 특수교육분야, 안과학분야, 스포츠분야 등의 사용목적에 따라 다르게 정의되고 있으나 보통 시각장애란 안구, 시신경 및 대뇌중추 등의 시각 기관 중

어느 부분이 손상이 있어 보는 것이 부자유스럽거나 불가능한 것을 지칭하며 다음과 같은 제한점을 제시할 수 있다.

- 두 눈에 교정시력이 각각 0.04 미만인 자
- 시력의 손상이 심해 시각에 의하여 학습과제를 수행할 수 없고, 촉각이나 청각을 학습의 주요 수단으로 사용하는 자
- 두 눈의 교정시력은 각각 0.04 이상이나 특정의 학습매체 또는 과제의 수정을 통해서도 시각적 과제수행이 어려운 자
- 특정의 광학기구, 학습매체 또는 설비를 통해서만 시각적 과제수행을 할 수 있는 자
  시력 또는 시야결손정도 측정이 가능한 의료기관의 안과 전문의 진단을 받는다.

2) 진료기록 등의 확인

장애진단을 하는 전문의는 원인 질환 등에 대하여 6개월 이상의 충분한 치료 후에도 장애가 고착되었음을 진단서, 소견서, 진료기록 등으로 확인하여야 한다(필요시 환자에게 타 병원 진료기록 등을 제출하게 한다).

다만, 장애 상태가 고착되었음이 전문적 진단에 의해 인정되는 경우 이전 진료기록 등을 확인하지 않을 수 있다. 이 경우 이에 대한 의견을 구체적으로 장애정도 심사용 진단서에 명시하여야 한다.

3) 장애진단 및 재판정 시기

① 장애의 원인 질환 등에 관하여 충분히 치료하여 장애가 고착되었을 때에 진단하며, 그 기준 시기는 원인 질환 또는 부상 등의 발생 또는 수술 이후 6개월 이상 지속적으로 치료한 후로 한다.
다만, 안구적출 등 장애의 고착이 명백한 경우는 예외로 한다.

② 수술 또는 치료 등의 의료적 조치로 기능이 회복될 수 있다고 판단하는 경우에는 장애진단을 처치 후로 유보하여야 한다.

③ 향후 장애정도의 변화가 예상되는 경우에는 반드시 재판정을 받도록 하여야 한다. 이 경우 재판정의 시기는 최초의 판정일로부터 2년 이상 경과한 후로 한다. 2년 이내에 장애상태의 변화가 예상될 때에는 장애의 판정을 유보하여야 한다.

④ 재판정이 필요한 경우에 장애진단을 하는 전문의는 장애정도 심사용 진단서에 그 시기와 필요성을 구체적으로 명시하여야 한다.

⑤ 각막혼탁으로 각막이식술이 필요한 경우나 국내 여건 또는 장애인의 건강상태 등으로 인하여 수술 등을 받지 못하는 경우는 최초 판정일로부터 3년 이후의 일정한 시기를 정하여 재판정을 하여야 한다. 각막이식술을 받은 경우는 이식수술 1년 후 재판정을 받는다.

⑥ 장애인의 건강상태 등으로 인하여 백내장 수술을 받을 수 없는 경우 매 2년마다 재판정을 받도록 한다. 다만, 검사 등을 통해 백내장 수술 후 시력 개선의 여지가 없을 것으로 확인되면 재판정을 하지 않을 수 있다.

⑦ 백내장 수술을 받은 경우는 백내장 수술 6개월 후 반드시 재판정을 받도록 한다.

장애 정도	장애 상태
장애의 정도가 심한 장애인	1. 좋은 눈의 시력이 0.02 이하인 사람 2. 좋은 눈의 시력이 0.04 이하인 사람 3. 좋은 눈의 시력이 0.06 이하인 사람 4. 두 눈의 시야가 각각 모든 방향에서 5도 이하로 남은 사람
장애의 정도가 심하지 않은 장애인	1. 좋은 눈의 시력이 0.1 이하인 사람 2. 두 눈의 시야가 각각 모든 방향에서 10도 이하로 남은 사람 3. 좋은 눈의 시력이 0.2 이하인 사람 4. 두 눈의 시야가 각각 정상시야의 50% 이상 감소한 사람 5. 나쁜 눈의 시력이 0.02 이하인 사람

출처: 보건복지부(2019). 장애정도 판정기준

4. 청각장애 판정기준

1) 장애진단기관 및 전문의

청각장애는 귀에서부터 뇌에 이르기까지 청각에 관여하는 기관의 어느 부분에 이상이 생겨 보청기를 착용하거나, 착용하지 않는 상태에서 청력을 통하여 언어적 정보를 처리하는데 어려움을 겪는 상태를 의미한다. 청각장애는 작은 소리는 알아듣지 못하나 큰 소리는 알아들을 수 있는 난청(hard of hearing, 25dB 이상-90dB 이하)과 전혀 알아듣지 못하는 전농(deaf impaired, 90dB 이상)으로 구분하는데, 여기서 데시벨(dB)이란 소리의 강약을 표시하는 단위로, 소리가 클수록 데시벨이 크게 나타난다.

청력검사실과 청력검사기(오디오미터)가 있는 의료기관의 이비인후과 전문의 진단을 받는다.

2) 진료기록 등의 확인

장애진단을 하는 전문의는 원인 질환 등에 대하여 6개월 이상의 충분한 치료 후에도 장애가 고착되었음을 진단서, 소견서, 진료기록 등으로 확인하여야 한다(필요시 환자에게 타 병원 진료기록 등을 제출하게 한다).

다만, 장애 상태가 고착되었음이 전문적 진단에 의해 인정되는 경우 이전 진료기록 등을 확인하지 않을 수 있다. 이 경우 이에 대한 의견을 구체적으로 장애정도 심사용 진단서에 명시하여야 한다.

3) 장애진단 및 재판정 시기

① 장애의 원인 질환 등에 관하여 충분히 치료하여 장애가 고착되었을 때에 진단하며, 그 기준 시기는 원인 질환 또는 부상 등의 발생 또는 수술 이후 6개월 이상 지속적으로 치료한 후로 한다.
다만, 청력기관의 결손 등 장애의 고착이 명백한 경우는 예외로 한다.

② 전음성 또는 혼합성 난청의 경우에는 장애진단을 수술 또는 처치 등의 의료적 조치 후로 유보하여야 한다. 다만, 1년 이내에 국내 여건 또는 장애인의 건강상태 등으로 인하여 수술 등을 하지 못하는 경우는 예외로 하되, 필요한 시기를 지정하여 재판정을 받도록 하여야 한다. 전음성 난청 또는 혼합성 난청이 의심되는 경우 기도 및 골도순음청력검사를 시행하여, 기도-골도차가 6분법에 의해 20데시벨(dB) 이내일 경우 또는 수술 후 난청이 고정되었을 것으로 판단되는 경우에는 재판정을 제외할 수 있다.

③ 향후 장애정도의 변화가 예상되는 경우에는 반드시 재판정을 받도록 하여야 한다. 이 경우 재판정의 시기는 최초의 판정일로부터 2년 이상 경과한 후로 한다. 2년 이내에 장애상태의 변화가 예상될 때에는 장애의 진단을 유보하여야 한다.

④ 재판정이 필요한 경우 장애진단을 하는 전문의는 장애정도 심사용 진단서에 그 시기와 필요성을 구체적으로 명시하여야 한다.

표 10-4 장애정도기준

장애 정도	장애 상태
장애의 정도가 심한 장애인	1. 두 귀의 청력 손실이 각각 90데시벨(dB) 이상인 사람 2. 두 귀의 청력 손실이 각각 80데시벨(dB) 이상인 사람
장애의 정도가 심하지 않은 장애인	1. 두 귀의 청력손실이 각각 70데시벨(dB) 이상인 사람 2. 두 귀에 들리는 보통 말소리의 최대의 명료도가 50 퍼센트 이하인 사람 3. 두 귀의 청력손실이 각각 60데시벨(dB) 이상인 사람 4. 한 귀의 청력손실이 80데시벨(dB) 이상, 다른 귀의 청력 손실이 40데시벨(dB) 이상인 사람

출처: 보건복지부(2019). 장애정도 판정기준

5. 언어장애 판정기준

1) 장애진단기관 및 전문의 판정

언어장애란 언어의 구성요소에 장애가 나타나는 것을 말한다. 말을 정상적으로 잘해도 다른 사람들과의 의사소통이 전혀 안 되는 아동이 있는 반면, 말을 정확하게 할 수 없어도 의사소통에 있어서는 아무런 문제를 보이지 않는 아동이 있다. 말은 내용을 알아들을 수 있는 음성적 입력을 의미하지만, 언어는 내용의 형성과 해석 모두와 관련된다. 그러므로 언어는 듣기와 말하기, 읽기와 쓰기, 기술적인 대화, 사회적 상호작용을 모두 포함한다.

① 의료기관의 재활의학과 전문의 또는 언어재활사가 배치되어 있는 의료기관의 이비인후과 · 정신건강의학과 · 신경과 전문의 진단을 받는다.
다만, 음성장애는 언어재활사가 없는 의료기관의 이비인후과 전문의 포함된다.

② 의료기관의 치과(구강악안면외과) · 치과전속지도전문의(구강악안면외과)

2) 진료기록 등의 확인

장애진단을 하는 전문의는 원인 질환 등에 대한 6개월 이상의 충분한 치료 후에도 장애가 고착되었음을 진단서, 소견서, 진료기록 등으로 확인하여야 한다(필요시 환자에게 타 병원 진료기록 등을 제출하게 한다).

다만, 장애 상태가 고착되었음이 전문적 진단에 의해 인정되는 경우 이전 진료기록 등을 확인하지 않을 수 있다. 이 경우 이에 대한 의견을 구체적으로 장애정도 심사용 진단서에 명시하여야 한다.

3) 장애진단 및 재판정 시기

① 장애의 원인 질환 등에 관하여 충분히 치료하여 장애가 고착되었을 때에 진단하며, 그 기준 시기는 원인질환 또는 부상 등의 발생 후 또는 수술 후 6개월 이상 지속적으로 치료한 후로 한다. 다만 후두 전적출술 등 장애의 고착이 명백한 경우는 예외로 한다.

② 수술 또는 치료 등 의료적 조치로 기능이 회복될 수 있다고 판단하는 경우에는 장애판정을 처치 후로 유보하여야 한다. 다만, 1년 이내에 국내 여건 또는 장애인의 건강상태 등으로 인하여 수술 등을 하지 못하는 경우는 예외로 하되, 필요한 시기를 지정하여 재판정을 받도록 하여야 한다.

③ 향후 장애정도의 변화가 예상되는 경우에는 반드시 재판정을 받도록 하여야 한다. 이

경우 재판정의 시기는 최초의 판정시기로부터 2년 이상 경과한 후로 한다. 2년 이내에 장애상태의 변화가 예상될 때에는 장애의 판정을 유보하여야 한다.

④ 재판정이 필요한 경우 장애진단을 하는 전문의는 장애정도 심사용 진단서에 재판정 시기와 필요성을 구체적으로 명시하여야 한다.

⑤ 소아청소년은 적절한 언어발달이 이루어진 이후에 판정하며 원인질환 등에 관하여 6개월 이상 충분히 치료하였음에도 불구하고 장애가 있다고 인정되는 경우는 만 3세 이상에서 진단할 수 있다.

- 만 6세 미만에서 장애판정을 받은 경우 만 6세 이상~만 12세 미만에서 재판정을 실시하여야 한다.
- 만 6세 이상~만 12세 미만 기간에 최초 장애판정 또는 재판정을 받은 경우 향후 장애상태의 변화가 예상되는 경우에는 만 12세 이상~만 18세 미만 사이에 재판정을 받아야 한다.

4) 판정 개요

① 언어장애는 음성장애, 구어장애, 발달기에 나타나는 발달성 언어장애, 뇌질환 또는 뇌손상에 의한 언어중추의 손상에 따른 실어증을 포함한다. 음성장애는 단순한 음성장애와 발성장애를 포함하며, 구어장애는 발음 또는 조음장애와 유창성장애(말더듬)를 포함한다.

② 언어장애의 유형에 따라 객관적인 검사를 통하여 진단한다.

- **유창성 장애(말더듬)**: 파라다이스 유창성검사(P-FA)를 기본 검사로 하며, 필요시 말더듬 심도 검사(SSI) 등을 고려하여 판정할 수 있다.
- **조음장애**: 조음평가는 표준화가 이루어져 있는 아동용 발음평가(APAC)와 우리말조음-음운평가(U-TAP)를 사용하는 것을 권장하며, 부득이한 경우에는 그림자음검사를 사용할 수 있다.
- **발달성 언어장애**: 취학전 아동의 수용언어 및 표현언어 발달척도(PRES)를 주로 사용하도록 권장하며, 언어발달지연이 너무 심한 경우에 대해서는 영유아 언어발달검사(SELSI)를 참고할 수 있다.
- **실어증**: 한국판 웨스턴실어증 검사(PK-WAB-R 또는 K-WAB)을 사용한다. 정확한 판정을 위해 필요한 경우 진료기록지와 언어치료 경과지, 다른 표준화된 실어증관련 평가인 한국판 보스턴이름대기검사(K-BNT), 표준화된 실어증 선별검사(K-FAST 또는 STAND 등)을 참고자료로 활용할 수 있다.

• 단, 음성장애는 진료기록지 및 임상적 소견 등을 기준으로 판정하며 음성검사(MDVP, 닥터스피치 등)를 참고자료로 활용할 수 있다.

표 10-5 장애정도기준

장애 정도	장애 상태
장애의 정도가 심한 장애인	1. 발성이 불가능하거나 특수한 방법(식도발성, 인공후두기)으로 간단한 대화가 가능한 음성장애 2. 말의 흐름에 심한 방해를 받는 말더듬(SSI 97%ile 이상, P-FA 91%ile 이상) 3. 자음정확도가 30% 미만인 조음장애 4. 의미 있는 말을 거의 못하는 표현언어지수가 25 미만인 경우로서 지적장애 또는 자폐성장애로 판정되지 아니하는 경우 5. 간단한 말이나 질문도 거의 이해하지 못하는 수용언어지수가 25 미만인 경우로서 지적장애 또는 자폐성장애로 판정되지 아니하는 경우
장애의 정도가 심하지 않은 장애인	1. 발성(음도, 강도, 음질)이 부분적으로 가능한 음성장애 2. 말의 흐름이 방해받는 말더듬(SSI: 아동 41~96%ile, 성인 24~96%ile, P-FA 41~90%ile) 3. 자음정확도 30-75%정도의 부정확한 말을 사용하는 조음장애 4. 매우 제한된 표현만을 할 수 있는 표현언어지수가 25-65인 경우로서 지적장애 또는 자폐성장애로 판정되지 아니하는 경우 5. 매우 제한된 이해만을 할 수 있는 수용언어지수가 25-65인 경우로서 지적장애 또는 자폐성장애로 판정되지 아니하는 경우

출처: 보건복지부(2019). 장애정도 판정기준

6. 지적장애 판정기준

1) 장애진단기관 및 전문의 판정

지적장애는 인지적인 능력이 부족하여 정상적인 사회활동이 불가능한 사람을 일컫는다. 지적장애의 정의로서 다음 3가지 요건을 모두 충족시키는 사람들로 한정할 수 있다.

(1) 인지 능력 의한 기준

지적장애라는 명칭이 적용되는 사람들은 인지능력(IQ계수)에 따라 몇 단계로 구분할 수 있다. 일반인의 IQ점수는 85-115 사이에 놓여진다. 그러나 IQ점수가 70을 나타내는 경우는 전체인구의 2.27%에 해당하며, 이러한 사람들을 지적장애의 판정기준 범위 내에 들어 있다고 본다. 여기서 IQ점수는 단지 표준화된 검사의 점수로서 정신지체를 규정하는 인지능력과 반드시 동일할 것은 아니다.

(2) 적응행동에 의한 기준

적응행동이란 사회활동에 도움이 되는 인지능력이나, 동료 학생집단으로부터 기대되는 성숙, 학습, 의사소통, 그리고 자기관리, 가정생활, 직업기술 등을 말한다. 이러한 적응행동은 일상적인 생활 속에서 나타나는 행동들이므로 현실상황에 대처할 수 있는 직접적인 능력으로 평가되고 있다. 이러한 점에서 일상생활능력을 평가하는 것은 개개인의 인지능력을 점수로 평가하는 방법보다 더 큰 의미를 지니고 있다. 그러므로 정신지체라는 판정을 내릴 때에는 낮은 IQ 수치보다는 적응행동을 평가하는 수치가 더욱 중요하다고 볼 수 있다.

(3) 발달기에 의한 기준

발달기는 아동이 성장하는 기간을 뜻하며 임신부터 18세까지를 말한다. 이 기간 중에 나타나는 행동적응력 결핍과 평균수준 이하의 인지능력을 나타내는 것을 정신지체라고 한다. 18세 이후에 나타나는 지체는 신경학적 또는 뇌 손상으로 분류한다.

(4) 정신지체의 분류

① 교육 가능급 지적장애

교육 가능 지적장애아는 지능이 우둔에 속하며, 지능지수가 50-70까지의 아동들로서 어느 정도 학교교육(이론적인 것)이 가능한 아동을 말한다. 일반적으로 이들은 초등학교 1, 2학년일 경우 일반아동의 유치원 수준이고, 초등학교 졸업 시에는 초등학교 3학년 정도의 실력을 갖는 아동이며, 반 숙련 또는 비 숙련작업에 종사할 수 있어 직업영역에서 어느 정도 성공을 성취할 수 있다. 교육 가능급 지적장애아들의 가장 두드러진 특징은 '응용력'이 다른 지적장애아에 비교하여 높다는 점이다. 이러한 '응용력' 때문에 이들은 교육이 가능하며, 교육을 생활에 응용할 수 있다.

② 훈련 가능급 지적장애

훈련 가능 지적장애아는 지능이 30-50으로서 학교교육을 통한 지적 영역의 성취가 어려운 아동이다. 이들에 관한 교육목적은 사회생활에 잘 적응할 수 있도록 도와주며, 직업을 가질 수 있도록 여러 가지 훈련을 제공하는데 있다. 따라서 교육은 주로 독립된 특수학교에서 담당하게 된다. 교육 가능급에 비해 응용력이 현저하게 떨어지기 때문에 반복적인 훈련에 의한 기술습득이 가능하다. 이들은 훈련받은 정도에 따라 장애상태가 호전되지만 응용력이 부족하여 습득된 기술만을 나타낸다.

③ 완전 의존급 지적장애

완전 의존급 지적장애아는 지능지수가 30 이하이고 식사, 대소변 가리기 등 기본신변 처리조차도 스스로 하기 곤란한 아동들이다. 따라서 간호가 필요하고 의료적 치료를 해주어야 하기 때문에 보호시설에 수용하는 것이 좋다. 이들은 훈련에 의한 기술습득이 곤란하므로 기술습득을 습관적으로 할 수 있도록 자극과 반응의 원리를 사용한다.

의료기관의 정신건강의학과 · 신경과 또는 재활의학과 전문의에게 진단을 받는다.

2) 진료기록 등의 확인

장애진단을 하는 전문의는 원인 질환 등에 대하여 6개월 이상의 충분한 치료 후에도 장애가 고착되었음을 진단서, 소견서, 진료기록 등으로 확인하여야 한다(필요시 환자에게 타 병원 진료기록 등을 제출하게 한다).

다만, 장애 상태가 고착되었음이 전문적 진단에 의해 인정되는 경우 이전 진료기록 등을 확인하지 않을 수 있다. 이 경우 이에 대한 의견을 구체적으로 장애정도 심사용 진단서에 명시하여야 한다.

3) 장애진단 및 재판정 시기

① 장애의 원인 질환 등에 관하여 충분히 치료하여 장애가 고착되었을 때에 진단하며, 그 기준 시기는 원인 질환 또는 부상 등의 발생 후 또는 수술 후 6개월 이상 지속적으로 치료한 후로 한다.

다만, 만 2세 이상에서 선천적 지적장애 등 장애의 고착이 명백한 경우는 예외로 한다.

② 발달단계에 있는 소아청소년은 만 6세 미만에서 장애판정을 받은 경우 만 6세 이상~만 12세 미만에서 재판정을 실시하여야 한다.

- 만 6세 이상~만 12세 미만 기간에 최초 장애판정 또는 재판정을 받은 경우 향후 장애상태의 변화가 예상되는 경우에는 만 12세 이상~만 18세 미만 사이에 재판정을 받아야 한다.

③ 수술 또는 치료 등 의료적 조치로 기능이 회복될 수 있다고 판단하는 경우에는 장애판정을 처치 후로 유보하여야 한다. 다만, 1년 이내에 국내 여건 또는 장애인의 건강상태 등으로 인하여 수술 등을 하지 못하는 경우는 예외로 하되, 필요한 시기를 지정하여 재판정을 받도록 하여야 한다.

④ 향후 장애정도의 변화가 예상되는 경우에는 반드시 재판정을 받도록 하여야 한다. 이

경우 재판정의 시기는 최초의 판정일로부터 2년 이상 경과한 후로 한다. 2년 이내에 장애상태의 변화가 예상될 때에는 장애의 진단을 유보하여야 한다.

⑤ 재판정이 필요한 경우에 장애진단을 하는 전문의는 장애정도 심사용 진단서에 그 시기와 필요성을 구체적으로 명시하여야 한다.

4) 판정절차

① 지적장애는 웩슬러 지능검사 등 개인용 지능검사를 실시하여 얻은 지능지수(IQ)에 따라 판정하며, 사회성숙도 검사를 참조한다. 지능지수는 언어성 지능지수와 동작성 지능지수를 종합한 전체 검사 지능지수를 말하며, 전체 지능지수가 연령별 최저득점으로 정확한 지능지수 산출이 어려운 경우에는 GAS 및 비언어적 지능검사도구(시각-운동통합발달검사: VMI, 벤더게슈탈트검사: BGT)를 추가 시행하고, 검사내용, 검사결과에 대한 상세한 소견을 제출한다.

② 만 2세 이상부터 장애판정을 하며, 유아가 너무 어려서 상기의 표준화된 검사가 불가능할 경우 바인랜드(Vineland) 사회성숙도검사, 바인랜드 적응행동검사, 또는 발달검사를 시행하여 산출된 적응지수나 발달지수를 지능지수와 동일하게 취급하여 판정한다.

③ 뇌 손상, 뇌 질환 등 여러 가지 원인에 의하여 성인이 된 후 지능저하가 온 경우에도 상기 기준에 근거하여 지적장애에 준한 판정을 할 수 있다. 단, 노인성 치매는 제외한다.

표 10-6 장애정도기준

장애 정도	장애 상태
장애의 정도가 심한 장애인	1. 지능지수가 35 미만인 사람으로 일상생활과 사회생활의 적응이 현저하게 곤란하여 일생동안 타인의 보호가 필요한 사람 2. 지능지수가 35 이상 50 미만인 사람으로 일상생활의 단순한 행동을 훈련시킬 수 있고, 어느 정도의 감독과 도움을 받으면 복잡하지 아니하고 특수기술을 요하지 아니하는 직업을 가질 수 있는 사람 3. 지능지수가 50 이상 70 이하인 사람으로 교육을 통한 사회적 · 직업적 재활이 가능한 사람

출처: 보건복지부(2019). 장애정도 판정기준

Ⅱ. 정신장애 판정기준

1. 장애진단기관 및 전문의 판정

한국의 장애인복지법에 나와 있는 정신장애자는 조현병, 분열형 정동장애, 양극성장애, 반복성 우울장애의 4가지 만성 정신질환자 중 일정 기준에 해당되는 사람을 가리킨다. 2000년부터 해당 정신질환들이 정신장애로 인정되기 시작했다. 복지법상으로 지적장애나 자폐성 장애와 다르게 구분된다.

① 장애진단 직전 1년 이상 지속적으로 진료한 의료기관의 정신건강의학과 전문의
지속적으로 진료 받았다 함은 3개월 이상 약물치료가 중단되지 않았음을 의미한다.

② ①에 해당하는 전문의가 없는 경우 장애진단 직전 3개월 이상 지속적으로 진료한 의료기관의 정신건강의학과 전문의가 진단할 수 있으나 장애진단 직전 1년 이상의 정신건강의학과 진료기록 등을 확인하여야 한다.

2. 진료기록 등의 확인

장애진단을 하는 전문의는 장애진단 직전 1년 이상 지속적으로 치료를 받은 환자로서 진단 시에도 적절한 치료중임에도 불구하고 장애가 고착되었음을 진단서, 소견서, 진료기록 등으로 확인하여야 한다(필요시 환자에게 타 병원 진료기록 등을 제출하게 한다).

3. 장애진단 및 재판정 시기

① 1년 이상의 성실하고, 지속적인 치료 후에 호전의 기미가 거의 없을 정도로 장애가 고착되었을 때에 장애를 진단한다.

② 최초 판정일로부터 2년 이후의 일정한 시기를 정하여 재판정을 하여야 하며, 재판정 시에 장애상태의 현저한 변화가 예측되는 경우에는 다시 재판정일로부터 2년 이후의 일정한 시기를 정하여 재판정을 하여야 한다. 다만, 재판정 당시 장애의 중증도나 연령 등을 고려할 때에 장애상태가 거의 변화하지 않을 것으로 예측되는 경우에는 재판정을 제외할 수 있다.

4. 판정 절차

정신장애의 장애정도 판정은 ① 현재 치료중인 상태를 확인, ② 정신질환의 진단명 및 최초 진단시기에 대한 확인, ③ 정신질환의 상태(impairment)의 확인, ④ 정신질환으로 인한

정신적 능력장애(disability) 상태의 확인, ⑤ 정신장애 정도의 종합적인 판정의 순서를 따라 한다.

1) 현재 치료중인 상태를 확인

현재 약물복용 등 치료중인 상태에서 정신장애 판정을 하여야 한다.

2) 정신질환의 진단명 및 최초 진단 시기에 대한 확인

우리나라에서 공식적인 정신질환 분류체계로 사용하고 있는 제10차 국제질병사인분류(International Classification of Diseases, 10th Version)의 진단지침에 따라 ICD 10의 F20 조현병, F25 조현정동장애(調絃情動障碍), F31 양극성 정동장애 및 F33 재발성 우울장애로 진단된 경우에 한하여 정신장애 판정을 하여야 한다.

3) 정신질환의 상태(impairment)의 확인

정신질환의 상태에 대한 확인은 진단된 정신질환의 상태가 정신장애 정도판정기준에 따라 임상적 진단평가과정을 통하여 판단한 뒤 정도를 정한다.

4) 정신질환으로 인한 정신적 능력장애(disability) 상태의 확인

① 정신질환으로 인한 능력장애에 대한 확인은 정신장애인에 대한 임상적 진단평가와 보호자 및 주위 사람으로부터의 정보, 정신보건의료서비스를 제공하고 있는 치료자의 의견, 학업이나 직업활동상황 등 일상환경에서의 적응상태 등을 감안하여 장애정도 판정을 내린다.

② '능력장애의 상태'는 정신질환에 의한 일상생활 혹은 사회생활의 지장의 정도 및 주위의 도움(간호, 지도) 정도에 대해 판단하는 것으로서 장애의 정도를 판단하기 위한 지표로서 이용된다.

능력장애 측정 기준

1. 적절한 음식섭취

영양의 균형을 생각하고, 스스로 준비해서 먹는 음식섭취의 판단 등에 관한 능력 장애의 유무를 판단한다.

2. 대소변관리, 세면, 목욕, 청소 등의 청결 유지

세면, 세족, 배설후의 위생, 목욕 등 신체위생의 유지, 청소 등의 청결의 유지에 관한 판단 등에 관한 능력 장애의 유무를 판단한다. 이들에 대해, 의지의 발동성이라는 관점으로부터, 자발적으로 적절하게 행하는 것이 가능한지 여부, 도움이 필요한지 여부를 판단한다.

3. 적절한 대화기술 및 협조적인 대인관계

타인의 말을 알아듣고, 자신의 의사를 상대에게 전하는 의사소통의 능력, 타인과 적절하게 사귀는 능력에 주목한다.

4. 규칙적인 통원 · 약물 복용

자발적 · 규칙적으로 통원 및 복약을 하고, 병상이나 부작용 등에 관하여 주치의에게 잘 이야기하는 것이 가능한가, 도움이 필요한가 여부를 판단한다.

5. 소지품 및 금전관리나 적절한 구매행위

금전을 독립적으로 적절하게 관리하고, 자발적으로 적절하게 물건을 사는 것이 가능한가, 도움이 필요한가 여부를 판단한다(금전의 인지, 물건사기의 의욕, 물건 사기에 동반되는 대인관계 처리능력에 주목한다).

6. 대중교통이나 일반공공시설의 이용

각종의 신청 등 사회적 수속을 행하거나, 은행이나 보건소 등의 공공시설을 적절하게 이용한다.

5) 정신장애 정도의 종합적인 판정

① 정신질환의 상태와 능력장애의 상태에 대한 판정을 종합하여 최종 장애정도 판정을 내린다. 다만, 정신질환의 상태와 능력장애의 상태에 따른 정도에 차이가 있을 경우 능력장애의 상태를 우선적으로 고려한다.

② 정신질환의 상태 및 능력장애의 상태가 시간에 따라 기복이 있거나, 투약 등 치료를 통하여 상태의 변화가 있는 경우에는 최근 3개월간의 증상이 가장 심하였을 경우와 가장 호전되었을 경우의 평균적 상태를 기준으로 정도를 판정한다. 용하는 것이 가능한지 여부를 판단한다.

표 10-7 장애정도기준

장애 정도	장애 상태
장애의 정도가 심한 장애인	1. 조현병으로서 망상, 환청, 사고장애, 기괴한 행동 등의 양성증상 또는 사회적 위축과 같은 음성증상이 심하고 현저한 인격변화가 있으며, 기능 및 능력장애로 인하여 능력장애 판정기준의 6항목 중 3항목 이상에서 전적인 도움이 필요하며, GAF척도 점수가 40 이하인 사람(정신병을 진단받은 지 1년 이상 경과한 사람에 한한다. 이하 같다) 2. 양극성 정동장애(조울병)로 기분, 의욕, 행동 및 사고장애 증상이 심한 증상기가 지속되거나 자주 반복되며, 기능 및 능력장애로 인하여 능력장애 판정기준의 6항목 중 3항목 이상에서 전적인 도움이 필요하며, GAF척도 점수가 40 이하인 사람 3. 재발성 우울장애로 정신병적 증상이 동반되고 기분, 의욕, 행동 등에 대한 우울증상이 심한 증상기가 지속되거나 자주 반복되며, 기능 및 능력장애로 인하여 능력장애 판정기준의 6항목 중 3항목 이상에서 전적인 도움이 필요하며, GAF척도 점수가 40 이하인 사람 4. 조현정동장애로 1호 내지 3호에 준하는 증상이 있는 사람 5. 조현병으로 망상, 환청, 사고장애, 기괴한 행동 등의 양성증상 및 사회적 위축 등의 음성증상이 있고 중등도의 인격변화가 있으며, 기능 및 능력장애로 인하여 능력장애 판정기준의 6항목 중 3항목 이상에서 많은 도움이 필요하며, GAF척도 점수가 41점 이상 50점 이하인 사람 6. 양극성 정동장애(조울병)로 기분, 의욕, 행동 및 사고장애 증상이 있는 증상기가 지속되거나 자주 반복되며, 기능 및 능력장애로 인하여 능력장애 판정기준의 6항목 중 3항목 이상에서 많은 도움이 필요하며, GAF척도 점수가 41점 이상 50점 이하인 사람 7. 재발성 우울장애로 망상 등 정신병적 증상이 동반되고 기분, 의욕, 행동 등에 대한 우울증상이 있는 증상기가 지속되거나 자주 반복되며, 기능 및 능력장애로 인하여 능력장애 판정기준의 6항목 중 3항목 이상에서 많은 도움이 필요하며, GAF척도 점수가 41점 이상 50점 이하인 사람 8. 조현정동장애로 5호 내지 7호에 준하는 증상이 있는 사람 9. 조현병으로 망상, 환청, 사고장애, 기괴한 행동 등의 양성증상이 있으나 인격변화나 퇴행은 심하지 아니한 경우로서, 기능 및 능력장애로 인하여 능력장애 판정기준의 6항목 중 3항목 이상에서 간헐적인 도움이 필요하며, GAF척도 점수가 51점 이상 60점 이하인 사람 10. 양극성 정동장애(조울병)로 기분, 의욕, 행동 및 사고장애 증상이 현저하지는 아니하지만 증상기가 지속되거나 자주 반복되는 경우로서, 기능 및 능력장애로 인하여 능력장애 판정기준의 6항목 중 3항목 이상에서 간헐적인 도움이 필요하며, GAF척도 점수가 51점 이상 60점 이하인 사람 11. 재발성 우울장애로 기분, 의욕, 행동 등에 대한 우울증상이 있는 증상기가 지속되거나 자주 반복되는 경우로서, 기능 및 능력장애로 인하여 능력장애 판정기준의 6항목 중 3항목 이상에서 간헐적인 도움이 필요하며, GAF척도 점수가 51점 이상 60점 이하인 사람 12. 조현정동장애로 9호 내지 11호에 준하는 증상이 있는 사람

출처: 보건복지부(2019). 장애정도 판정기준

5. 자폐성장애 판정기준

1) 장애진단기관 및 전문의 판정

자폐증이란, 미국 의사 Leo Kanner가 최초로 기술하여서 Kanner's Syndrome라고 한다. 지능이 70 미만의 지적장애를 수반하며, 의사소통과 상호작용에 대한 이해, 감각지각 및 감각통합능력 등에 장애가 있는 것을 말한다.

- 아스퍼거 증후군(Asperger's Syndrome)은 경도의 자폐증으로, 이 병을 최초 기술한 오스트리아 소아과 의사 Hans Asperger의 이름을 따서 명명되었다.
- 고기능성 자폐증은 지능지수가 70 이상으로 지적장애가 없으며, 오히려 일부분에서 천재적인 지능과 암기력을 가지는 경우도 많고, 의사소통에 크게 문제는 없다.

  의료기관의 정신건강의학과(소아정신건강의학과) 전문의 진단을 받는다.

2) 진료기록 등의 확인

장애진단을 하는 전문의는 원인 질환 등에 대한 충분한 치료 후에도 장애가 고착되었음을 진단서, 소견서, 진료기록 등으로 확인하여야 한다(필요시 환자에게 타 병원 진료기록 등을 제출하게 한다).

3) 장애진단 및 재판정 시기

① 전반성발달장애(자폐증)가 확실해진 시점(최소 만 2세 이상)에서 장애를 진단한다.

② 수술 또는 치료로 기능이 회복될 수 있다고 판단하는 경우에는 장애진단을 처치 후로 유보하여야 한다. 다만, 1년 이내에 국내 여건 또는 장애인의 건강상태 등으로 인하여 수술 등을 하지 못하는 경우는 예외로 하되 필요한 시기를 지정하여 재판정을 받도록 하여야 한다.

③ 소아청소년은 만 6세 미만에서 장애판정을 받은 경우 만 6세 이상~만 12세 미만에서 재판정을 실시하여야 한다.

- 만 6세 이상~만 12세 미만 기간에 최초 장애판정 또는 재판정을 받은 경우 향후 장애상태의 변화가 예상되는 경우에는 만 12세 이상~만 18세 미만 사이에 재판정을 받아야 한다.

④ 향후 장애정도의 변화가 예상되는 경우에는 반드시 재판정을 받도록 하여야 한다. 이 경우 재판정의 시기는 최초의 판정일로부터 2년 이상 경과한 후로 한다. 2년 이내에 장애상태의 변화가 예상될 때에는 장애의 진단을 유보하여야 한다.

⑤ 재판정이 필요한 경우에 장애진단을 하는 전문의는 장애정도 심사용 진단서에 그 시기와 필요성을 구체적으로 명시하여야 한다.

4) 판정 절차

자폐성장애의 장애정도 판정은 ① 자폐성장애의 진단명에 대한 확인, ② 자폐성장애의 상태(impairment) 확인, ③ 자폐성장애로 인한 정신적 능력장애(disability) 상태의 확인, ④ 자폐성장애 정도의 종합적인 진단의 순서를 따라 이루어진다.

(1) 자폐성장애의 진단명에 대한 확인

① 우리나라에서 공식적인 자폐성장애의 분류체계로 사용하고 있는 제10차 국제질병사인분류(International Classification of Diseases, 10th Version)의 진단지침에 따른다.
② ICD 10의 진단명이 F84 전반성발달장애(자폐증)인 경우에 자폐성장애정도판정을 한다.

(2) 자폐성장애의 상태(impairment) 확인

진단된 자폐성장애의 상태가 자폐성장애정도 판정기준에 따라 어느 장애정도가 적절한지를 임상적 진단평가과정을 통하여 판단한 뒤 장애정도를 정하며, 자폐증상의 심각도는 전문의의 판단에 따른다. 또한 K-CARS 또는 여러 자폐성 척도를 이용하여 판단할 수 있다. 이 경우 사용한 척도와 그 점수 및 판단 소견을 기술한다.

(3) 자폐성장애로 인한 정신적 능력장애(disability) 상태의 확인

자폐성장애에 대한 임상적 진단평가와 보호자 및 주위사람의 정보와 일상환경에서의 적응상태 등을 감안하여 장애정도판정을 내린다.

(4) 자폐성장애정도의 종합적인 진단

자폐성장애의 상태와 GAS 평가를 종합하여 최종 장애정도를 판정한다.

표 10-8 장애정도기준

장애 정도	장애 상태
장애의 정도가 심한 장애인	1. ICD-10의 진단기준에 의한 전반성발달장애(자폐증)로 정상발달의 단계가 나타나지 아니하고 지능지수가 70 이하이며, 기능 및 능력장애로 인하여 GAS척도 점수가 20 이하인 사람 2. ICD-10의 진단기준에 의한 전반성발달장애(자폐증)로 정상발달의 단계가 나타나지 아니하고 지능지수가 70 이하이며, 기능 및 능력장애로 인하여 GAS척도 점수가 21~40인 사람 3. 1호 내지 2호와 동일한 특징을 가지고 있으나 지능지수가 71 이상이며, 기능 및 능력 장애로 인하여 GAS척도 점수가 41~50인 사람

출처: 보건복지부(2019). 장애정도 판정기준

Ⅲ. 내부 장애 판정 기준

1. 신장장애 판정기준

1) 장애진단기관 및 전문의 판정

신장장애인은 만성신부전을 가진 환자로 보존적인 치료(식사나 약물치료)만으로 생명을 유지하는 것이 위험하고 일상생활을 유지하기 어려운 상황에 이르러 투석(혈액투석, 복막투석)을 시행하는 사람 또는 콩팥이식을 한 사람이다.

① 투석의 경우는 장애진단 직전 3개월 이상 투석치료를 하고 있는 의료기관의 의사

② ①에 해당하는 의사가 없는 경우 장애진단 직전 1개월 이상 투석치료를 하고 있는 의료기관의 의사가 진단할 수 있으나 장애진단 직전 3개월 이상의 투석치료기록 등을 확인하여야 한다.

③ 신장이식의 경우는 신장이식을 시술하거나 이식환자를 진료하는 의료기관의 외과 또는 내과 전문의

2) 진료기록 등의 확인

장애진단을 하는 전문의는 원인 질환 등에 대한 충분한 치료 후에도 장애가 고착되었음을 진단서, 소견서, 진료기록 등으로 확인하여야 한다(필요시 환자에게 타 병원 진료기록 등을 제출하게 한다).

3) 장애진단 및 재판정 시기

① 3개월 이상의 기간 동안 혈액투석 또는 복막투석치료를 받고 있는 사람 또는 신장을 이식 받은 사람에 대하여 장애를 진단한다.

② 혈액투석이나 복막투석의 경우 재판정은 매 2년마다 시행한다.

③ 신장이식의 경우는 재판정을 제외한다.

표 10-9 장애정도기준

장애 정도	장애 상태
장애의 정도가 심한 장애인	1. 만성신부전증으로 인하여 3개월 이상의 기간 동안 지속적으로 혈액투석 또는 복막투석을 받고 있는 사람
장애의 정도가 심하지 않은 장애인	1. 신장을 이식받은 사람

출처: 보건복지부(2019). 장애정도 판정기준

2. 심장장애 판정기준

1) 장애진단기관 및 전문의 판정

심장은 사람의 혈액순환 원동력이 되는 기관으로 심장의 좌우면은 폐면이라고 하며, 수축과 확장을 반복하여 혈액을 신체의 구석구석까지 보내는 펌프의 역할을 한다.

장애인복지법에서는 심장장애를 심장기능의 장애가 지속되며, 심부전증 또는 협심증 증상 등으로 일상생활에 현저히 제한되는 심장기능 이상이 있는 사람으로 정의하고 있다.

심부전이란 심장의 펌프 기능이 장애를 일으켜 정맥압이 상승하고, 충분한 양의 산소를 말초조직에 공급할 수 없는 상태를 말하며 심기능부전이라고도 한다. 심부전은 모든 기질적(基質的)인 심질환에 기인하여 생기는데, 가장 흔한 것은 심근경색(心筋硬塞) · 심근변성 · 심장판막증 · 고혈압증 · 심낭염(심막염)에 의한 것이다.

① 장애진단 직전 1년 이상 지속적으로 진료한 의료기관의 내과(순환기분과) · 소아청소년과 또는 흉부외과 전문의

② ①에 해당하는 전문의가 없는 경우 의료기관의 내과(순환기분과) · 소아청소년과 또는 흉부외과 전문의가 진단할 수 있으나 장애진단 직전 1년 이상의 내과(순환기분과) · 소아청소년과 또는 흉부외과의 진료기록 등을 확인하여야 한다.

2) 진료기록 등의 확인

장애진단을 하는 전문의는 장애진단 직전 1년 이상 지속적으로 동일 심장질환에 대하여 치료 후에 고착되었다는 것을 진단서, 소견서, 진료기록 등으로 확인하여야 한다(필요시 환자에게 타병원 진료기록 등을 제출하게 한다).

3) 장애진단 및 재판정 시기

① 1년 이상의 성실하고 지속적인 치료 후에 호전의 기미가 거의 없을 정도로 장애가 고착되었을 때에 장애를 진단한다.

② 최초 판정일로부터 2년 이후의 일정한 시기를 정하여 재판정을 하여야 하며, 재판정 시에 장애상태의 현저한 변화가 예측되는 경우에는 다시 재판정일로부터 2년 이후의 일정한 시기를 정하여 재판정을 하여야 한다. 다만, 재판정 당시 장애의 중증도나 연령 등을 고려할 때에 장애상태가 거의 변화하지 않을 것으로 예측되는 경우에는 재판정을 제외할 수 있다.

③ 심장이식의 경우는 재판정을 제외한다.

4) 판정 개요

① 장애판정 직전 1년 이상의 진료기록 등을 확인하되, 최근 2개월간의 환자상태와 임상 및 검사소견으로 장애정도를 진단한다.

② 장애판정 직전 2개월 이내에 입원경력이 있는 경우에 입원치료로 인하여 검사결과가 다르게(장애정도가 낮거나 높게) 나타날 수 있으므로 퇴원 후 2개월이 지난 후에 임상적으로 안정된 상태를 평가하여 장애정도를 진단하도록 한다.
다만, 마지막 퇴원 후 2개월이 경과하지 않은 경우 검사결과 중 안정된 상태를 반영하지 않는다고 판단되는 검사는 제외하여 평가할 수 있다.

③ 심장장애에 있어 질환의 정도와 질환으로 인한 능력장애의 정도를 다음 7가지의 임상소견과 검사결과 등에 의하여 진단한다.

표 10-10 장애정도기준

장애 정도	장애 상태
장애의 정도가 심한 장애인	1. 심장기능의 장애가 지속되며, 안정 시에도 심부전증상 또는 협심증 증상 등이 일어나서 라-(3)항의 (가)~(사)항의 임상소견과 검사결과 등에 의한 점수가 30점 이상인 사람(심장질환을 진단받은 지 1년 이상 경과한 사람에 한한다. 이하 같다) 2. 심장기능의 장애가 지속되며, 신체주위의 일은 어느 정도 할 수 있지만 그 이상의 활동으로는 심부전증상 또는 협심증 증상 등이 일어나서 라-(3)항의 (가)~(사)항의 임상소견과 검사결과 등에 의한 점수가 25~29점에 해당하는 사람 3. 심장기능의 장애가 지속되며, 가정 내에서의 가벼운 활동은 상관없지만 그 이상의 활동에는 심부전증상 또는 협심증 증상 등이 일어나서 라-(3)항의 (가)~(사)항의 임상소견과 검사결과 등에 의한 점수가 20~24점에 해당하는 사람
장애의 정도가 심하지 않은 장애인	1. 심장을 이식받은 사람

출처: 보건복지부(2019). 장애정도 판정기준

3. 호흡기장애 판정기준

1) 장애진단기관 및 전문의 판정

호흡기 장애는 폐나 기관지 등 호흡기관의 만성적 기능부전으로 인한 호흡기능의 장애, 즉 만성적으로 호흡에 장애를 주는 폐질환을 총칭하는 것으로 원인이 되는 폐질환이나 심장질환이 없이 기도폐쇄가 발생하여 기류의 속도가 감소하는 질환군으로서 일상생활을 하는데 있어 상당한 제한을 받는 장애를 말한다.

호흡기 장애의 분류는 장애인분류표상 대분류로 신체적장애, 중분류로 내부기관의 장애로 분류되며 세분류상 일상생활이 현저히 제한되는 만성·중증의 호흡기기능 이상으로 표현하고 있으며 2003년에야 장애유형에 포함되었다.

장애진단 직전 2개월 이상 진료한 의료기관의 내과(호흡기분과, 알레르기분과)·흉부외과·소아청소년과·결핵과 또는 직업환경의학과 전문의 진단을 받는다.

2) 진료기록 등의 확인

장애진단을 하는 전문의는 원인질환 등에 대하여 1년 이상의 충분한 치료 후에도 장애가 고착되었음을 정기적 흉부 X-선 소견, 폐기능 검사, 동맥혈가스검사 등을 포함한 진단서, 소견서 진료기록 등으로 확인하여야 한다(필요시 환자에게 타 병원 진료기록 등을 제출하게 한다).

3) 장애진단 및 재판정 시기

① 현재의 상태와 관련한 최초 진단 이후 1년 이상이 경과하고, 최근 2개월 이상의 적극적인 치료에도 불구하고 호전의 기미가 거의 없는 만성 호흡기 질환의 경우에 장애를 진단한다.

② 수술 또는 치료로 기능이 회복될 수 있다고 판단하는 경우에는 장애진단을 처치 후로 유보하여야 한다. 다만, 1년 이내에 국내 여건상 그 수술이 쉽게 행하여지지 아니하는 경우와 장애인의 건강상태 등으로 인하여 수술 등을 하지 못하는 경우는 예외로 하되, 국내 여건의 변화 등을 감안하여 필요한 시기를 지정하여 재판정을 받도록 하여야 한다.

③ 최초 판정일로부터 2년 이후의 일정한 시기를 정하여 재판정을 하여야 하며, 재판정 시에 장애상태의 현저한 변화가 예측되는 경우에는 다시 재판정일로부터 2년 이후의 일정한 시기를 정하여 재판정을 하여야 한다. 다만, 재판정 당시 장애의 중증도나 연령 등을 고려할 때에 장애상태가 거의 변화하지 않을 것으로 예측되는 경우에는 재판정을 제외할 수 있다.

④ 폐이식의 경우는 재판정을 제외한다.

4) 판정 개요

① 충분한 내과적 치료에도 불구하고 장애가 지속적으로 유지되는 만성 호흡기 질환임을 확인해야 한다.

② 장애를 판정하기 위해서는 장애판정 직전 1년 이내에 ① 호흡곤란 정도 판정, ② 흉부 X-선 촬영, ③ 폐기능 검사, ④ 동맥혈 가스 검사 등에 의한 객관적인 검사소견이 있어야 하며, 이밖에 필요한 경우 호흡기질환에 따라 흉부 CT, 기관지내시경, 운동부하 폐기능 검사, 폐 환기-관류 동위원소 검사, 폐동맥 촬영술 등을 시행하여 정확한 진단을 하여야 한다.

③ 최소 2개월 이상의 반복적인 검사결과 중 양호한 상태의 검사결과로 판정한다.

④ 폐기능 검사는 표준화된 검사에 의하며 1회 검사 시 3차례 시행된 검사결과 중 가장 좋은 검사결과를 기준으로 장애정도를 판정한다. 기관지확장제 반응검사를 동시에 시행하여야 한다. 다만, 외상이나 수술에 의한 경우에는 기관지확장제 반응검사를 시행하지

않을 수 있다.

- 폐기능 검사는 기관지확장제 반응검사에 양성인 경우(예를 들어 기관지확장제로 1초시 강제날숨량이 200ml 이상 상승하고 비율도 12% 이상 증가한 경우) 3개월 이상의 적극적인 치료 후 다시 평가한다.
- 3개월 이상 적극적인 치료에도 기관지확장제 반응검사에 양성이면서 폐기능이 호전이 없이 지속적으로 유지되었다면 판정을 할 수 있다.

표 10-11 장애정도기준

장애 정도	장애 상태
장애의 정도가 심한 장애인	1. 만성호흡기 질환으로 인하여 기관절개관을 유지하고 24시간 인공호흡기로 생활하는 사람 2. 폐나 기관지 등 호흡기관의 만성적인 기능부전으로 안정시에도 산소요법을 받아야 할 정도의 호흡곤란이 있고, 평상시의 폐환기 기능(1초시 강제날숨량) 또는 폐확산능이 정상예측치의 25% 이하이거나, 산소를 흡입하지 않으면서 평상시 대기중에서 안정시에 동맥혈 산소분압이 55mmHg 이하인 사람 3. 폐나 기관지 등 호흡기관의 만성적인 기능부전으로 집안에서의 이동시에도 호흡곤란이 있고, 평상시의 폐환기 기능(1초시 강제날숨량) 또는 폐확산능이 정상예측치의 30% 이하이거나, 산소를 흡입하지 않으면서 평상시 대기중에서 안정시에 동맥혈 산소분압이 60mmHg 이하인 사람 4. 폐나 기관지 등 호흡기관의 만성적인 기능부전으로 평지에서의 보행시에도 호흡곤란이 있고, 평상시의 폐환기 기능(1초시 강제날숨량) 또는 폐확산능이 정상예측치의 40% 이하이거나, 산소를 흡입하지 않으면서 평상시 대기중에서 안정시에 동맥혈 산소분압이 65mmHg 이하인 사람
장애의 정도가 심하지 않은 장애인	1. 폐를 이식받은 사람 2. 늑막루가 있는 사람

출처: 보건복지부(2019). 장애정도 판정기준

4. 간장애 판정기준

1) 장애진단기관 및 전문의 판정

간(肝)장애는 간의 만성적 기능부전과 그에 따른 합병증 등으로 인한 간 기능의 장애로 인하여 일상생활을 하는데 상당한 제약을 받는 것을 의미하는데 간(肝)이란 우리 몸에서 체중의 3%를 차지하는 인체 내의 최대의 장기로, 대사기능, 배설기능, 해독, 방어기능, 순환기능을 한다.

장애진단 직전 2개월 이상 진료한 의사로서 의료기관의 내과(소화기분과) · 외과 · 소아청소년과 전문의 진단을 받는다.

2) 진료기록 등의 확인

장애진단을 하는 전문의는 원인 질환 등에 대하여 1년 이상의 충분한 치료 후에도 장애가 고착되었음을 진단서, 소견서, 진료기록 등으로 확인하여야 한다(필요시 환자에게 타 병원 진료기록 등을 제출하게 한다).

3) 장애진단 및 재판정 시기

① 대상자의 질병상태 등에 대한 소관 전문의의 최초 진단 이후 1년 이상이 경과하고, 최근 2개월 이상의 적극적인 치료에도 불구하고 호전의 기미가 거의 없는 만성 간 질환의 경우에 장애를 진단한다.

표 10-12 장애정도기준

장애 정도	장애 상태
장애의 정도가 심한 장애인	1. 만성 간질환(간경변증, 간세포암종 등)으로 진단받은 환자중 잔여 간 기능이 만성 간질환 평가척도(Child- Pugh score) 상 등급 C이면서 다음의 합병증 중 하나 이상을 보이는 사람 1) 간성뇌증, 2) 내과적 치료로 조절되지 않는 난치성 복수 2. 만성 간질환(간경변증, 간세포암종 등)으로 진단받은 환자 중 잔여 간 기능이 만성 간질환 평가척도(Child- Pugh score) 상 등급 C이면서 다음의 병력(2년 이내의 과거병력) 중 하나 이상을 보이는 사람 1) 간성뇌증의 병력, 2) 자발성 세균성 복막염의 병력 3. 만성 간질환(간경변증, 간세포암종 등)으로 진단받은 환자 중 잔여 간 기능이 만성 간질환 평가척도(Child- Pugh score) 상 등급 C인 사람 4. 만성 간질환(간경변증, 간세포암종 등)으로 진단받은 환자 중 잔여 간 기능이 만성 간질환 평가척도(Child- Pugh score) 상 등급 B이면서 다음의 합병증 중 하나 이상을 보이는 사람 1) 난치성 복수, 2) 간성뇌증
장애의 정도가 심하지 않은 장애인	1. 간을 이식받은 사람

출처: 보건복지부(2019). 장애정도 판정기준

② 수술 또는 치료로 기능이 회복될 수 있다고 판단하는 경우에는 장애진단을 처치 후로 유보하여야 한다. 다만, 1년 이내에 국내 여건상 그 수술이 쉽게 행하여지지 아니하는 경우와 장애인의 건강상태 등으로 인하여 수술 등을 하지 못하는 경우는 예외로 할 수 있다.

③ 최초 판정일로부터 2년 이후의 일정한 시기를 정하여 재판정을 하여야 하며, 재판정 시에 장애상태의 현저한 변화가 예측되는 경우에는 다시 재판정일로부터 2년 이후의 일정한 시기를 정하여 재판정을 하여야 한다. 다만, 재판정 당시 장애의 중증도나 연령 등을 고려할 때에 장애상태가 거의 변화하지 않을 것으로 예측되는 경우에는 재판정을 제외할 수 있다.

④ 간이식의 경우는 재판정을 제외한다.

5. 안면장애 판정기준

1) 장애진단기관 및 전문의 판정

2003년 장애인복지법 개정에 의해 신체적 장애 중 외부신체기능의 장애로 장애범주에 추가된 안면장애는 장애인복지법 시행령에 의하면, "안면부위의 변형이나 기형으로 사회생활에 상당한 제약을 받는 사람"으로 규정되어 있다.

안면장애에는 면상반흔, 색소침착, 모발결손, 조직의 비후나 함몰, 결손이 포함된다. '함몰이나 비후'라 함은 연부조직, 골조직 등의 함몰이나 비후, 위축을 말한다. '안면부'라 함은 두부, 안면부, 경부, 이부와 같이 상지와 하지, 몸통 이외에 일반적으로 노출되는 부분을 의미하며, '노출된 안면부'라 함은 전두부와 측두부, 이개후부의 모발선과 정면에서 보았을 때 경부의 전면과 후면을 구분하는 수직선을 연결한 선을 경계로 얼굴, 귀, 목의 앞면을 포함한다. 모발결손은 탈모증에 의한 것은 제외하며 반흔을 동반한 모발결손으로 국한한다. 얼굴 전면에 혈관종을 앓고 있거나 화상으로 인한 얼굴변형도 그 정도에 따라 안면장애인으로 인정받을 수 있다.

① 의료기관의 성형외과 · 피부과 또는 외과(화상의 경우) 전문의

② 의료기관의 치과(구강악안면외과) · 치과 전속지도 전문의(구강악안면외과)

2) 진료기록 등의 확인

장애진단을 하는 전문의는 원인 질환 등에 대하여 6개월 이상의 충분한 치료 후에도 장애가 고착되었음을 진단서, 소견서, 진료기록 등으로 확인하여야 한다(필요시 환자에게 타 병

원 진료기록 등을 제출하게 한다).

다만, 장애 상태가 고착되었음이 전문적 진단에 의해 인정되는 경우 이전 진료기록 등을 확인하지 않을 수 있다. 이 경우 이에 대한 의견을 구체적으로 장애정도 심사용 진단서에 명시하여야 한다.

3) 장애진단 및 재판정 시기

① 원인 질환 등에 관하여 충분히 치료하여 장애가 고착되었을 때에 진단하며, 그 기준 시기는 원인 질환 또는 부상 등의 발생 또는 수술 이후 6개월 이상 지속적으로 치료한 후로 한다.

② 수술 또는 치료로 기능이 회복될 수 있다고 판단하는 경우에는 장애진단을 처치 후로 유보하여야 한다. 다만, 1년 이내에 국내 여건 또는 장애인의 건강상태 등으로 인하여 수술 등을 하지 못하는 경우는 예외로 하되 필요한 시기를 지정하여 재판정을 받도록 하여야 한다.

③ 향후 장애정도의 변화가 예상되는 경우에는 반드시 재판정을 받도록 하여야 한다. 이 경우 재판정의 시기는 최초의 판정일로부터 2년 이상 경과한 후로 한다. 2년 이내에 장애상태의 변화가 예상될 때에는 장애의 판정을 유보하여야 한다.

④ 재판정이 필요한 경우 장애진단을 하는 전문의는 장애정도 심사용 진단서에 그 시기와 필요성을 구체적으로 명시하여야 한다.

표 10-13 장애정도기준

장애 정도	장애 상태
장애의 정도가 심한 장애인	1. 노출된 안면부의 90% 이상의 변형이 있는 사람 2. 노출된 안면부의 60% 이상의 변형이 있고 코 형태의 2/3 이상이 없어진 사람 3. 노출된 안면부의 75% 이상의 변형이 있는 사람 4. 노출된 안면부의 50% 이상의 변형이 있고 코 형태의 2/3 이상이 없어진 사람
장애의 정도가 심하지 않은 장애인	1. 노출된 안면부의 60% 이상의 변형이 있는 사람 2. 코 형태의 2/3 이상이 없어진 사람 3. 노출된 안면부의 45% 이상 변형이 있고 코 형태의 1/3 이상이 없어진 사람 4. 노출된 안면부의 45% 이상이 변형된 사람 5. 코 형태의 1/3 이상이 없어진 사람

출처: 보건복지부(2019). 장애정도 판정기준

6. 장루 · 요루장애 판정기준

1) 장애진단기관 및 전문의 판정

장루 · 요루란 복부 밖으로 장관 또는 요관을 꺼내어 인위적으로 장 내용물을 배출할 목적으로 만든 인공적 개구부를 말한다. 좁은 의미로 장루란 장의 누공이고 요루란 요관의 누공을 말한다. 넓은 의미로는 복벽에 솟아 있는 장루 자체만을 스토마라고 표현하며, 스토마의 형태도 질병의 성격과 수술방법에 따라 몇 가지 유형으로 나뉜다.

장루는 처음 수술 후에는 복벽 밖으로 1~2cm 돌출되어 있고 매우 붉은 빛을 띠고 부풀어 있지만, 수술 후 5~6주 후에는 크기도 작아지며 모양을 갖추게 된다. 장루는 신경이 없어서 만져도 아프지는 않으며, 자극을 주면 약간의 출혈이 있을 수 있다. 그러나 인공항문이라고 불리는 장루는 자연 그대로의 항문이 아니기 때문에 괄약근의 조절을 받을 수가 없다. 즉, 장을 복부 밖으로 연결해 놓은 것이기 때문에 아무런 조치를 취하지 않으면 대변이 그대로 흘러버리는 것이다.

의료기관의 외과 · 산부인과 · 비뇨기과 또는 내과 전문의 진단을 받는다.

2) 진료기록 등의 확인

장애진단을 하는 전문의는 원인 질환 등에 관하여 충분히 치료한 후에도 장애가 고착(복원수술이 가능한 경우 1년 이상 경과)되었음을 장루조성술시의 수술기록지, 병리소견서, 진단서, 진료기록 등으로 확인하여야 한다(필요시 환자에게 타병원 진료기록 등을 제출하게 한다).

3) 장애진단 및 재판정 시기

① 복원수술이 불가능한 장루(복회음절제술 후 에스결장루, 전대장직장절제술 후 시행한 말단형 회장루 등) · 요루(요관피부루, 회장도관 등)의 경우에는 장루(요루) 조성술 이후 진단이 가능하며, 그 외 복원수술이 가능한 장루(요루)의 경우에는 장루(요루) 조성술 후 1년이 지난 시점에서 장애를 진단한다.

- 진단의는 복원수술 가능 여부를 장애정도 심사용 진단서에 기재하여야 한다.

② 수술 또는 치료로 기능이 회복될 수 있다고 판단하는 경우에는 장애진단을 처치 후로 유보하여야 한다. 다만, 1년 이내에 국내 여건상 그 수술이 쉽게 행하여지지 아니하는 경우와 장애인의 건강상태 등으로 인하여 수술 등을 하지 못하는 경우는 예외로 할 수 있다.

③ 복원수술이 가능한 장루(요루)의 경우에는 최초 판정일로부터 3년 이후의 일정한 시기

를 정하여 재판정을 하여야 하며, 재판정 시에 복원수술을 시행할 가능성이 있는 경우에는 다시 재판정일로부터 3년 이후의 일정한 시기를 정하여 재판정을 하여야 한다. 다만, 복원수술이 불가능한 장루(요루) 등 장애의 상태가 고착되었다고 판단하는 경우에는 재판정을 제외할 수 있다.

4) 판정개요

① 배변이나 배뇨를 위하여 복부에 인위적으로 조성된 구멍(장루 또는 요루)을 가지고 있는 경우에 장루 · 요루장애로 진단한다.

② 요루는 회장도관, 요관피부루, 경피적 신루를 포함한다.

③ 장애의 정도가 심한 장애에 해당하는 말단 공장루는 소장의 2/3 이상 절제한 경우에 판정한다.

표 10-14 장애정도기준

장애 정도	장애 상태
장애의 정도가 심한 장애인	1. 장루와 함께 요루 또는 방광루를 가지고 있으며, 그 중 하나 이상의 루에 합병증으로 장피누공 또는 배뇨기능장애가 있는 사람 2. 장루 또는 요루를 가지고 있으며, 합병증으로 장피누공과 배뇨기능장애가 모두 있는 사람 3. 배변을 위한 말단 공장루를 가지고 있는 사람 4. 장루와 함께 요루 또는 방광루를 가지고 있는 사람 5. 장루 또는 요루를 가지고 있으며, 합병증으로 장피누공 또는 배뇨기능장애가 있는 사람
장애의 정도가 심하지 않은 장애인	1. 장루 또는 요루를 가진 사람 2. 방광루를 가지고 있으며, 합병증으로 장피누공이 있는 사람 3. 방광루를 가진 사람

※ 선행성 관장루를 시행한 경우 '방광루를 가진 사람(장애의 정도가 심하지 않은 장애인)'으로 준용한다.

※ 코크파우치, 미트라파노프 수술을 시행한 경우 '장루 또는 요루를 가진 사람(장애의 정도가 심하지 않은 장애인)'으로 준용한다.

※ 단, 선행성 관장루를 가지고 있고 코크파우치 또는 미트라파노프 수술을 시행한 경우 '장루 또는 요루를 가진 사람(장애의 정도가 심하지 않은 장애인)'으로 준용한다.

④ 합병증의 평가

- 배뇨기능장애는 간헐적 도뇨 등이 필요한 경우를 말하며, 요역동학검사 등 신경학적

검사 소견과 진료기록 및 의사의 소견으로 확인하여야 한다. 전립선비대증 등 타과적 질환으로 인한 배뇨장애나 노화로 인한 뇨실금, 신경인성방광 등 원발성 배뇨장애는 장루(요루)장애의 합병증으로 인정하지 아니한다.

- 장피누공(방광질누공, 직장질누공, 요관질누공 포함 등)은 방사선 등에 의한 손상으로 장루 이외의 구멍으로부터 장 내용물이 지속적으로 흘러나오며 수술 등에 의해서도 치유될 가능성이 없는 경우를 말하며 사진 및 방사선검사결과지 등의 객관적 자료로 확인하여야 한다.

7. 뇌전증장애 판정기준

1) 성인

(1) 장애진단기관 및 전문의 판정

뇌전증이란 뇌전증 발작을 유발할 수 있는 원인 인자, 즉 전해질 불균형, 산-염기 이상, 요독증, 알코올 금단현상, 심한 수면박탈상태 등 발작을 초래할 수 있는 신체적 이상이 없음에도 불구하고, 뇌전증 발작이 반복적으로(24시간 이상의 간격을 두고 2회 이상) 발생하여 만성화된 질환군을 의미한다. 또는, 뇌전증 발작이 1회만 발생하였다고 하더라도 뇌 영상검사(뇌 MRI 등)에서 뇌전증을 일으킬 수 있는 병리적 변화가 존재하면 뇌전증으로 분류한다. 간질이라는 용어가 주는 사회적 낙인이 심하기 때문에 뇌전증이라는 용어로 변경되었다.

장애진단 직전 6개월 이상 진료한 의료기관에서 근무하는 신경과 · 신경외과 · 정신건강의학과 · 소아청소년과 · 소아신경과 전문의 진단을 받는다.

(2) 진료기록 등의 확인

장애진단을 하는 전문의는 원인 질환 등이 2년 이상의 지속적이고 적극적인 치료 후에도 장애가 고착되었음을 진단서, 소견서, 진료기록 등으로 확인하여야 한다(필요시 환자에게 타 병원 진료기록 등을 제출하게 한다).

(3) 장애진단 및 재판정 시기

① 원인 질환 등에 관하여 충분히 치료하여 장애가 고착되었을 때에 진단하며, 그 기준 시기는 현재의 상태와 관련하여 최초진단 이후 2년 이상의 지속적이고 적극적인 치료를 받음에도 불구하고 호전의 기미가 거의 없을 정도로 장애가 고착되었을 때 장애를 진단한다.

② 최초 판정일로부터 3년 이후의 일정한 시기를 정하여 재판정을 하여야 하며, 재판정 시에 장애상태의 현저한 변화가 예측되는 경우에는 다시 재판정일로부터 3년 이후의 일정한 시기를 정하여 재판정을 하여야 한다. 다만, 재판정 당시 장애의 중증도나 연령 등을 고려할 때에 장애상태가 거의 변화하지 않을 것으로 예측되는 경우에는 재판정을 제외할 수 있다.

(4) 판정 개요

① 현재 적극적인 치료 중인 상태에서 장애를 진단한다.

② 모든 판단은 객관적인 의무 기록으로 확인하여야 한다.
의무기록에는 확고한 발작의 종류별 분류 근거(자세한 발작의 임상 양상, 뇌파 검사 소견, 뇌영상 촬영 소견, 신뢰할 수 있는 목격자 진술 등), 정확한 발생 빈도, 적극적 치료의 증거(환자의 순응도, 약물 처방, 약물 혈중농도, 생활관리의 성실도 등)가 기술되어야 한다.

표 10-15 장애정도기준

장애 정도	장애 상태
장애의 정도가 심한 장애인	1. 만성적인 뇌전증에 대한 적극적인 치료에도 불구하고 월 8회 이상의 중증 발작이 연 6회 이상 있고, 발작을 할 때에 유발된 호흡장애, 흡인성 폐렴, 심한 탈진, 두통, 구역, 인지기능의 장애 등으로 심각한 요양관리가 필요하며, 일상생활 및 사회생활에 항상 타인의 지속적인 보호와 관리가 필요한 사람 2. 만성적인 뇌전증에 대한 적극적인 치료에도 불구하고 월 5회 이상의 중증 발작 또는 월 10회 이상의 경증발작이 연 6회 이상 있고, 발작을 할 때에 유발된 호흡장애, 흡인성 폐렴, 심한 탈진, 두통, 구역, 인지기능 장애 등으로 요양관리가 필요하며 일상생활 및 사회생활에 수시로 보호와 관리가 필요한 사람
장애의 정도가 심하지 않은 장애인	1. 만성적인 뇌전증에 대한 적극적인 치료에도 불구하고 월 1회 이상의 중증 발작 또는 월 2회 이상의 경증발작이 연 6회 이상 있고, 이로 인하여 협조적인 대인관계가 곤란한 사람 2. 만성적인 뇌전증에 대한 적극적인 치료에도 불구하고 월 1회 이상의 중증 발작 또는 월 2회 이상의 경증발작이 연 3회 이상 있고, 이로 인하여 협조적인 대인관계가 곤란한 사람

출처: 보건복지부(2019). 장애정도 판정기준

③ 중증발작이란 전신강직간대경련, 전신강직경련 혹은 전신간대경련을 동반하는 발작, 신체의 균형을 유지하지 못하고 쓰러지는 발작, 의식 장애가 3분 이상 지속되는 발작 또는 사고나 외상을 동반하는 발작을 말한다.

④ 경증발작이란 중증발작과 장애정도 판정대상에서 제외되는 발작에 해당되지 아니하는 발작을 말한다.
수면 중 발생하는 뇌전증은 중증발작에 속하나 일상생활 및 사회생활에 수시로 보호관리가 필요한 경우에 해당하지 않으므로 경증발작으로 본다.

⑤ 조짐(aura), 소발작(absence), 단발적 근간대성발작은 장애정도 판정에서 제외한다.

⑥ 경증발작과 중증발작이 모두 발생하는 경우는 경증발작 1회를 중증발작 0.5회 또는 중증발작 1회를 경증발작 2회로 계산한다.

2) 소아청소년(만 18세 미만)

(1) 장애진단기관 및 전문의

장애진단 직전 6개월 이상 진료한 의료기관의 소아청소년과 · 소아신경과 · 신경과 · 신경외과 또는 정신건강의학과 전문의 진단을 받는다.

(2) 진료기록 등의 확인

① 장애진단을 하는 전문의는 각각의 질환에 대한 규정 기간(1년 내지 2년) 이상 경과하고 지속적이고 적극적인 치료 후에도 장애가 고착되었음을 진단서, 소견서, 진료기록 등으로 확인하여야 한다(필요시 환자에게 타 병원 진료기록 등을 제출하게 한다).
진료기록에는 확고한 발작의 종류별 분류 근거(자세한 발작의 임상 양상, 뇌파검사 소견, 뇌영상 촬영소견, 신뢰할 수 있는 목격자 진술 등), 정확한 발생 빈도, 적극적 치료의 증거(환자의 순응도, 약물처방, 약물 혈중농도, 생활관리의 성실도 등)가 기술되어 있어야 한다.

② 장애평가 확인사항: 발작의 형태(seizure type)와 뇌전증의 증후군(epilepsy syndrome)별 진단과 정확한 발생 빈도, 적극적 치료의 증거(환자의 순응도, 약물 처방, 약물 혈중농도, 생활관리의 성실도 등)가 기록된 의무기록, 뇌파 검사 소견, 뇌영상 촬영 소견 등을 확인한다.

(3) 장애진단 및 재판정 시기

① 영아연축(Infantile spasm), 레녹스-가스토 증후군(Lennox-Gastaut syndrome) 등과 같은 뇌전증성 뇌병증(epileptic encephalopathy)에 속하는 질환의 경우는 최초 진단 이후 1년의 치료기간 이후 장애진단이 가능하며, 재판정은 3년 후로 한다.

② 뇌전증성 뇌병증(epileptic encephalopathy)에 속하지 않는 질환의 경우 최초 진단 이후 2년의 치료기간 이후 장애진단이 가능하며, 재판정은 3년 후로 한다.

③ 재판정 시에 장애상태의 현저한 변화가 예측되는 경우에는 다시 재판정일로부터 3년 이후의 일정한 시기를 정하여 재판정을 하여야 한다. 다만, 장애의 중증도 등을 고려할 때에 장애상태가 거의 변화하지 않을 것으로 예측되는 경우에는 재판정을 제외할 수 있다.

(4) 판정개요

① 기본적인 발작의 형태별 진단은 1981년 ILAE의 진단기준에 따른다.

- 부분발작(Partial seizure)이 있는데, 이는 발작시 의식장애가 없는 단순부분발작(simple partial seizure)과 발작시 의식장애를 동반하는 복잡부분발작(complex partial seizure)으로 분류한다.
- 전신발작(Generalized seizures)은 수 초간 의식소실이 있는 결신발작(absence seizure), 환자는 의식을 완전히 잃고 쓰러지고, 강직성의 근수축과 간헐적인 근굴곡을 일으키는 간대기가 뒤이어 나타나는 강직-간대 발작(대발작: generalized tonic-clonic seizure), 강직발작(tonic seizure), 간대발작(clonic seizure), 사지나 몸통 근육의 갑작스런 불수의적 수축을 일으키는 근간대성 발작(myoclonic Seizures), 근긴장이 소실되어 머리를 갑자기 앞으로 떨어뜨리거나 무릎이 꺾이는 탈력발작(akinetic, astatic, atonic seizure)이 있다.

② 뇌전증의 증후군별 진단은 1989년 ILAE의 진단기준에 따른다. 잘 알려진 영아연축(Infantile spasm), 레녹스-가스토 증후군(Lennox- Gastaut syndrome) 등과 같은 뇌전증성 뇌병증(epileptic encephalopathy)외에도 소아청소년의 연령에만 국한되는 증후군이 다수 있으므로, 이를 참조한다.

③ 항뇌전증약의 적극적인 치료에도 발작이 지속되는 경우 발작의 형태와 평균 발작횟수에 따라 장애정도를 판정한다.

표 10-16 장애정도기준

장애 정도	장애 상태
장애의 정도가 심한 장애인	1. 전신발작은 1개월에 8회 이상의 발작이 있는 사람(다만, 결신발작과 근간대성발작의 경우는 아래 참고와 같이 평가) 2. 신체의 손상을 초래할 수 있는 경우로 넘어지면서 머리가 먼저 바닥에 떨어지는 발작(head drop, falling attack)은 1개월에 4회 이상의 발작이 있는 사람 3. 영아연축(Infantile spasm), 레녹스-가스토 증후군(Lennox-Gastaut syndrome) 등과 같은 뇌전증성 뇌병증(epileptic encephalopathy)은 1개월에 4회 이상의 발작이 있는 사람 4. 근간대성발작(myoclonic seizure)이 중하여(severe) 자주 넘어져 다칠 수 있는 경우(falling attack을 초래하는 경우)는 1개월에 4회 이상의 발작이 있는 사람 5. 전신발작은 1개월에 4~7회의 발작이 있는 사람 6. 신체의 손상을 초래할 수 있는 경우로 넘어지면서 머리가 먼저 바닥에 떨어지는 발작(head drop, falling attack)은 1개월에 1~3회의 발작이 있는 사람 7. 영아연축(Infantile spasm), 레녹스-가스토 증후군(Lennox-Gastaut syndrome) 등과 같은 뇌전증성 뇌병증(epileptic encephalopathy)은 1개월에 1~3회의 발작이 있는 사람 8. 근간대성발작(myoclonic seizure)이 중하여(severe) 자주 넘어져 다칠 수 있는 경우(falling attack을 초래하는 경우)는 1개월에 1~3회의 발작이 있는 사람 9. 부분발작은 1개월에 10회 이상의 발작이 있는 사람
장애의 정도가 심하지 않은 장애인	1. 전신발작은 1개월에 1~3회의 발작이 있는 사람 2. 신체의 손상을 초래할 수 있는 경우로 넘어지면서 머리가 먼저 바닥에 떨어지는 발작(head drop, falling attack)은 6개월에 1~5회의 발작이 있는 사람 3. 영아연축(Infantile spasm), 레녹스-가스토 증후군(Lennox-Gastaut syndrome) 등과 같은 뇌전증성 뇌병증(epileptic encephalopathy)은 6개월에 1~5회의 발작이 있는 사람 4. 근간대성발작(myoclonic seizure)이 중하여(severe) 자주 넘어져 다칠 수 있는 경우(falling attack을 초래하는 경우)는 6개월에 1~5회의 발작이 있는 사람 5. 부분발작은 1개월에 1~9회의 발작이 있는 사람

출처: 보건복지부(2019). 장애정도 판정기준

memo

장애인과 인권

CHAPTER

11

CHAPTER 11

장애인과 인권

Ⅰ. 인권의 개념과 특성

1. 인권의 개념

1) 인권의 특성과 가치

① 인권의 적용범위는 "모든 인간"이며 인권은 보편성(universality)을 띠며, 시간과 공간을 초월하고 모두를 포괄(all-inclusion)하는 적용원리를 가지게 되는데, 인권의 개념과 범주가 발전하는 과정 속에서 몇 가지 보편적인 몇 가지 특성을 지니게 된다.

첫째, 인권은 기본적이고 필수적인 권리로 인권은 반드시 있어야 할 인간다움을 지키기 위한 최저선이다.

둘째, 인권은 보편적이다. 즉, 인권은 모든 장소의 모든 사람이 평등하게 갖는 권리로서, 인종, 피부색, 성, 언어, 종교, 정치적 의견 또는 사상, 출신, 재산, 출생 또는 그 어떠한 지위에 따른 차별이 없어야 한다.

셋째, 인권은 법으로 보장되는 권리 이상의 것이다. 인권은 법에 따라 보장되고 있는 권리에만 한정되지 않으며, 현행법이 보장하고 있지 않더라도 인간의 존엄성을 보장하는 데에 반드시 필요한 권리는 인권으로 보장해야 한다.

② 인권이 추구하는 기본적인 가치로는

첫째, 생명. 인권은 생명과 함께 출발하는 것으로 이에는 육체적 생명 뿐 아니라 적극적이고 발전적인 삶을 창조하고 유지할 수 있는 생명을 포함한다.

둘째, 자유. 자유는 우리 각자가 자기 삶의 주인이 되어 스스로 선택한다는 것을 의미하며, 생각과 표현의 자유, 비인도적 처우를 받지 말아야 할 자유, 사생활과 거주이동의 자유 등의 자유를 누릴 수 있어야 한다.

셋째, 평등. 모든 사람은 성별, 나이, 출신지역, 종교, 빈부, 건강 등의 차이로 인해 차별이 행해져서는 아니 되며, 권리에 있어 평등하다.

넷째, 정의. 사회구성원 모두의 적절한 생활수준을 유지하기 위해 자원의 재분배와 사회적 약자에 대한 특별한 보호를 마련하는 등 사회정의와 경제정의가 실현되어야 한다.

다섯째, 사회적 책임. 인권이 추구하는 사회적 책임은 차별과 편견으로 인해 고통 받는 사회적 소수계층의 편에 서서 그들을 지지하고 지원하는 것이다.

2) 국제규정 및 국내법에 나타난 인권의 개념과 내용

(1) 세계인권선언(Universal Declaration of Human Right; 1948)

1948년 12월 10일 파리에서 열린 제3회 국제연합총회에서 채택된 인권에 관한 세계선언

(2) 국제인권조약(1976)

국제인권법은 주로 국가간 조약으로 자연인의 기본적 권리를 보호, 증진함을 목표로 하는 국제법의 한 분야이다.

※ 국제적 인권 규정에 나타난 인권의 범주와 내용

인권범주	하위범주	내용별 실체적 권리
인간의 존엄	인간의 존엄	천부적 자유와 존엄, 생명권, 신체의 자유와 안전, 강제노동/노예금지, 고문금지, 법 앞에 평등, 차별금지
시민적 정치적 권리	시민적 권리	사생활의 자유(명예/명성/정보통신/통신/혼인선택 포함, 거주이전의 자유, 국적 취득권, 아동의 권리, 재산소유권, 사상·양심·종교의 자유)
	정치적 권리	의사표현의 자유(알권리, 정보 접근권 포함), 언론·출판의 자유, 집회결사의 자유(발언권, 참정권, 공무참여권, 청원권 포함)
경제적 사회적 문화적 권리	경제적권리	사회 보장권, 노동에 대한 권리, 적정보수의 권리, 주거권, 건강권 포함
	사회적권리	가족형성권, 적정생활 수준 향유권(식량권, 물에 대한 권리, 주거권, 건강권 포함)
	문화적 권리	교육에 대한 권리, 문화생활 참여(과학기술 향유권, 저작권, 자기문화 향유권 포함), 인권질서 추구권
법 절차적 권리	법 절차적 권리	법적 인격체의 인정, 법적 구제권, 인신보호, 공정/신속재판을 받을 권리, 적법절차, 무죄추정, 죄형법정주의, 수형자의 권리

자료: 이창수 외(2005), "인권관련 정부통계 현황에 대한 실태조사", 국가인권위원회 p. 59

(3) 대한민국 헌법 및 국가인권위원회법

① 「헌법」 제10조: “모든 국민은 인간으로서의 존엄과 가치를 가지며 행복을 추구할 권리를 가진다. 국가는 개인이 가지는 불가침의 기본적 인권을 확인하고 이를 보장할 의무를 진다”고 하여, 인간의 존엄과 행복추구권 등을 선언하였다.

② 「국가인권위원회법」 제2조1: “인권이라 함은 헌법 및 법률에서 보장하거나 대한민국이 가입 비준한 국제인권조약 및 국제관습법에서 인정하는 인간으로서의 존엄과 가치 및 자유와 권리를 말한다”고 정의(인권을 국내법에 의한 법적 권리로 서의 성질뿐 아니라 자연권적인 인간으로서의 권리를 폭넓게 수용)한다.

Ⅱ. 인권의 발달

- 인권의 3세대론(프랑스 법학자 Karl Vasak)
- 제1세대 인권을 소극적 자유, 제2, 3세대 인권을 적극적 자유로 분류

세대 구분	인권의 내용
제1세대 시민적 · 정치적 권리(세계인권선언 제1조~21조)	생명권, 인격적 존재로 대우받을 권리, 평등권, 신체의 자유, 거주 · 이전의 자유, 사상 · 양심과 종교의 자유, 표현의 자유, 집회와 결사의 자유, 사생활의 자유, 혼인과 가족생활에 대한 권리, 국적에 대한 권리, 참정권, 공정한 재판을 받을 권리, 무죄추정을 받을 권리, 재산권 등
제2세대 경제적 · 사회적 · 문화적 권리(세계인권선언 제22조~27조)	노동권, 노동조합에 관한 권리, 사회보장과 사회보험에 관한 권리, 가정의 보호 및 지원에 관한 권리, 아동의 보호에 관한 권리, 적절한 생활수준을 영위할 권리, 가능한 최상의 신체 및 정신 건강을 영위할 권리, 교육받을 권리, 문화에 관한 권리 등
제3세대 연대권(solidarity rights)(세계인권선언 제28조~30조)	발전권, 환경권, 평화권, 문화유산에 대한 소유권, 의사소통권, 인도적 원조를 요구할 수 있는 권리 등

1. 1세대 인권: 자유권 혹은 시민 · 정치적 권리

① 봉건시대의 종결 이후 근대시민혁명을 통해 등장한 ‘자유권’은 국가가 개인에게 간섭하지 말 것을 요구하는 성격이 강하다.

② 인권의 첫 세대에 해당하는 UN의 세계 인권선언은 공정한 대우, 선거권과 같은 시민적, 정치적 권리에 강조를 두고 있다.

③ 이 권리들은 '소극적 권리'로서 개인의 자유를 박탈하는 어떠한 것으로부터도 해방을 보장하도록 고안된 권리이다.

2. 2세대 인권: 사회권 혹은 경제 사회 문화적 권리

세대 인권의 '자유'가 의미를 가지려면 '자유'를 통해서 인간다운 생존을 추구할 수 있는 권리 보장과 노동조건의 개선 등과 같은 실질적인 권리보장이 필요하다는 요구에 의해서 인권의 개념의 전환이 시작되었는데, 결국 인권 2세대는 소위 '적극적 권리'로서 사회정의를 실현, 결핍으로부터의 자유, 사회 · 경제 · 문화생활에의 참여를 보장하는 것을 특징으로 하는 '사회권'이 새로이 등장했으며, 사회권의 보장을 위해서는 이전 시대의 역할과 달리 국가가 적극적으로 나서서 분배의 정의를 위해 노력할 것을 요구. 사회권에 해당하는 권리는 오늘날 세계인권선언에 포함된 다음의 권리들로 발전해 온다.

3. 3세대 인권: 집단적 권리 혹은 연대의 권리

앞의 1 · 2세대의 권리가 국가와 개인 간의 관계를 중심으로 각 개인에게 보장되어야 할 권리라면, 3세대 인권은 세계화와 시장지배에 대응하는 집합적인 보편적 권리를 요구하는 집단의 권리라고 말할 수 있음. '집합적 권리'는 아직 형성단계에 있는 개념으로 볼 수 있다.

Ⅲ. 장애인과 인권

1. 법에 규정된 우리나라 장애인의 권리

우리나라의 경우, 장애인 주거시설의 인권문제가 종종 사회적 문제로 이슈화되는 사례가 있었는데, 정작 우리나라 장애인 주거시설의 이용자에 관한 인권과 권리에 대한 법적 근거는 미약한 편. 도리어 장애인의 권리를 제한하게 원인이 되는 내용이 법으로 규정되어 있는 등 전반적인 법률적 검토가 시급한 실정이다.

1) 장애인의 권리를 확장시키는 법적 조항

(1) 장애인이 행정기관에 서비스를 신청을 할 수 있는 권리(사회복지사업법 33조2항)

사회복지서비스를 필요로 하는 자와 그 친족 그 밖의 관계인은 관할 시장 · 군수 · 구청장에게 보호대상자에 대한 사회복지서비스의 제공을 신청할 수 있다.

(2) 장애인이 서비스를 선택할 수 있는 권리(사회복지사업법 33조7항)

시장 · 군수 · 구청장은 국가 또는 지방자치단체외의 자로 하여금 보호대상자에게 사회복지서비스이용권을 지급하여 국가 또는 지방자치단체외의 자로부터 그 이용권으로 보호를 받게 할 수 있다.

(3) 장애인이 시설운영과 시설평가에 참여할 수 있는 근거(사회복지사업법 시행규칙 제24조, 27조)

① 시설의 운영위원회의 조직 및 운영에 관한 규정에 운영위원으로 시설거주자 또는 시설거주자의 보호자 대표를 참여하도록 정하고 있음(24조)

② 3년마다 1회 이상 시설의 평가를 하도록 규정하고 시설의 평가기준 가운데, 「시설거주자에 대한 서비스의 만족도」를 평가하도록 규정(27조)

(4) 장애인에 대한 포괄적인 권리 조항(장애인복지법 제4조)

① 장애인은 인간으로서의 존엄과 가치를 존중받으며, 이에 걸맞는 처우를 받는다.

② 장애인은 국가 사회의 구성원으로서 정치 경제 사회 문화 기타 모든 분야의 활동에 참여할 권리가 있다.

(5) 장애인에 대한 포괄적 차별 금지 조항(장애인복지법 제8조)

① 정치 경제 사회 문화생활의 모든 영역에 있어 차별을 해서는 아니 된다.

② 장애인에 대한 비하 모욕을 해서는 안 되고, 장애인을 이용한 부당 영리행위를 해서는 안 된다.

(6) 장애인 보호자에 대한 포괄적인 배려 조항(장애인복지법 제5조)

장애인의 복지 정책결정과 실시에 있어 장애인의 부모 및 배우자 기타 보호자의 의견을 존중해야 한다.

(7) 장애인복지의 이념적 지향점을 선언하고 있는 규정(장애인복지법 시행규칙 별표 3, 4)

① 시설장 및 시설종사자는 생활 장애인의 보호, 재활 및 사회복귀에 최대의 노력을 경주하여야 한다.

② 시설 및 장애인이 정치활동, 영리활동 및 본인의 의사에 반한 특정 종교 활동 등의 부

당한 목적에 이용되지 않도록 하여야 한다.

③ 정당하지 않은 이유로 입소 또는 통원을 거부하여서도 안 되고, 인도주의적 원칙하에 이를 이용하는 장애인의 인간적 존엄성과 기본적 권리가 항상 유지되도록 노력하여야 한다.

(8) 거주자의 권리에 대한 정보제공, 이용자의 문화여가 선택권, 금전의 자율적 소유 및 관리의 인정, 개인비품 및 용품의 자율적 소유 및 관리의 인정, 재활계획수립과정에 시설생활자 또는 가족의 참여를 유인하는 평가 척도(시설평가 규정에 의한 2000년도 평가 척도)

2) 장애인의 권리를 제한하고 있는 법적 조항

(1) 장애문제의 소재와 책임을 개인에게 전가시키고 있는 장애인의 정의(장애인복지법 제2조)

장애인은 신체적 정신적 장애로 인하여 장기간에 걸쳐 일상생활 또는 사회생활에 상당한 제약을 받는 자이다.

(2) 장애인 학대 조항 첨가

장애인에 대하여 신체적 정신적 정서적 언어적 폭력이나 가혹행위, 경제적 착취, 유기 또는 방임을 말하는 것이다(장애인복지법 제2조 3항, 2012년 10월 22일 신설).

(3) 「지역사회 보호」라는 서비스 체계에서 제외되어 있는 장애인거주시설(장애인복지법 제58조)

① 장애인거주시설을 「거주공간을 활용하여 일반가정에서 생활하기 어려운 장애인에게 일정기간 동안 거주, 요양, 지원 등의 서비스를 제공하는 동시에 지역사회생활을 지원하는 시설」이라고 정의한다.

② 인간이 그 사회 속에서 존재하는 것은 「신체적, 정신적 완전성」이라는 자격 기준을 가졌기 때문이 아니라 「권리」이기 때문이며, 때문에 장애인은 사회복귀를 준비해야 하는 대상이 아니라, 이미 지역사회의 일원이어야 하며, 시설 또한 지역사회 보호의 맥락 속에서 기능하는 주거지원 서비스체계의 일부분으로 자리 잡아야 하는 것은 권리적 당위임. 그리고 한 인간의 정상적인 성장과 발달, 더욱이 전인적 재활은 지역사회의 다양한 자원들과의 상호작용이 배제된 채, 시설이라는 제한된 환경 속에서 이루려고 하는 시도들은 개인의 권리를 제한하고 있는 대표적인 법 규정이라 할 수 있다.

2. UN 장애인권리협약의 이해

1) 장애인권리협약의 개념

① 장애인권리협약은 전 세계의 6억 5천명이 넘는 장애인들에 대해 국가를 불문하고 가장 불이익 받는 가장 큰 소수집단으로서 장애인의 존엄과 가치를 재확인하고 이들이 직면하고 있는 불공평과 차별을 국제사회 차원에서 종식하기 위해 제정되었다.

② 장애인권리협약은 장애인에 대한 태도와 접근에 있어서 "패러다임 시프트(paradigm shift)"를 만들어내자는 것으로 장애인을 자선과 치료적 대상자에서 권리의 주체로 한층 상승시키는 관점변화운동이라 할 수 있다.
이러한 패러다임 시프트는 장애인이 살아가는데 바탕이 되는 자유와 정보의 획득 뿐 아니라 사회의 일원으로 참여할 수 있도록 하자는 것이다.

③ 우리나라는 2008년 12월 2일 제278회 국회(정기회) 제14차 본회의의 비준동의를 얻어 2008년 12월 11일 국제연합 사무총장에게 비준서를 기탁함으로써 2009년 1월 10일에 "조약 제1928호"로 우리나라에서 발효하였다.

④ 장애인권리협약을 이해하기에 앞서 국제협약이 어떠한 것이기에 국내에 엄청난 영향을 행사할 수 있는지 살펴보는 것이 이 협약의 이해에 도움이 될 것이다.

⑤ 장애인권리협약은 장애인의 권리 및 존엄성 증진을 위한 종합적인 국제 협약이다.
우리나라에서는 헌법 제60조에 국가와 국가사이에 문서를 교환하여 계약을 맺는데 있어 국내법 절차에 따라 국회의 동의를 거쳐 국제기관에 비준서를 기탁함으로써 가입국으로서의 자격을 획득하게 되었다.

⑥ 장애인권리협약에서 명시하는 당사국의 의무는 다음의 몇 가지로 요약(외교통상부, 2008) 할 수 있다.
첫째, 장애를 이유로 한 어떠한 형태의 차별 없이 장애인의 모든 인권과 기본적인 자유의 완전한 실현을 보장하고 촉진하기 위한 의무를 부담하게 되고,
둘째, 장애를 이유로 한 모든 차별을 금지하고, 모든 이유에 근거한 차별에 대하여 장애인에게 평등하고 효과적인 법적 보호를 보장하여야 하며,
셋째, 장애인이 모든 생활 영역에서 다른 사람과 동등하게 법적 능력을 향유함을 인정하고, 가정 내외에서 성별을 이유로 한 유형을 포함하여 모든 형태의 착취, 폭력 및 학대로부터 장애인을 보호하기 위하여 모든 적절한 입법적, 행정적, 사회적, 교육적 및 그 밖의 조치를 취하여야 하며,
넷째, 다른 사람과 동등하게 장애인의 노동권을 인정하되 노동권에는 장애인에게 개방

적이고 통합적이며 접근 가능한 노동시장과 근로환경 내에서 장애인이 자유로이 선택하거나 수용한 직업을 통하여 삶을 영위할 기회를 가질 권리가 포함되는 것을 지키며, 다섯째, 이 협약에 따른 의무를 이행하기 위하여 취한 조치 및 진전사항에 대한 종합적인 보고서를 국제연합 사무총장을 통하여 장애인권리위원회에 제출하고 장애인 권리위원회는 당사국으로부터 수령한 보고서와 정보에 대한 심사를 기초로 제안과 일반적 권고를 하도록 하는 일련의 의무를 갖게 된다.

3. 장애인권리협약의 제정배경과 과정

장애인권리협약은 2001년 제53차 UN 총회가 멕시코에 개최될 당시 멕시코의 빈센터 폭스 대통령이 기조연설을 통해 제안한 것에서 시작되어 2002년부터 2006년까지 여덟 세션의 특별위원회를 거쳐 2006년 12월 13일 뉴욕의 유엔본부에서 채택되었는데, 2007년 3월 30일에 82개의 조항과 44개의 선택의정서가 채택되어 비준되었다.

이러한 서명은 UN 사상 가장 높은 서명을 기록한 것이며, 21세기에 들어선 포괄적 인권조약으로서는 첫 번째 인권대회라는 점에서 의의가 크다.

이 협약은 2008년 3월부터 강제로 시행되는 것으로 체결되었다.

2001년 멕시코 총회 당시 장애인의 존엄성 보호와 권리보장에 대한 포괄적이고 완전한 권리와 존엄성을 보호할 것이 특별위원회에 제안된 데서 출발하여 2002년 첫 번째 세션을 시작으로 2003년 8월에 초안 텍스트 준비를 위해 스물일곱 정부대표와 열둘의 NGO 대표와 국가인권기구 대표가 참여해 2004년 1월 초안을 제작하였고, 이러한 작업은 2004년 6월 세 번째 세션, 2004년 8/9월에 네 번째 세션, 2005년 다섯 번째 세션, 2005년 8월 6번째 세션, 2006년 1월 7번째 세션, 2006년 8월~11월 9일 그리하여 12월 13일 최종 초안과 선택의정서 초안을 선택했다.

2007년부터 뉴욕의 유엔본부에서 언제든지 서명할 수 있도록 하고 있으며, 2008년 5월 8일부터 협약가입국들에게는 효력을 발휘하게 되어 있다.

4. 장애인권리협약의 내용

협약은 전문과 본문 50개 조항 및 선택의정서로 구성. 전문은 총 25개의 각 호로 구성되었으며, 협약을 제정하게 된 배경, 취지, 목적, 기본원칙 등을 선언적 형식의 문구로 정리한 전문 역시 협약의 주요구성 부분으로 독자적인 규범적 효력을 가지고 있다.

장애인권리협약의 목적은(협약 제1조) 모든 장애인의 인권과 기본적인 자유의 완전하고 동등한 향유를 증진 · 보호 · 보장하며, 장애인의 고유의 존엄성을 증진하는 것으로 정하고 있다.

이 협약은 전문을 통해 장애인권리협약을 제정함에 있어 세계 각 국에서 공통적 이해를 기본으로 함을 밝히고 있는데, 그 요지를 살펴보면,

첫째, 장애인권리협약에서 전제하는 원칙으로 전 세계가 유엔헌장을 통해 선언한 모든 인류의 존엄성과 가치, 평등하고 양도할 수 없는 권리가 자유, 정의, 평화의 토대 위에 있다는 것과 권리와 자유를 누림에 있어 차별받지 않아야 한다는 국제규약인 세계인권선언, 국제인권규약, 경제적, 사회적, 문화적 권리와 시민적, 정치적 권리에 관한 국제 규약, 모든 형태의 인종차별철폐 규약, 여성차별 철폐 협약, 비인도적 처우 방지를 위한 협약, 아동권리협약, 이주노동자와 가족에 관한 권리보호협약 등 국제협약의 존재를 기반으로 하고, 장애문제가 사회참여를 저해하는 태도와 장벽으로 발생하는 진화하는 개념임을 이해하고, 장애인의 다양성을 인정하고, 인권과 자유를 차별 없이 온전하게 향유하도록 해야 한다.

둘째, 장애인에 대한 문제는 장애로 인해 인간존엄성과 가치가 침해되는 것으로 보고 있음. 이때 장애는 고정되어진 개인의 손상에 대한 개념보다는 변화하는 사회속에서 장애 때문에 사회참여에서 배제되는 태도와 여러 가지 장벽이 상호작용하여 존재한다고 보고 있음. 장애를 이유로 한 차별은 모든 인류에 대해 당연히 인정받아야 할 인간존엄성과 가치를 침해당하는 것으로 특히 집중적인 지원이 필요한 장애인은 더욱 그러한 상황. 기존에 많은 인권문서가 제정되고 이행에 대한 합의와 약속이 있었지만 여전히 장애인은 동등한 사회구성원으로 참여하지 못하고 세계 곳곳에서 인권을 침해당하고 있다.

셋째, 이러한 문제를 해결하기 위한 방안으로 장애이슈를 정책의 주요 이슈로 포함하여야 하며, 집중적인 지원이 필요한 장애인에게 이러한 것들이 제공되어 져야 하며, 개도국 장애인 생활실태를 개선하기 위해 국제협력 하여야 하며, 각 나라의 장애인이 처한 다양한 현실과 복합적 현실, 가중된 차별을 해소하려는 노력을 해야 한다. 특히, 장애여성과 장애소녀가 폭력, 성폭력, 학대, 착취의 대상이 되지 않도록 하며, 장애아동에 대해서 아동권리협약 의무를 지키며, 이들에 대한 성인지적 관점이 인권과 자유의 보장에 녹아있어야 함. 또한 장애인의 빈곤문제 해결과 물리적, 사회적 경제적 문화적 환경 접근성, 보건과 교육 접근성, 정보와 통신 접근성이 중요하다는 개념이라는데 합의하고 있다.

장애인차별에 대해 장애인이 인간으로서 존엄성과 가치를 침해받는 것으로 규정하고 협약은 총 50개 조항으로 여성장애인과 장애아동의 권리보호, 장애인의 이동권과 문화접근권 보장, 교육권과 건강권 및 일할 권리 등 장애인의 전 생활영역에서의 권익보장에 관한 내용을 규정하고 있음. 선택의정서는 총 18개 조항으로 구성되어 있는데 협약의 절차법적 효력을 확보하기 위하여 제정되었다.

5. 장애인권리협약의 가입과 비준(Ratification)

정부대표가 서명한 조약을 조약체결권자 또는 조약체결권자로부터 비준의 권한을 위임받은 자가 확인함으로써 국가의 기속적 동의를 최종적으로 표시하는 행위로서 우리나라의 경우 헌법상의 비준권자는 대통령으로서 조약이 서명되고 국회동의를 받은 후(헌법 제60조 1항에 따라 국회동의를 받아야 하는 조약의 경우) 행해지는 최종적인 절차이다.

비준의사의 표시 방식은 양자조약의 경우에는 비준서의 교환이 가장 보편적인 방법이며, 우리나라는 비준서의 교환을 양측이 국내절차를 완료한 후 별도로 합의하는 시기를 비준서 교환의정서(Protocol of Exchange of Instruments of Ratification)에 명시한 후 행하고 있다.

최근에는 조약의 규정에 따라 비준서의 교환보다 더 간편한 방법으로서 외교공한을 통하여 상호 각자의 국내절차를 완료하였음을 상호 통과하는 방식이 많이 이용되고 있음. 장애인권리협약과 같은 다자조약의 경우에는 비준서, 수락서, 승인서 또는 가입서를 기탁하는 방식이 당해 조약에 규정되어 있는 것이 상례로서 우리나라도 장애인권리협약에 있어서 이러한 절차를 거쳐 최종 발효되었다.

IV. 시설이용 장애인 인권지킴이단 운영

1. 설치목적

거주시설 이용장애인(이하 "이용자")의 인권침해를 예방하고 이용자의 인권보장을 위해 인권침해 발생 시 확인과 필요한 조치를 통해 이용자의 인권이 보장될 수 있도록 거주시설 내에 인권지킴이단을 설치 · 운영한다(의무사항).

시설 이용자는 대한민국 헌법과 법률에서 정한 모든 기본적 권리를 가지며, 완전한 사회참여와 평등권 실현을 위한 보편적 권리를 보장받아야 하며 이는 어떠한 이유로도 침해를 받아서는 안 된다.

2. 설치대상

장애인복지법상 "장애인거주시설"(다만, 공동생활가정은 제외)

3. 구성

1) 위원회 구성

인권지킴이단의 위원은 아래에 해당하는 자를 모두 포함하여 5인 이상 10인 이하 위원으로 구성하고 위원의 임기는 2년으로 하되 연임할 수 있다.

시설 이용자(단, 영유아시설의 경우 옹호자 1)가 대신할 수 있다.

시설 직원(시설장 제외 2): 시설 이용자의 인권 보호의 관점에서 직접적으로 대변, 옹호, 개입, 지지 등의 활동을 하는 사람을 의미한다.

그 외 부모 및 이용자 가족, 옹호자로 구성한다.

기타 장애인 인권 관련 전문가(예: 활동가, 교수, 변호사, 인권전문강사, 특수교사, 치료사 등)가 있다.

4. 역할

1) 인권옹호 활동

(1) 인권옹호 활동의 정의와 범위

① 인권옹호(human rights advocacy)의 정의

시설 이용자가 인간의 기본적 권리를 누리는 것에 있어서 발생하는 문제나 갈등을 해결하고자 하는 일체의 활동이다.

② 인권옹호의 범위

시설 이용자가 자신의 인권을 지키기 위한 활동

시설 관계자(직원 및 자원봉사자 등)가 시설 이용자 인권보장을 위해 그들의 욕구와 권익을 대변하고, 그들의 갈등을 해결해 주는 일련의 원조 활동이다.

(2) 인권옹호 활동의 내용

① 인권교육, 인권인식 개선, 인권 점검 정례화

② 사후활동

- 장애인거주시설 인권침해에 대한 확인 및 인권침해 사실 진정 · 고발
- 인권침해에 따른 행정조치 및 법적 조치 권고

5. 장애인거주시설 인권지킴이 지원 센터 설치 · 운영

1) 설치 목적

전국 장애인거주시설의 인권지킴이단 구성과 운영을 지원하고 인권사업 체계화, 이용자 인권침해예방 및 인권옹호 등에 대한 구체적 실행방법에 대한 안내와 교육 등을 총괄 지원하여 거주시설 이용 장애인에 대한 인권보장 지원체계를 강화하기 위함이다.

2) 주관기관

한국장애인복지시설협회

3) 인권지킴이지원 센터 역할

(1) 장애인거주시설의 이용자 인권 관련 사례 상담 및 지원

개별 시설에서 생활하는 이용자의 인권 관련 개별 사례를 접수, 상담, 옹호 활동 등에 관한 제반 사항을 지원한다.

개별 시설의 실태조사를 통해 이용자 인권 상황 점검 및 시설의 자정노력을 지원한다.

이를 바탕으로 장애인거주시설의 이용자 인권 보장 수준을 향상시킬 수 있는 구체적인 실행방안과 정책 대안을 제시한다.

(2) 장애인거주시설 내 인권지킴이단의 구성 및 운영 지원

개별 시설 내 인권지킴이단이 거주시설 이용자의 인권 상황을 개선하는 역할을 수행토록 구성 및 운영 전반을 지원한다.

우수 인권지킴이단 사례를 발굴하여 전국 인권지킴이단에 공유 및 보급한다.

전국 인권지킴이단을 조직화하여 시설 이용자의 인권보장을 위한 다양한 정보 및 방안을 공유할 수 있도록 한다.

(3) 장애인거주시설 종사자 및 이용자 인권교육 지원

장애인거주시설 종사자 및 이용자 인권교육을 위한 강사 인력을 양성하는 등의 구체적인 방안을 실행한다.

장애인거주시설 종사자 및 이용자 인권교육을 위한 교재 개발 및 보급, 강사 파견 등의 사업을 한다.

시설 인권지킴이단 담당 종사자를 대상으로 인권 감수성 훈련, 직무 관련 교육 등 각종 교육을 진행한다.

장애인과 자립생활

CHAPTER
12

CHAPTER 12

장애인과 자립생활

Ⅰ. 자립생활(Independent Living) 이론

1. 자립생활 이론의 의의

1) 장애인복지 패러다임의 변화로 인한 급격한 부각

자립생활은 장애인은 환자이기 때문에 전문가에 의한 교육과 훈련으로 변화되어야 한다는 재활이론에 반대하여, 장애인을 수혜자 또는 환자가 아닌 적극적인 소비자로 간주하는 소비자 중심주의, 장애인의 삶은 스스로 계획하고 서비스 공급에도 직접 참여해야 한다는 당사자주의를 지향(이달엽, 2000)한다. 장애인에게 처음으로 사회적 서비스를 제공하기 시작한 과거에는 주로 장애인들을 사회로부터 격리 · 보호하는 시설수용을 중심으로 장애인복지사업이 이루어진다.

그러나 장애인을 사회로부터 격리하여 수용하는 것은 장애인 인권을 무시한 비인도적 접근이라는 지적이 시작되면서 탈시설화 지역사회보호 필요성이 제시된다. 동시에 서비스 내용에 있어서는 보호차원의 배려에 중점을 두는 서비스에서 훈련과 교육에 중점을 두는 재활서비스 개발에 역점을 두기 시작하였다.

지역사회중심 재활은 장애인들이 격리시설로부터 벗어나 지역사회에 참여하는 기회를 제공했다는 점에서 긍정적인 발전이라고 볼 수 있지만, 여전히 장애는 장애인 개인의 문제이고 장애인을 변화의 대상으로 본다는 점은 한계로 지적되며, 이 접근방식은 재활에 목표를 두고 있기 때문에 치료 · 교육 · 훈련을 통해 손상된 기능을 회복하고 잔존 능력을 발굴하는데 초점이 있다. 그러나 장애인은 원천적으로 '장애를 평생 지속적으로 가지고 살아갈 수밖에 없는 존재'이기 때문에, 교육을 통해 기능을 회복한다는 것은 그 자체로서 모순이라는 견해도 가능(오혜경, 2005b)하다. 이에 따라 장애는 장애인 본인의 개인적 문제가 아니라 그를 둘러싼 사회 및 환경과의 역동적인 과정에서 발생되는 문제이며, 따라서 목표는 훈련을 통해 장애인의 기능을 회복하는 것이 아니라 장애인의 사회적 참여를 방해하는 환경요인들을 변화시키는 것으로 보는 새로운 관점이 제기된다. 이 새로운 패러다임은 장애인의 자조 · 자립 및 역량강화를 강조함으로써 장애인 스스로의 역할을 강조하며, 장애인의 인권신장을 위한 시민권 개념을 바탕으로 궁극적으로는 사회통합과 정상화를 목표(오혜경, 1999)로 한다.

전통적인 재활이론은 주로 전문가 중심으로 이루어지나 장애는 능력의 문제, 또는 재활의 문제가 아닌 사회의 물리적, 심리적, 사회적 장벽의 해소를 통해서 해결되어야 한다는 본격적인 점이 강조되면서 최근에는 재활(Rehabilitation) 이론이 아닌 자립생활(Independent Living) 이론이 강조되었다.

자립생활이론에 의하면 문제는 개인에게 있는 것이 아니며 오히려 재활이론에 의해 주어진 해결방안에 있는 것이며. 재활이론의 해결책은 의사와 환자 혹은 전문가와 클라이언트로 규정되어지는 관계의 의존성으로 특징지어진다.

전문가들에 의해 주도되는 재활과정은 해결방안이기보다는 문제의 일부로 여겨진다. 문제가 장애인 개인에게 있는 것이 아니라 재활과정 혹은 물리적인 환경과 사회적 여건을 포함한 환경에 있다는 것과 환경적 장애물에 대처하기 위해서 장애인은 환자 혹은 클라이언트 역할에서 벗어나 소비자 역할(the consumer role)을 수행해야 한다. 권익옹호(advocacy), 동료상담(peer counseling), 자조, 자기관리(self-care), 소비자 권리의 회복, 사회적 장애의 제거가 실천방안(오혜경, 2005b)이 있다.

자립생활이론은 장애인의 문제를 장애인 당사자가 가장 잘 이해하고 있으므로, 장애인이 삶을 영위하는 데 있어 스스로의 '선택권'과 '자기결정권'을 신장하고, 서비스 제공에 있어서는 장애인의 '주도적인 참여'가 보장되어야 한다는 이념에 기초한다.

장애인의 문제는 장애인이 가지고 있는 신체적 문제보다는 그러한 요소를 문제화시키는 사회적 환경에서 비롯되므로, 자립생활은 물리적 · 심리적 환경의 개선에 관심을 가진 강력한 권익옹호의 지향성을 담고 있다(이준우, 2005, 재인용; Dejong, 1979).

자립이란 자신의 생활전반을 조정하고 관리하는 것이며, 자신의 모든 과업을 수행하는 것을 의미하는 것은 아니며, 장애인들이 스스로 필요한 원조와 지원을 다양한 지원체계를 통해 제공받음으로써 장애인의 자립생활이 이루어지게 되고 결국 이로 인해 자립이 가능하게 되는 것이다.

자립생활은 장애인이 의존성에서 벗어나 스스로의 선택과 결정, 그리고 주도적인 역할을 바탕으로 지역사회에서 통합되어 살아가는 것을 목표로 하는 것이다.

2. 자립생활의 등장과 도입

미국의 자립생활운동의 역사는 장애운동의 아버지라 불리는 에드 로버츠(Ed Roberts)가 1962년 버클리 캘리포니아 대학에 입학하면서부터이다.

1960년대는 흑인인권운동, 여성운동, 반전, 반문화 등 자유주의와 진보적 이념 및 활동들이 왕성하던 시기(이준우, 2005, 재인용; Dejong, 1979)에 호흡보조 장치에 의지해서 살아야 했던 에드 로버츠가 대학에 입학허가를 받았던 것이 신문에 보도될 만큼 주목을 받았던 시대로, 그는 교내 시설 등의 비접근성 때문에 학교생활에 어려움을 겪게 되고 이를 학교 당국에 호소한 후 에드 로버츠의 소식을 들은 몇몇 장애학생들의 참여로 자기옹호의 성격을 띤 소그룹을 조직하게 되었다. 이들은 병원에서 나와 사회의 다른 비장애인들과 같은 생활을 해야겠다는 의지를 갖게 되고 이후 '신체장애인 학생 프로그램(Physically Disabled Students Program, PDSP)'이 시작(이준우, 2005, 재인용; Dejong, 1979). 자신의 아파트에서 시작한 버클리 자립생활센터는 연방정부의 재정지원을 받게 되었고, 1970년대 중반까지 미국의 캘리포니아 전역과 휴스턴, 보스턴 등으로 확산되어 1980년대에는 300개에 이르게 되었다.

자립생활운동은 "사람들에게 힘을(Power to the People)"이라는 구호 하에 신체적, 경제적, 정치적 무기력을 경험하는 대부분의 장애인들에게 적용되기 시작(오혜경, 1999)하여 자립생활운동 중심의 미국장애운동의 가장 중요하고 상징적 의미를 가지는 이슈 중 하나는 교통(이동권)에 관한 것으로, 장애인들은 이동권에 있어서의 차별에 항의하여 주로 버스를 가로막거나 체인으로 자신들의 몸을 연결해서 버스가 움직이지 못하게 하는 등의 방법으로 시위하였는데 이들의 주장은 장애인이 버스를 이용하지 못하면 다른 사람들도 이용할 수 없다는 것이었다.

1981년 전미독립생활협의회(National Council on Independent Living: NEIL)를 설립했고, 이 협의회를 통해 장애운동의 틀을 잡을 수 있는 계기를 마련하는데, 장애운동가들은 재활법 504조를 계승하면서 장애인의 광범위한 평등권이 보장될 수 있고, 보다 실질적인 서비스가 제공될 수 있는 새로운 법체계를 구상하여 미국에 있어 가장 포괄적이고 장애인의 지위를 확대한 법률이라 평가받는 1990년의 장애를 가진 미국인법(Americans with Disabilities Act: ADA) 입법을 촉진(김종인 · 우주형 · 이준우, 2004)하였다.

특히 전미장애인평의회(National Council on Handicapped-현재는 National Council on Disability)의 렉스 프리던(Lex Frieden) 의장은 미국의 장애인들의 지위에 대한 연구를 실시하여 1986년 '자립을 향해(Toward Independence)'라는 책을 발간했는데 이는 미국의 주택, 고용, 교통, 교육, 그 밖의 다른 영역에서의 장애인에 대한 차별적 정책에 대해 자세히 설명(서울시정개발연구원, 2004)하였다.

이 연구를 통해 차별금지 법안의 필요성을 대두되었고 1990년 장애를 가진 미국인법(Americans with Disabilities Act: ADA)의 초안을 장애운동가들이 작성하는 계기가 되었다.

결국 자립생활 개념은 미국의 중증장애인을 중심으로 장애인 자신들의 기본권 확보를 위한 시민운동 차원에서 시작되었으며, 이것이 일본을 거쳐 우리나라에 소개되었다.

우리나라에서 자립생활 운동은 미국처럼 장애인 스스로의 요구에 의해 자생적으로 확산된 것이라기보다는 선진국의 이념과 실천방법을 배우고 보급하는 과정을 통해 소개(서울시정개발연구원, 2004)되었다.

자립생활 개념의 실천모형 또는 방법으로 미국 · 일본의 자립생활센터 운영 모형을 수용하여 도입하여, 자립생활 운동가들은 외국의 사례를 토대로 당사자주의, 소비자 중심주의, 지역사회 중심 등을 운영원칙으로 하는 자립생활센터를 통해서만이 자립생활의 실천이 가능하다고 보고 있다. 더욱이 기존 비장애인 전문가들에 의해 주도되었던 장애인복지 전달체계로는 당사자 주의를 강조하는 자립생활 개념의 실천이 어렵다고 보았다(서울시정개발연구원, 2004).

3. 자립생활 서비스의 주요 원리

1) 자립생활이론이 지향하는 이념들은 광범위하고 포괄적이다. 따라서 장애인의 독립생활을 위한 장애인복지서비스 실천과정과 내용에 이러한 이념이 반영될 수 있도록 실천상의 주요원리와 지침을 마련하는 것이 필요하다.

2) 자립생활 연구가인 Nosek(1988), Stuart(2000)는 자립생활 지원서비스가 지향해야 할 실천원리를 다음과 같이 제시(이준우, 2005a, 재인용; 서울시정개발연구원, 2004)하였다.

(1) 비차별성(Nondiscrimination)의 원리

모든 연령의 장애인과 가족이 지원서비스체계에 참여할 기회를 가져야 한다는 것을 의미한다.

(2) 포괄성(Comprehensiveness)의 원리

제공되는 서비스 영역이 포괄적이어야 하며, 또한 모든 장애영역을 포함해야 한다는 것을 의미한다.

(3) 형평성(Equity)의 원리

장애인이 불균형적인 부담을 갖지 않도록 보장해야 한다는 것으로, 소득수준이나 사회적 지위가 아닌 욕구에 기초한 서비스가 제공되어야 한다.

(4) 비용지불의 효율성(Efficiency) 원리

프로그램 제공과정에서 발생하는 행정비용을 최소화하는 것을 의미한다.

(5) 소비자 통제(Consumer Control)의 원리

장애인이 자신의 독립생활을 위한 서비스를 주체적으로 선택하고 결정할 수 있는 권한을 확보한다.

이상의 다섯 가지 실천원리를 종합하면, 자립생활지원 서비스의 주요 원리는 서비스 제공자가 전문가로서의 우월적 지위를 갖고 시설중심의 일방적 서비스를 제공하는 것이 아니라, 이용 장애인이 자신의 욕구를 바탕으로 스스로 서비스를 조절하고 통제하는 것이라는 점을 강조(이준우, 2005a, 재인용; 서울시정개발연구원, 2004)한다.

4. 자립생활 서비스 내용

1) 자립생활서비스에는 장애인들이 자신의 가정이나 지역사회 내에서 자립적으로 생활하는 데 필수적인 다양한 상품과 서비스가 포함된다.

2) 자립생활 프로그램은 장애인이 스스로 결정하고 선택한 지역사회 활동에 참여할 수 있도록 지원하는 것으로, 동료상담, 활동보조서비스, 교통편의 제공, 자립생활기술훈련, 정보제공과 의뢰, 권익옹호, 주택서비스, 장비관리 · 수리 임대, 복지혜택에 대한 상담 등의 서비스를 제공하는데 주로 자립생활센터를 통해서 제공한다.

3) 자립생활운동이 가장 먼저 시작된 미국의 자립생활센터 사례를 통해 자립생활서비스 내용은 다음과 같다(서울시정개발연구원, 2004).

(1) 동료상담(Peer Counseling)

① 기존의 장애인복지서비스와 자립생활서비스의 차이를 보여주는 대표적인 서비스로 장애인 문제를 장애인 동료가 상담해주는 것이다.
② 장애인이 가지고 있는 문제를 가장 잘 이해할 수 있는 사람은 문제를 공유하고 있는 장

애인이므로, 같은 문제를 가진 장애인으로부터 적절한 조언과 정보를 얻는 것은 자기의 장애를 극복하는 출발점(김종인, 2003)이다.

③ 동료 상담가는 다음과 같이 도움을 제공한다.
첫째, 활동보조인 면접 및 고용, 활동보조서비스 관리,
둘째, 옷 입기, 목욕, 용변 등 일상생활,
셋째, 장비구입, 조정, 수리,
넷째, 교육, 법적 권리, 직업, 여가 등과 관련된 지역사회 자원에 대한 정보제공 등의 문제와 관련하여 도움을 제공한다.
그 외에도 신체에 대한 이미지, 성생활, 대인 관계 등과 관련된 어려움이나 불안에 대한 대처방법, 차별적 인식에 대한 대처법, 장애에서 비롯된 좌절감, 분노 등의 감정 조절방법, 자신감과 의사표현 기술 등 비실체적인 문제에 대해 서로의 감정과 정보를 공유하며 격려하는 역할을 담당한다.

(2) 활동보조서비스(Personal Assistance Service)

활동보조서비스는 개호서비스 · 개조서비스 · 도우미서비스라고도 명명되며, 중증장애인의 신변처리를 도와주고 각종 일상 활동을 도와주거나 대신해 주는 서비스로서 유급을 원칙으로 한다. 여기서 유급이라는 것은 매우 중요한 사항으로 장애인이 선택권과 결정권을 가지고 서비스를 구매하는 소비자의 입장에서 서비스의 시간과 용도 등을 결정할 수 있는 근거이다.

활동보조서비스를 이용함으로써 특히 중증장애인이 지역사회생활에 활동적으로 참여하는데 선택과 참여 · 접근의 영역을 확장시켜 결과적으로 교육적 · 직업적인 목표를 추구할 수 있는 가능성이 증가(이준우, 2005a)된다.

미국에서는 활동보조인의 종류가 크게 Personal Care Attendant와 Home Keeper Attendant로 구분되는데, 전자는 장애인에 대한 신변보호, 일상생활지원, 이동지원 등을 행하는 것으로서 장애인에 대한 전문지식이 필요한 반면, 후자는 주로 가사지원을 담당하며 특별한 기술을 필요로 하지 않는다.

(3) 교통편의 제공

자립생활을 달성하고, 사회참여를 가능하도록 하는 구체적이고 핵심적인 서비스는 이동서비스를 통한 이동권 · 접근권을 제고하는 것이다. 교통편의는 자립생활센터가 직접 서비스를 제공할 수도 있고 지역사회의 다른 조직이나 기관과 계약이나 협조를 통해 제공한다.

(4) 자립생활 기술훈련

자립생활에 필요한 실질적 · 기능적 · 전략적인 기술 훈련으로 동료교육을 기본원칙으로 한다.

장애에 대한 실질적인 이해와 경험에서 얻어지는 내용을 근거로 구성된 교육훈련 교과과정을 기반으로 독립생활을 달성할 수 있는 전략을 제공하고, 자립생활 기술훈련은 대개 신변처리기술, 가정생활기술, 사회생활기술의 3개 영역으로 구성되는데, 커뮤니케이션기술, 소비자 권리, 생활기술, 가사기술, 주택선택과 개조, 활동보조인 관리, 건강관리, 여가관리, 성생활, 이동기술 등이 포함한다.

(5) 정보제공과 의뢰

장애인들은 직접서비스 외에도 각종 결정, 자원 활용, 자립생활에 영향을 미칠 수 있는 각종 제도 및 정책에 대한 정보가 필요하다.

정보제공과 의뢰는 장애인에게 지역사회의 기타 서비스 기관으로부터 제공받을 수 있는 서비스와 자원을 알려주며, 지역사회 및 기타 기관의 장애에 대한 인식을 제고하여 제공되는 정보의 종류로는 특정 건물의 접근가능성, 활동보조, 시민권, 커뮤니케이션, 지역사회자원, 교육과 훈련, 구직, 보장구, 소득보장, 보건의료 및 영양, 주택, 일상생활, 자조 및 개인의 성장, 여가, 이동서비스 등 자립생활과 관련된 주요영역들에 대한 내용을 포함한다. 그 외에도 세부 장애유형에 대한 정보, 권익옹호와 관련된 정보, 장애인의 생활에 영향을 미치는 법률 등에 관한 정보도 제공되며 효과적인 정보제공 및 의뢰 서비스를 위해서는 다양한 주제와 관련된 최신 주소록, 자원목록, 정보자료집 등이 갖추어져 있어야 하며, 직업재활시설, 보호시설, 의료시설, 재활시설, 주택 및 교통기관, 정신보건 및 정신지체관련시설, 사회복지시설 등 의뢰를 주고받을 수 있는 다양한 기관들과 연락망을 형성하고 의뢰관계를 개발해야 한다.

(6) 권익옹호(Advocacy)

① 권익옹호서비스는 자립생활서비스가 이전의 지역사회중심의 기타 프로그램이나 기관들과 확연한 차이점이 있는 것으로 인식되게 한 서비스이다.

② 권익옹호서비스는 단순한 서비스 제공의 차원을 넘어 권리의 차원에서 문제를 지원해주는 것으로 권리의 침해를 해소하고 법률적인 지원을 포함한다.

③ 권익옹호 지원에는 두 가지 차원의 접근이 있는데, 첫 번째는 권익옹호 훈련 등을 통해 이용자들의 자기 옹호 능력을 강화시키는 것이며, 두 번째는 센터 직원이 이용자들을 대신해 직접 행동하는 것이다.

(7) 주택서비스

자립생활을 달성하기 위해 필요한 주택관련 권익옹호 정보제공 및 기술적 지원 등을 제공하는 서비스로, 주로 주택소개, 개조, 주택비용지원제도의 활용방법 교육 등이 보편적인 프로그램이다.

(8) 장비관리, 수리, 임대

장애를 최소화시키는 각종 재활기구, 보장구의 유지 · 관리를 지원한다.

(9) 복지혜택에 대한 상담(Benefit Counseling)

공공부조, 연금, 의료보호 등 각종 제도의 수혜에 대한 일종의 정보제공으로 정기적인 정보의 신속한 업데이트가 요구된다.

5. 장애인 자립생활의 방향과 과제

장애인 자립생활이 우리나라에 소개되기 시작한 이후 장애인 문제에 대한 새로운 패러다임으로 강조되었다.

자립생활(Independent Living)의 기본 이념인 장애인 당사자주의를 실현시키기에는 미흡한 수준이나 실제 운영 중인 센터를 보더라도 알 수 있는데, 2006년 현재 정부나 자치단체의 지원을 받아 구체적인 사업을 수행하기 시작한지 불과 3~4년 밖에 되지 않았고, 실제 수행중인 프로그램도 활동보조, 동료상담, 차량서비스, 주택개조 서비스 등 몇 가지 형태가 주를 이루고 있다.

자립생활에서 장애인 당사자의 리더십과 역량도 매우 중요한데, 인력 측면에서도 센터마다 편차가 크고, 한편으로 제한된 예산으로 외부자원의 확보가 필요하지만 자원 활용성도 미흡한 것으로 파악되고 있고, 이는 우리나라의 자립생활센터가 중증장애인 중심으로 자생적 조직의 성격과 함께 재정적으로 취약한 구조를 갖고 있으며, 사업수행 경험이 부족한데서 야기된 결과로 볼 수 있다.

이러한 한계점을 극복하고 자립생활의 핵심적 기능을 이끌어갈 센터가 장애인 당사자주의의 여건을 힘입어 향후에도 많이 늘어날 것으로 예상된다.

II. 장애인자립생활센터

1. 장애인 자립생활 센터의 정의 및 필요성

장애인자립생활센터는 자립생활운동의 창시자인 Ed Roberts가 설립 운영한 버클리 장애인자립생활센터를 원형으로 본다.

버클리 장애인자립생활센터는 1971년 Ed Roberts와 그의 동료들이 자립생활운동의 일환으로 중증장애인 개개인의 자기결정권을 신장하고 타인에 대한 의존을 최소화하기 위한 직접서비스 및 의뢰 · 조정서비스 제공을 목적으로 처음 설립 운영(서울시정개발연구원, 2004)하였다.

장애인자립생활센터는 지역사회를 기반으로 하는 비수용 시설로 소비자 주도와 소비자 참여를 특징으로 하며 장애인자립생활센터는 중증장애인들의 자기결정능력을 증대시키고 타인에 대한 의존성을 최소화하는 데 필요한 서비스를 직접적으로 제공하거나 의뢰를 통해 간접적으로 조정하는 일을 한다.

장애인자립생활센터는 소비자에 의해 운영되는(Consumer-controled) 지역사회중심의(Community-based), 전 장애 영역을 포함하는(Cross-disability) 비수용시설(Non-residential)이면서 비영리(Non-profit) 기관(Frieden, Richards, Cole, & Bailey, 1979.)

장애인자립생활센터는 중증장애인의 자기결정권과 선택이라는 자립생활 패러다임의 원칙에 기반을 두어 직접적으로 자립생활서비스를 제공해줌과 동시에 중증장애인이 지역사회에서 자립적으로 사는 것을 방해하는 환경적 장벽을 제거하는 데 앞장서고 있다(Batavia & Schriner, 2001).

장애인자립생활센터는 자립생활패러다임을 기반으로 운영되는 일종의 서비스제공기관의 성격과 동시에 중증장애인의 권익옹호에 앞장서는 운동단체로서의 성격을 지니고 있다.

1985년 전미장애인평의회(National Council on the Handicapped, NCH)의 승인을 거쳐 만들어진 장애인자립생활센터의 기준인 'NCH 기준'에도 잘 드러나 있다.

NCH 기준에는 장애인자립생활센터의 철학, 대상 집단, 성과 및 영향, 서비스 과정, 조직의 관리와 운영, 평가 등 6 가지 기준에 대해 명시해 놓았는데(Lacht, 1988), 이들 중 장애인자립생활센터의 철학을 살펴보면 자립생활패러다임이 장애인자립생활센터의 운영에 있어서의 절대적인 기준이 됨을 확인할 수 있다. NCH 기준 중 철학에 대한 내용은 다음과 같다.

표 12-1 NCH가 제시한 센터의 기준

기준	내 용
철학	센터의 운영과 관리에 있어서의 당사자 주도, 자립생활서비스의 목적과 서비스 개발에 있어서 당사자 주도, 자조 및 자기옹호, 장애인 개개인의 사회에 대한 동등한 접근, 프로그램과 시설에 대한 동등한 접근, 동료관계와 동료역할모델의 개발, 지역사회에서의 구체적인 자립생활 욕구에 대한 충족, 모든 장애인들을 대상으로 하는 서비스 제공

위에 제시된 장애인자립생활센터의 철학에 대한 기준은 기존의 재활패러다임 하에 서비스를 제공하던 다른 전달체계와 장애인자립생활센터를 구분하는 기준이므로 매우 중요하다.

중증장애인이 자신들의 생활을 관리하고 나아가 사회구성원들을 위해 헌신적으로 활동할 수 있음을 강조하는 것으로 이러한 철학 안에서 장애인자립생활센터의 서비스 전달체계는 장애인들의 권리와 위엄을 존중해야 하며, 이들의 받는 서비스의 본질과 특성에 영향을 미칠 수 있는 모든 의사결정에 당사자가 관여되어야 한다는 요건은 절대적인 것이다.

장애인자립생활센터는 자립생활패러다임에 의해 운영되고 자립생활패러다임이 궁극적으로 추구하는 중증장애인자립생활을 위해 존재하는 현실적인 대안적 프로그램이다.

2. 장애인자립생활센터의 법적근거 및 재원

1) 미국

미국의 경우, 1973년 재활법(Rehabilitation Act)은 자립생활운동에 커다란 도약을 가져다주었다.

첫째, 대부분의 중증장애인들이 최우선적으로 서비스를 받도록 이 법에서는 강제하고 있다.

둘째, 제V항에서는 장애인들의 법적권한을 확대하고 있다.

501조와 503조에서는 장애인의 고용에 대해, 연방정부의 책임 하에 연방정부와 계약한 조직이 적극적인 조치를 취하도록 강제하고 있다.

502조에서는 건축물과 교통시설준수 위원회(the Architectural and Transportation Compliance Board)를 신설하도록 하고 있다.

504조에서는 어떠한 프로그램이나 활동, 연방정부의 재정보조 등과 관련하여 장애로 인한 차별을 금지하고 있다.

위에서 언급한 네 개의 조로 구성된 제V항은 재활법의 시민권 항(Civil Rights Title)이라 불리운다.

자립생활 서비스에 재정지원이 요구되는 법적강제력은 카터대통령이 1978년 P.L. 95-602

서명과 함께 생겨났다.

수정 재활 법에서는 제Ⅶ항이 "자립생활을 위한 포괄적 서비스(Comprehensive Services for Independent Living)"라는 이름으로 신설되었다.

이 항에서는 네 가지로 구성된 프로그램을 제공하고 있다.

첫째, 주 정부의 직업재활국에 의해 운영되는 자립생활프로그램,

둘째, 장애인자립생활센터에 대한 보조금 지원프로그램,

셋째, 시각장애가 있는 노인들에 대한 자립생활프로그램,

넷째, 중증장애인들의 권리를 보호해 줄 수 있는 보호 및 옹호프로그램(Dejong, 1981).

1986년의 개정을 통해 장애인자립생활센터에 대한 소비자 통제가 강화되었다.

각 주는 자립생활서비스의 확장 또는 수정을 결정하는 데 있어, 주 자립생활평의회(State Independent Living Council: SILC)의 권고사항을 고려하였고 자립생활평의회와 센터위원회에 장애인이 다수를 차지하도록 함으로써 소비자 통제와 장애인당사자주의의 이념이 강화되었다.

2) 우리나라

우리나라의 경우, 지난 2007년 4월에 비로서 장애인복지법 내에 자립생활관련 법조항이 신설되었고, 10월 장애인복지법 시행령이 개정. "제55조(활동보조인 등 서비스 지원) ① 국가와 지방자치단체는 중증장애인이 일상생활 또는 사회생활을 원활히 할 수 있도록 그 활동에 필요한 활동보조인의 파견 등 활동보조서비스를 지원할 수 있다. ② 국가 및 지방자치단체는 임신 등으로 인하여 이동이 불편한 여성장애인에게 임신 및 출산과 관련한 진료 등을 위하여 경제적 부담능력 등을 감안하여 활동보조인의 파견 등 활동보조서비스를 지원할 수 있다. ③ 제1항 및 제2항의 규정에 따른 활동보조인의 파견 등 서비스 지원의 기준 및 방법 등에 관하여 필요한 사항은 대통령령으로 정한다."는 장애인활동지원에 관한 법률 제정으로 인하여 '활동지원급여의 지원'으로 개정되었다.

2007년 4월에 개정된 장애인복지법의 장애인 자립생활 관련 법 조항은 다음과 같다.

표 12-2 자립생활관련 장애인복지법 개정안의 주요 내용

조	내 용
제53조 자립생활 지원	국가와 지방자치단체는 중증장애인의 자기결정에 의한 자립생활을 위하여 활동보조인의 파견 등 활동보조서비스 또는 장애인보조기구의 제공, 그 밖의 각종 편의 및 정보제공 등 필요한 시책을 강구하여야 한다.
제54조 중증장애인 자립생활지원 센터	① 국가와 지방자치단체는 중증장애인의 자립생활을 실현하기 위하여 중증장애인 자립생활지원 센터를 통해 필요한 각종 지원서비스를 제공한다. ② 제1항의 규정에 따른 중증장애인 자립생활지원 센터에 관하여 필요한 사항은 보건복지부령으로 정한다.
제55조 활동지원급여의 지원	① 국가와 지방자치단체는 중증장애인이 일상생활 또는 사회생활을 원활히 할 수 있도록 활동지원급여를 지원할 수 있다. ② 국가 및 지방자치단체는 임신 등으로 인하여 이동이 불편한 여성장애인에게 임신 및 출산과 관련한 진료 등을 위하여 경제적 부담능력 등을 감안하여 활동보조인의 파견 등 활동보조서비스를 지원할 수 있다.
제56조 장애 동료 간 상담	① 국가와 지방자치단체는 장애인이 장애를 극복하는데 도움이 되도록 장애동료 간 상호대화나 상담의 기회를 제공하도록 노력하여야 한다. ② 제1항의 규정에 따라 장애동료간의 대화나 상담의 기회를 제공하기 위한 구체적인 사업 등에 관하여 필요한 사항은 보건복지부령으로 정한다.

위에서 살펴본 개정된 장애인복지법은 중증장애인의 자립생활을 실현하기 위한 제도의 도입으로 국가와 지방자치단체는 중증장애인이 스스로 자립할 수 있도록 필요한 시책을 강구하고 중증장애인 자립생활지원 센터를 통해 각종 지원서비스를 제공하도록 하며, 활동보조인을 파견하는 등의 활동보조서비스를 지원할 수 있도록 한다.

이처럼 자립생활 수행기관으로서 자립생활 지원센터를 명시하여 기존의 관련기관이나 지역사회재활 시설에 포함되지 않는 독립적 지위가 부여되었다는 것은, 자생적이며, 독립적이고 당사자 참여에 의해 장애인이 주체가 되는 센터의 역할이 공식적으로 인정된 것으로, 장애인자립생활센터가 장애인복지전달체로서의 위상을 갖게 된다(권선진, 2007).

3. 한국의 장애인자립생활센터의 발전과정

1997년 한국에서 개최된 국제장애인 학술대회에 일본의 자립생활 지도자 Nakanishi씨가 방한할 때 당시 아시아에 자립생활 이념을 보급하고자 사명감이 높았던 Nakanishi씨는 한국에 자립생활 이념을 보급하고 세미나를 공동 개최 가능한 협력 단체를 찾고 있었다.

몇 단체가 물색되어 타진해 보았으나 결과적으로 한국소아마비협회가 파트너로서 자립생활 이념을 보급하고자 3년 프로젝트를 실시하게 되었다.

1998년 5월 25일부터 5월 27일까지 3일간 자립생활 실천세미나가 정립회관에서 실시되었고 처음 소개되는 자립생활의 이념에 대하여 참가자의 대부분은 충분한 의미를 인식하지 못했지만 중증장애인의 새로운 지원 모델이라는 필요성을 인식할 수 있었던 좋은 계기가 된다.

다음해인 1999년에는 한국의 자립생활 지도자 4인을 일본에 초청하여 2주일간의 자립생활 연수를 실시했으며 자립생활 이념과 실천의 실제적인 보급을 시도하였다.

2000년에는 "한 · 일장애인자립생활세미나 2000"이 제주도, 광주, 대구, 서울 등 4대 도시에서 개최되었고 전국적인 홍보 전략과 함께 자립생활의 이념 보급과 중증장애인의 새로운 지원 모델의 가능성이라는 혁신적인 방향성을 제시하였다.

2000년 한일장애인자립생활순회 세미나가 끝난 후 한국소아마비협회와 일본장애인자립생활센터협의회가 함께 한국내의 장애인자립생활센터를 육성하기 위한 기금인 '한국장애인자립생활지원기금'을 조성하였다.

이 기금은 사회적 지원체계가 만들어지지 않은 시기에 장애인자립생활센터가 자리 잡을 수 있도록 일정정도의 재정문제를 해결하는 역할을 수행하였다.

3년간의 프로젝트를 종료하면서 한국 소아마비 협회 내에 한국자립생활지원기금이 정식으로 조직되었고 이 기금은 일본의 JIL(일본장애인자립생활센터협의회)후원으로 설립되었으며 이 기금을 통하여 동대문 피노키오 장애인자립생활센터와 광주 우리이웃 장애인자립생활센터가 우리나라의 최초 장애인자립생활센터가 되었다.

한국의 자립생활 센터의 조직은 민간 조직을 중심으로 점차로 확대되어 갔다.

우리나라에서 자립생활에 대한 관심과 이념의 보급이 점차로 확대되고 있는 가운데 정립회관이 2001 동료상담학교를 4회에 걸쳐 실시했으며 이 프로그램을 수강한 전국에서 올라온 청년장애인들이 IL의 이념 보급과 실천을 위하여 각지에서 노력하면서 자조조직을 결성하여 장애인자립생활센터로서의 기틀을 마련해가는 노력이 있었다.

공공기관으로서는 처음으로 2001년 4월 국립재활원에서 "중증장애인 자립생활 현황 및 향후 방향"이라는 주제로 세미나를 개최하였다. 이 세미나는 국가공공단체에서 자립생활에 관심을 표명했다고 하는데 큰 의의가 있다고 볼 수 있다.

장애인당사자주의로의 진화는 결국 장애인자립생활운동으로 자연스럽게 귀결될 것이라는 것은 충분히 예측가능한 일이었다. 그것은 자립생활운동의 이론적 근거가 바로 당사자주의이기 때문이다.

2002년 11월 상반기부터 「서울시장애인자립생활센터시범사업」이 시작되어 5개의 센터가

지원을 받아 활동보조사업을 시작하였으며 2003년 7월 1일부터 사회복지공동모금회중앙회 기획사업 제2주제 「중증장애인의 지역사회 자립생활기반 조성사업」이라는 자립생활 지원사업을 통하여 전국 7개소의 장애인자립생활센터가 선정이 되었고 이를 바탕으로 한국에 실질적인 자립생활이 뿌리내릴 수 있는 기틀이 마련되었다.

이후 정부의 장애인자립생활센터의 필요성이 인정이 되고 자립생활 활동가들의 노력의 결과로 2005년 4월 최초의 국가지원의 장애인자립생활센터운영이 시작되었다.

4. 우리나라 장애인자립생활센터의 문제점과 과제

전국적으로 100여 개의 장애인자립생활센터가 있으나 기관 별로 수행하는 사업의 편차가 심하며 원활한 사업운영을 위한 지침이 필요한 상황. 그 외 문제점들을 구체적으로 지적하면 다음과 같다.

1) 장애인자립생활센터의 사적소유화 및 개인화

장애인자립생활센터가 정부지원을 받으면서 초기의 설립의도에서의 헌신성과 운동성은 점점 퇴색되어가며 센터를 설립한 설립주체들 사이의 주도권 쟁취를 위한 분쟁의 장으로 변질될 수 있는 여지가 있다.

아직까지 크게 문제시되진 않고 있지만 센터 설립에 있어 한 개인 중심으로 이루어진 경우 센터를 개인 소유물이나 지속 물처럼 생각하여 비장애 친인척을 주요요지에 배치하고 센터를 좌지우지하면서 장애인당사자를 배척하는 경우가 발생하고 있다.

경우에 따라서는 소장이 원래 자립생활이념에 맞는 센터사업이나 지역사회운동보다는 활동보조서비스 등을 실행하여 수익 이익 창출에 주력하는 경우도 문제점으로 지적될 수 있다.

2) 장애인자립생활센터의 기본적 역할에 대한 문제

자립생활운동을 토대로 설립된 장애인자립생활센터는 장애인당사자주의를 기반으로 장애는 사회적 차별의 산물이라고 보았다.

센터를 중심으로 사회운동을 지속하여 차별과 분리, 재활과 치료, 보호와 관리, 소외와 제약 등의 사회적 환경에 대하여 문제를 제기하며 개선시켜나가는 의식개혁, 제도개혁을 이루어야 할 것이다.

장애인자립생활센터는 이러한 사회운동과 더불어 장애인당사자의 역량강화를 위한 노력을 병행해야 하는 역할과 사명이 있다.

중증장애인들이 역량강화를 통해 당당히 사회로 나가 자신의 요구를 주장하고 직접 문제해결을 위하여 노력할 수 있는 기본적 역량을 개발할 수 있는 지원을 하여야 하는 것

중증장애인이 주체적 사회활동을 하기 위해서는 장애인당사자의 입장에서 선택권과 결정권이 보장된 활동보조서비스, 이동지원서비스, 정보제공, 보장구지원 등의 자립생활지원서비스가 필요하다. 권익옹호와 역량강화, 자립생활지원서비스는 자립생활운동의 3가지 구성요소이며 이는 장애인자립생활센터를 통해서 이루어 져야 할 것이다.

그러나 열악한 지원으로 인한 인력 및 사업비 부족으로 인해 이러한 역할과 기능을 수행하는데 어려움이 있는 것이 현실이다.

3) 장애인자립생활센터 서비스 대상에 대한 문제점

자립생활의 기본적 이념 중에 하나가 바로 전 장애영역의 포괄이다.

장애란 그 유형이 어떻든지 간에 개인적인 문제가 아니라 사회적 차별에 의한 산물이기 때문에 사회적 문제라는 것이다.

따라서 시각장애인이나 지체, 청각, 정신지체 등 모든 장애영역이 동일한 사회적 차별을 받고 있으며, 이러한 차별을 없애기 위해서는 모든 장애영역에서의 차별이 없어지고, 사회 속에서의 참여가 보장되어야 한다는 것이다.

하지만 미국이나 일본에서와 마찬가지로 우리나라에서도 자립생활운동을 지체장애인들이 중심이 되어서 시작하였기 때문에 이후 지속적 발전과정 속에서 의식적으로, 의도적으로 다른 장애영역을 참여시키지 않는다면 미국과 일본처럼 특정영역의 자립생활운동으로 전락할 가능성이 많다.

미국의 경우에도 원칙적으로는 전 장애를 포괄하고 있지만 새로운 주요 서비스 대상자로 떠오르는 정신장애인 외 지적 및 자폐성 장애를 가진 이용자는 많지 않다.

우리나라의 경우에도 지적 및 자폐성 장애를 가진 이용자가 많지도 않지만 이들 이용자에게 적절한 서비스를 제공할 수 있는지에 대한 문제점도 있다.

전 장애영역을 포괄하기 위해서는 각 장애를 포함하는 다양한 자립생활 프로그램과 각 영역에서 차별받는 요소, 차별하는 제도와 시설에 대한 끈임없는 검토와 개선운동이 이루어져야 하기 때문이다.

4) 장애인자립생활센터 서비스의 질적 문제

장애인자립생활센터에서 제공되고 있는 서비스에 대한 질적 평가가 이루어져야 할 것이다.

센터가 설립된 역사가 짧고 열악한 운영여건 및 인력부족 그리고 자립생활에 대한 이념은

강하나 자립생활 사업의 경험이 부족한 센터 리더들의 문제 등으로 현재 우리나라 장애인자립생활센터에서 제공되고 있는 서비스들은 그 과정과 내용에 있어서 보완되어져야 할 부분이 많다.

정보제공이라고 하나 그 내용을 보면 지극히 한정적이라 할 수 있다.

센터들은 정확하고 포괄적인 정보제공을 위해 지역사회와의 교류를 넓히고 장애와 관련된 각종 정보에 대한 DB(data base)를 구축하는 노력이 필요하다.

자립생활기술 훈련의 경우에도 그 내용을 보면 구체적이 못하고 현실적으로 센터에서 관련된 훈련을 하고 있지 못한 경우가 더 많다.

센터 내 만들어진 체험 홈에서 제공하는 서비스가 전부인 곳이 대부분이다.

동료상담의 경우 센터의 핵심적인 서비스이나 장애를 가진 직원이라는 특징 외 그 역량이 부족한 동료상담가도 아직까지는 많다.

미국의 경우에 동료상담가는 교육이나 경력에서 그 자질을 인정받은 직원이 수행하고 있다.

우리나라의 경우 동료상담가를 배출하는 공식적인 교육기관은 없다. 각 센터에서 제공하는 동료상담 교육 내지는 협의체기구에서 제공하는 교육이 전부이다. 그 외 다른 서비스들도 그 내용에 있어 부족한 부분이 많다(장애인자립생활센터는 센터 내 사업의 질적 향상을 위한 노력을 강화해야 할 것이다).

5) 장애인자립생활센터 관련 협의체에 대한 문제

우리나라에는 장애인자립생활센터와 관련된 협의체로 한국장애인자립생활센터협의회(Korean Council on Center for Independence Living, KCCIL)와 한국장애인자립생활센터총연합회(Korean Federation of Centers for Independence Living of Persons with Disabilities, KIL)가 있다. 각 협의체 소속의 장애인자립생활센터들은 두 협의체가 있음으로써 선의의 경쟁으로 인한 장점도 있을 것이다.

아직까지 모든 면에서 미흡한 장애인자립생활센터를 위한 두 협의체의 공동 노력이 필요하기 때문이다.

그 원인은 두 협의체 설립배경에서 그 원인을 찾을 수 있다. 장애인자립생활센터 구성과정에서 나타난 시각의 차이는 이후 지속적 논쟁과정과 실현과정에서 큰 차이를 보였으며, 두 그룹으로 나누어져 지금까지 지속되고 있는데, 장애인자립생활센터 발전을 위해서는 많은 노력이 필요하다.

활동보조인 제도와 거주지원정책

CHAPTER

13

CHAPTER 13 활동보조인 제도와 거주지원정책

Ⅰ. 활동지원제도

1. 활동지원제도의 개념

장애인활동지원제도란 신체적 · 정신적 장애 등의 사유로 혼자서 일상생활과 사회생활을 하기 어려운 장애인에게 제공할 활동지원급여에 관한 사항을 규정하여 장애인의 자립생활을 지원하고 그 가족의 부담을 줄임으로써 장애인의 삶의 질을 높이는 것. 이 법률(제16조)에 따르면, 활동보조급여는 '활동지원급여'의 하나로, 활동보조인이 장애인(이용자)의 가정 등을 방문하여 신체활동, 가사활동 및 이동보조 등을 지원하는 활동으로 규정. 이 법에서는 방문목욕이나 방문간호는 활동보조와는 별도의 활동지원급여로 구분한다(보건복지부, 2011c: 14).

활동지원서비스는 2007년 「장애인 복지법」 제4장의 "자립생활지원"에 "국가와 지방자치단체는 중증장애인의 자기결정에 의한 자립생활을 위하여 활동보조인의 파견 등 활동지원서비스 또는 장애인 보조기구의 제공, 그 밖의 각종 편의 및 정보제공 등 필요한 시책을 강구해야 한다."는 제53조 조문이 신설되면서 법적인 근거를 갖게 된다.

장애인에 대한 장기요양서비스 수요가 증가하고 가족의 간병 부담으로 인해 장애인을 대상으로 한 장기요양서비스를 도입하는 과정에서, 장애인은 노인이나 환자와 같은 요양의 대상이 아니므로 간병 및 보호 중심의 접근 방식은 적절치 않다는 주장이 제기됨. 그 결과 "장애인 장기요양서비스"라는 개념 대신 장애인들이 삶의 주체로서 "자립생활" 관점을 토대로 한 「장애인 활동지원에 관한 법률」(이하 '장애인활동지원법')을 제정하게 되었다(2011년 1월 4일 공포, 2011년 10월 5일 시행).

가족이나 자원봉사처럼 개인적인 인적 지원의 한계를 극복하기 위해 도입된 활동지원급여는 이용자 중심으로 운영되는 인적 지원. 활동지원급여의 주된 부분인 활동보조서비스

(Personal Assistance Service, PAS)라는 급여를 중심으로 보면, 보통 활동보조인은 활동에 대한 대가를 지불받는데, 이것은 보조에 대한 지속성과 책임성, 전문성을 확보하기 위한 것. 장애인은 활동지원급여 이용자로서의 자격을 인정받으면 활동지원기관과 이용계약을 통해 활동보조인과 만나 구체적인 활동보조 시간과 내용 등을 협의하여 결정한다. 이용자로서의 장애인은 서비스 제공자인 활동보조인과 서비스 시간과 내용에 대한 계약을 맺어 서비스를 받게 되므로 스스로 선택하고 결정하는 소비자로서의 권리를 누릴 수 있음. 즉 장애인이 수혜나 보호의 대상이 아니라 주체가 되어, 자기선택과 자기결정이 존중된 상태에서 인적 보조를 받는 것을 의미한다.

따라서 활동지원서비스는 장애인 스스로가 서비스의 주도권과 의사 결정에 대한 권리를 가지고, 질 높은 서비스를 요구할 수 있게 된다는 것이 홈헬퍼(home helper)와 구별된다. 홈헬퍼(home helper)는 자원봉사관과 지역사회중심의 재활서비스 원리에 충실함. 또한 자원봉사와 구별되는 점을 보면 자원봉사의 경우 행위의 주체가 '봉사자'이지만 활동지원서비스의 경우 장애인 스스로 계획하고 결정한 일을 활동보조인이 보조하는 것이기 때문에 행위의 주체가 장애인이 된다(황수정 · 김언아, 2007: 12-13).

2. 활동지원제도의 내용

중증장애인에 있어 활동보조인 제도는 자립생활의 핵심적 요건이므로 활동보조인의 제도화가 시급하다.

이를 위해서는 활동보조서비스 수요와 공급 현황, 서비스 단가, 활동보조인의 자격 등에 관한 내용을 심층적으로 평가하여야 한다.

활동보조인 제도는 장애인이 보조인을 선택하고 비용을 지불하는 체계로 되어 있어 비용 지불 능력이 없는 장애인에게는 전혀 도움이 되지 못한다. 그래서 활동보조인을 공적 서비스로 제도화할 필요가 있다.

2011년 1월 국회에서는 '장애인활동지원에 관한 법률'이 제정되었고, 3월 30일 일부 개정안이 통과되어 장애인활동지원서비스가 제도화되었다.

이 법은 제1조 신체적 · 정신적 장애 등의 사유로 혼자서 일상생활과 사회생활을 하기 어려운 장애인에게 제공하는 활동지원급여에 관한 사항을 규정하여 장애인의 자립생활을 지원하고 그 가족의 부담을 줄임으로써 장애인의 삶의 질을 높이는 것을 목적으로 한다.

제4조(활동지원사업의 심의) 활동지원사업에 관한 다음 각 호의 사항에 대하여는 「장애인복지법」 제11조에 따른 장애인정책조정위원회의 심의를 거쳐야 한다.

- 활동지원사업의 기본방향에 관한 사항, 활동지원사업의 추진과 관련한 재원 조달에 관한 사항, 활동지원사업에 대한 관련 부처의 협조 사항, 그밖에 이 법 시행과 관련하여 대통령령으로 정하는 주요 사항이다.

제5조(활동지원급여의 신청자격) 활동지원급여를 신청할 수 있는 사람은 다음 각 호의 자격을 모두 갖추어야 한다.

혼자서 일상생활과 사회생활을 하기 어려운 중증장애인으로 대통령령으로 정하는 장애 정도 이상인 사람

「노인장기요양보험법」 제2조 제1호에 따른 노인 등이 아닌 사람으로서 대통령령으로 정하는 연령 이상인 사람. 다만, 이 법에 따른 수급자였다가 65세 이후에 「노인장기요양보험법」에 따른 장기요양급여를 받지 못하게 된 사람으로서 보건복지부장관이 정하는 기준에 해당하는 사람은 신청자격을 갖는다.

활동지원급여와 비슷한 다른 급여를 받고 있거나 「국민기초생활 보장법」 제32조에 따른 보장시설에 입소한 경우 등 대통령령으로 정하는 경우에 해당하지 아니하는 사람

1) 시행령 제4조(활동지원급여의 신청자격)

- 법 제5조 제1호에서 "대통령령으로 정하는 장애 정도 이상인 사람"이란 「장애인복지법」 제32조에 따라 등록한 장애인 중 같은 법 시행령 제2조에 따른 장애등급이 1급, 2급 또는 3급인 사람을 말한다. 〈개정 2012. 12. 27, 2015. 2. 26〉
- 법 제5조 제2호 본문에서 "대통령령으로 정하는 연령 이상인 사람"이란 6세 이상인 사람을 말한다.
- 법 제5조 제3호에서 "대통령령으로 정하는 경우"란 다음 각 호의 어느 하나에 해당하는 경우를 말한다.

① 「국민기초생활 보장법」 제32조에 따른 보장시설에 입소한 경우

② 「의료법」 제3조에 따른 의료기관에 입원한 경우

③ 「형의 집행 및 수용자의 처우에 관한 법률」 또는 「치료감호법」에 따른 교정시설 또는 치료감호시설에 수용된 경우

④ 그 밖에 다른 법령에 따라 활동지원급여와 비슷한 급여를 받고 있다고 보건복지부장관이 인정하는 경우

2) 제16조(활동지원급여의 종류)는 다음과 같음

(1) 활동보조

장애인활동지원인력(이하 "활동지원인력"이라 한다)인 제27조에 따른 활동보조인이 수급자의 가정 등을 방문하여 신체활동, 가사활동 및 이동보조 등을 지원하는 활동지원급여

(2) 방문목욕

활동지원인력이 목욕설비를 갖춘 장비를 이용하여 수급자의 가정 등을 방문하여 목욕을 제공하는 활동지원급여

(3) 방문간호

활동지원인력인 간호사 등이 의사, 한의사 또는 치과의사의 지시서(이하 "방문간호지시서"라 한다)에 따라 수급자의 가정 등을 방문하여 간호, 진료의 보조, 요양에 관한 상담 또는 구강위생 등을 제공하는 활동지원급여

(4) 그 밖의 활동지원급여

야간보호 등 대통령령으로 정하는 활동지원급여

(5) 수급자가 활동지원급여를 받거나 활동지원기관이 활동지원급여를 제공할 때에 다음 각 호의 어느 하나에 해당하는 행위를 요구하거나 제공하여서는 아니 된다. 〈신설 2015. 12. 29.〉

① 수급자가 아닌 그 가족을 위한 활동보조(신체활동 지원, 가사활동 지원, 사회활동 지원 등) · 방문목욕 · 방문간호 등의 행위

② 수급자 또는 그 가족의 직장 등에서 생업을 지원하는 활동보조 행위

③ 수급자의 자립생활에 지장이 없어 지원할 필요가 없다고 인정되는 행위

④ 그밖에 활동지원급여의 제공 기준 · 절차 · 방법 · 범위 등에 필요한 사항은 보건복지부령으로 정한다. 〈개정 2015. 12. 29.〉

표 13-1 (1980)활동보조 급여내용

구분		세부내용
신체 활동 지원	개인위생관리	목욕 도움(목욕 준비, 몸 씻기 보조 등), 구강 관리(양치질 도움, 틀니 손질 등), 세면 도움(세면 준비, 세면 보조 등), 배설 도움(배뇨 도움, 화장실 이동 보조 등), 옷 갈아입히기
	신체기능 유지증진	체위 변경(체위 변경 도움, 일어나 앉기 도움 등), 신체기능의 증진(관절구축 예방활동, 기구사용운동 보조 등)
	식사 도움	식사 차리기, 식사 보조, 구토물 정리 등
	실내이동도움	실내에서 휠체어로 옮겨 타기, 집안 내 걷기 도움 등
가사 활동 지원	청소 및 주변 정돈	수급자가 주로 거주하는 장소(방, 거실)및 화장실 청소, 쓰레기 분리수거, 내부 정리, 이부자리 정돈, 화장대·책장 정리, 옷장정리 등
	세탁	수급자의 옷, 양말, 수건, 침구류, 걸레 등의 세탁 및 삶기 등
	취사	식재료 준비, 밥 짓기, 국·반찬 하기, 식탁 청소, 설거지, 행주 삶기, 음식물 쓰레기 분리수거 등
사회 활동 지원	등하교 및 출퇴근 지원	출퇴근 및 등하교 보조(부축, 동행 포함),직장이나 학교 등에서 식사 및 화장실 이용 보조 등 신체활동지원
	외출 시 동행	산책, 물품구매, 종교 활동, 복지시설 이용, 은행, 관공서, 병원 등 방문 및 귀가 시 부축 또는 동행, 외출 시의 신체활동지원
그 밖의 제공서비스		수급자 자녀의 양육 보조(만 6세 이하 등 예외적인 경우에 한함), 생활상의 문제 상담 및 의사소통 도움 등 위에 열거되지 않은 서비스 내용 기록

Ⅱ. 거주지원정책

1. 거주지원정책의 변화

우리나라의 거주시설은 1970년 이후로 대규모 시설 중심으로 진행되어 왔다가 2012년 장애인복지법 개정에 따른 소규모화와 거주 중심으로의 기능 확립, 장애인의 선택권 보장이라는 세계적 추세 반영과 정상화이념을 지향하는 근거가 마련되었다.

이는 정부지원의 효율성을 높이는 시설 기준 및 서비스 표준 비용의 마련의 필요성 대두되었고, 장애인 거주제도 및 환경의 발전에 따른 장애인의 사회통합과 탈시설 여건이 확대되며, 단순히 양적 확충에 그친 시설정책에서 벗어나 장애인의 삶의 질을 높이는 정책으로 전환해야 한다는 사회적 요구가 증가되었기 때문이다.

기존의 거주시설 서비스의 문제점은 장애인생활시설, 장애인단기보호시설, 장애인공동생활가정 등이 동일한 거주기능 갖고 있지만 법·제도상으로 장애인단기보호시설과 장애인공동생활가정 등은 지역사회재활시설로 분류로 되어있고, 생활인원 100명 이상 대규모 시설이 전체 생활시설의 28%에 이르고, 1개 시설 당 평균 생활인원이 69명에 이르고(2010년 12월 기준), 주거공간과 낮 시간 활동 공간이 분리되지 않은 단순보호 기능 중심으로 운영되고 있으며, 시설에서 제공되어야 할 표준 서비스 내용과 기준이 없고, 시설 이용자 선택이 배제된 시설 이용 절차 및 서비스 내용으로 구성되어 있다.

이를 개선하기 위하여 장애인복지법은 이용자와의 계약에 의하여 거주시설을 이용하도록 개편되었다.

시설 중심의 인력 배치는 규모의 경제라는 측면에서 대규모 중심으로 이루어져 소규모 시설에서는 불리하게 되어 있을 뿐 아니라 규모나 시설의 종류와 무관하고, 장애의 정도, 장애인의 개별적인 욕구도 고려하지 않은 상태에서 이루어져 장애인에게 적합한 서비스를 제공하는데 대단한 어려움을 제공할 수밖에 없다. 이에 대하여 '한국장애인복지시설협회'는 다음과 같이 제안을 하고 있다.

첫째, 대규모 시설을 소규모 시설화하기 위한 제도적인 장치가 필요. 이를 위하여 장애인 거주시설을 신규로 설치하거나, 기존 시설 이용자를 지역사회 내 소규모 시설로 전원 할 경우에는 신축, 매입, 공공임대(시·군·청장이 계약주체로 하는 개인 임대 포함) 등의 방법으로 거주공간을 확보할 수 있고, 동일 시·군·구 내에서 지번을 달리하는 다수의 서비스 공간을 통합하여 하나의 시설로 설치·신고·운영할 수 있다.

둘째, 시설의 입지조건으로는 장애인 거주시설은 그 분포의 적정성과 보건·위생·급수·안전·환경 및 교통편의 등을 충분히 고려하여 장애인이 쉽게 접근하고 편리하게 이용할 수 있는 쾌적한 환경을 갖춘 지역사회 내에 위치해야 한다.

셋째, 시설의 규모로는 장애인 거주시설의 규모는 30명 이하로 하되, 장애인 공동생활가정의 규모는 4인으로 한다. 장애인 거주시설에는 장애인·노인·임산부 등의 편의증진보장에 관한 법률에 따른 편의시설을 갖추어야 한다.

다가구주택이나 공동주택(아파트, 연립주택, 다세대주택) 등 지역사회 내 일반 주택에 설치·신고·운영하는 거주시설에는 적용하지 아니하고, 장애인거주시설의 시설의 구조와 설비는 그 시설을 이용하는 장애인의 장애유형별·성별·연령별 특성에 맞도록 하여야 한다.

다만, 6세 미만의 장애영유아를 위한 시설은 이 기준에 따른 구조 및 설비 외에 「아동복지법」에 따른 아동복지시설 중 영아시설에 준하는 설비를 따로 갖추어야 한다. 장애인이 거주하는 시설은 장애유형에 관계없이 장애인 1명당 연면적 19.8제곱미터 이상, 장애인단기거주 시설은 장애인 1명당 연면적 13.20제곱미터 이상으로 하며, 장애인 공동생활가정의 경우에는 이를 적용하지 아니한다.

2. 소규모 지향으로서의 그룹홈(Group Home)

1) 그룹홈의 개념과 내용

- **장애인 그룹홈의 개념**: 몇 사람으로 이루어지는 집단이 함께 살고 있는 일반적인 집(많은 선진국에서 정신지체인들의 거주지로 가장 인기 있고 보편화된 지역사회 주거시설이다)으로, 지역사회 내에 있는 보통 주택에서 소수의 정신지체인이 공동으로 생활하고 그들의 익숙하지 못한 일(금전 관계, 대인관계)을 전문 직원(동거)에 의하여 원조를 받는 생활 형태로서 사회적 자립의 목적을 띄고 있다(과정적 준비 단계).

(1) 여러 형태의 정의

- **베이어네-스미스 외 동료들**: 주로 정신지체인과 발달장애를 가진 장애인이 지역 사회생활을 촉진하기 위해 지역사회 내에서 소규모 그룹 형태의 일반가정과 유사한 주거 환경에서 생활할 수 있게 만든 지역사회거주 프로그램
- **황의경 · 배광웅**: 지역사회 내에 있는 일반인이 살고 있는 동네 주택에서 소수의 정신지체인이 고용된 직원의 보호와 관리를 받으면서 공동으로 생활하는 곳
- **재활용어사전**: 그룹홈은 대규모 수용시설을 중심으로 실시되었던 기존의 장애인 주거 프로그램에 대한 비판으로 정상화의 원리에 입각하여 새롭게 형성된 장애인 주거 프로그램이며, 장애인의 가치 회복과 일탈 방지를 위하여 보다 쉽게 지역사회에 통합될 수 있도록 물리적 환경을 제공하는 프로그램이다.
- **정부지침상의 정의**: 지역사회 내에 있는 주택에서 소수의 정신지체인이 공동으로 생활하고 이에 필요한 도움을 생활보조원에 의해 지원받는 생활형태로서 사회적 자립을 수행하는 장애인복지사업이다.

※ 장애인을 위한 소규모 지역사회 주거프로그램이라는 정의가 가능

2) 그룹홈의 특성

교육보다는 생활이 강조되므로 최대한 가정적인 분위기와 생활환경을 조성하는 것이 필요하며, 정신지체인도 성인이 되면 독립적인 생활이 가능하다는 인식에서 출발하고 그룹홈의

주거지는 일반 주택지 내에 배치하며 한곳에 모이게 하는 것은 좋지 않다.

단순히 시설을 소규모한 것이 아니라 상호보완적인 관계에서, 입주 및 서비스는 계약에 의해 강제적으로 일어나는 것이 아니다.

교육이나 훈련은 개인생활이라는 입장에서 개별성을 두고 구성원이 지역사회에서 균등한 참여와 권리가 보장될 수 있는 배려가 있어야 한다.

기본적으로 개인생활이어야 하며 본인의 희망이 계속되는 한 그룹홈 생활은 계속되며 보호자가 있어야 하는데 이것은 주택가정의 주택시설이 아닌 복지시설이라는 점을 강조해야 한다(사명감 부여).

3) 장점

생활전반에서 일상생활에 대한 접근 기회가 극대화되고, 기본적 인권의 보장이 보다 용이하며(일반인과 다르지 않다는 것, 동일하다는 것) 장애인의 사회통합을 보다 활성화할 수 있고, 입주자의 성장과 발달의 기회를 더 많이 제공할 수 있다.

(1) 그룹홈의 설치 기준

그룹홈은 일반주택, 아파트, 연립주택 등과 같은 일반 주거형태로 하되, 신규시설을 설치하더라도 지역사회의 일반 주거지역 내에 설치하는 것을 원칙으로 하며 장애인복지관 등 지역사회재활시설과 인근에 위치토록 하여 이용 장애인의 편의를 도모하여야 하고 간판이나 표찰을 붙이지 말고 다수의 그룹홈이 일정 지역 내에 밀집되지 않도록 한다.

(2) 설치비(주택) 지원

그룹홈 설치를 위한 주택자금 및 집기 비품 구입비에 관한 예산은 별도의 지방자치단체 예산으로 지원할 수 있다.

그룹홈 주택의 확보를 위해 국토교통부 등에서 시행하는 주거복지 사업의 일환인 영구주택 임대 사업을 활용하도록 하되, 그 외의 경우 소유권이 아닌 임차 등으로 당해 시설을 설치 · 신고할 수는 없다.

(3) 인건비 및 지원기준

시설장 및 사업수행인력의 인건비 보조기준은 2013년 사회복지시설 관리안내에서 정한 사회복지 이용시설(복지관) 종사자 보수체계 지급기준에 따르고, 시설장은 관장, 사회재활교사는 3급에 준한다(인건비를 지원받는 다른 시설의 장 또는 직원이 겸임하는 경우 제외).

인건비의 보조 및 지급은 근로기준법 기준에 위배되지 않도록 시간외 근무수당, 퇴직금, 기타 4대 연금 등을 반영할 수 있도록 한다.

직원의 출산, 병가, 휴직 등의 사유로 인력의 공백이 발생할 경우 해당 직원의 인건비 범위 내에서 대체인력을 활용할 수 있다.

(4) 인력지원기준

시설 당 사회재활 교사 1인을 배치한다.

관할 지자체는 상기 "인력지원기준"에도 불구하고 장애인 공동생활 가정의 근로기준법 준수 및 이용 장애인의 욕구, 장애 특성을 고려하여 추가인력을 배치하도록 노력하여야 한다.

(5) 관리 운영비

운영비는 지방비보조금, 운영주체의 전입금, 이용료, 민간후원금 등으로 한다.

지자체가 보조하는 관리운영비는 "장애유형별 거주시설 관리운영비 지원기준"을 준용하되, 시설운영의 특수성을 고려하여 관할 지자체는 추가 지원할 수 있다.

지방자치단체의 운영비 보조는 인건비와 관리운영비를 분리하여 보조함을 원칙으로 한다.

시설의 환경개선에 필요한 개 · 보수비는 별도로 지원한다.

(6) 입주정원

입주정원은 4인으로 한다.

(7) 입주기준

다음 각호의 1에 해당하는 자로 한다. 시설 및 재가장애인으로서 그룹홈에서 생활하는 것이 재활 및 자립에 더 효과적이라고 인정되는 자, 낮 시간 동안 근로, 고용훈련, 교육 및 재활훈련 등에 참여하고 있는 자, 사회재활교사의 도움을 받아 공동생활을 하는 데 큰 지장이 없는 자이다.

(8) 입주신청 및 선정 등

입주를 희망하는 본인, 부모 또는 보호자는 입주신청서를 작성하여 신청하며 이용자 적합성 검토는 운영자가 하되, 가족의 구성 · 경제력 · 주거실태, 장애의 정도, 프로그램 제공 후 효과성 등의 사항을 고려하고 본인, 부모 또는 보호자, 운영자, 사회재활교사 등의 의견을 충분히 반영하여 초기 접수표를 작성한다.

이용자는 입주 시 운영자와 입주계약서를 작성하고, 입주기간은 입주계약서를 따르며 다음의 경우에는 이용자를 퇴거시킬 수 있다(본인 또는 보호자가 퇴거를 희망하는 경우, 전염성 질환 등 공동생활이 곤란한 질병에 감염되었을 경우, 본인의 결혼, 계약사항에 따른 생활비를 일정기간 연체하였을 경우, 기타 운영자가 이용자의 공동생활가정이 부적절하다고 인정하는 경우).

(9) 이용자의 생활

이용자는 사회구성원으로서 자신의 책임 하에 개인생활과 공동생활의 구성원으로서 의무를 지키면서 사회적 자립을 달성함을 목적으로 하며, 이용자는 사회재활교사와 협의하여 개인위생관리, 주택관리, 가사 등 역할부담을 하고 필요 시 규칙을 정할 수 있다.

이용자는 낮 시간에는 장애인복지관, 보호작업장, 근로시설, 직장교육기관 등에 다니는 것을 원칙으로 한다(다만, 질병 등 특별한 사유가 있는 경우는 제외함).

4) 체험홈의 실시

(1) 목적

장애인거주시설 이용 장애인 가운데 지역사회로의 이주를 희망하고 지역사회에서의 생활이 적절하다고 판단되는 자에 대하여, 일정한 주거공간을 지원함으로써 지역사회의 일상생활 및 다양한 사회활동 등에 대한 체험기회를 체계적으로 제공하고 향후 시설 퇴소 후 지역사회에서의 생활에 어려움이 없도록 하기 위함이다.

(2) 법적 근거

- 장애인복지법 제34조(재활상담 등의 조치) 제1항 제3호
- 제35조(장애유형 · 장애정도별 재활 및 자립지원 서비스 제공)
- 제57조(장애인복지시설의이용등)
- 제58조(장애인복지시설) 제1항 제1호

(3) 운영방향

장애인거주시설은 이용 장애인이 지역사회로의 복귀를 준비하는 기능을 더욱 강화하기 위한 제반노력과 구체적인 실천 방안의 일환으로 체험홈을 운영하여야 하며, 이를 위해 장애인복지실시기관(시장 · 군수 · 구청장)은 시설거주자의 지역사회로의 복귀를 지원하는 다양한

대책을 강구하고 이를 집행하는데 필요한 제반 지원을 실시하여야 한다.

(4) 설치형태

체험홈은 국토교통부에서 실시하고 있는 각종 주거복지정책의 일환으로 추진되고 있는 영구임대아파트, 국민임대아파트, 매입 및 임차 등을 통해 설치할 수 있으며, 시 · 도, 시 · 군 · 구가 아파트, 일반주택 등 일정한 주거공간을 확보하거나 또는 주거공간 등 확보에 필요한 예산을 지원하여 설치할 수 있다.

(5) 설치기준

체험홈은 장애인거주시설이 위치하고 있는 시 · 군 · 구 내에 설치하되, 지역사회 자립생활 지원을 위해 필요한 경우 동일 시 · 도 내 타 시 · 군 · 구에 설치할 수도 있다.

다만, 장애인거주시설이 설치되어 있는 부지 내에는 설치할 수 없다.

(6) 설치지원

시 · 도 및 시 · 군 · 구는 체험홈의 설치에 따른 시설 개 · 보수, 체험홈 운영을 위한 생활가구 및 가전제품 등 생활용품 구입비를 지원할 수 있으며, 장애인복지실시기관은 체험홈의 설치에 따른 구입비 또는 임차비, 시설개 · 보수, 체험홈 운영을 위한 생활가구 및 가전제품 등 생활용품구입비를 지원할 수 있다.

임차비를 지원할 경우 전세권 설정에 있어 시 · 군 · 구청장이 적극적으로 이에 조력하여야 하며, 물가인상 요인에 의해 임차비 인상 등에 따른 어려움이 발생하는 경우 이를 감안한 지원액 조정을 통하여 체험홈의 원활한 운영을 도모하여야 한다.

(7) 설치신청 절차

① 장애인거주시설 기능보강 사업으로 지원하는 체험홈을 설치하고자 하는 경우에는 해당 장애인거주시설(운영자)이 시 · 군 · 구청장에게 관련 기능보강사업예산을 신청할 수 있다.

② 시 · 군 · 구청장은 체험홈 설치에 대한 신청을 받거나 직접 수요를 조사 · 판단하여 시 · 도지사에게 신청하도록 하고, 시 · 도지사는 체험홈 설치에 대한 우선순위를 정하여 보건복지부장관에게 관련 예산 지원을 요청하여야 한다.

③ 보건복지부는 신청 시설 가운데, 사업계획의 타당성, 사업수행의 시급성, 유사사업 수행경험, 최근 장애인복지시설 평가결과, 시 · 도의 우선순위 등을 고려하여 지원대상 시설을 결정한다.

5) 체험홈 운영

(1) 체험홈 이용자 선발

체험홈 운영자는 체험홈 이용 대상자를 선발하기 위해 (가칭)체험홈운영위원회를 구성하여 이를 심사한다.

체험홈 운영자는 동 위원회의 심사기능을 내실화하기 위해 체험홈 이용후보자에 대한 상세한 정보를 조사 · 보고하여야 한다.

동 위원회는 시설운영위원회 또는 입 · 퇴소판정위원회로 갈음할 수 있다.

(2) 이용정원

체험홈에 입주할 수 있는 정원은 4명을 초과하지 않도록 한다.

다만, 2011년 12월 31일 이전에 입주 완료한 체험홈 정원은 예외로 한다.

(3) 체험홈 담당직원

장애인거주 시설장은 체험홈 운영에 필요한 직원을 확보하여 파견하여야 한다.

장애인복지실시기관은 신규 직원 인건비에 대해 필요에 따라 소요경비의 일부 또는 전부를 보조할 수 있음. 담당 직원은 체험홈의 성격, 체험홈 이용자의 장애 종류, 특성 및 정도를 감안하여 상주지원, 방문지원 등 다양한 형태로 근무할 수 있다.

(4) 이용자의 생활지원

체험홈 거주자는 36개월(3년) 범위 내에서 체험홈에서 실시하는 다양한 지원을 받을 수 있다. 단, 거주자의 장애 특성 및 정도에 따라 필요시 1년을 단위로 추가 연장하여 이용할 수 있다.

체험홈 담당 직원은 체험홈 거주자가 일상생활을 영위할 수 있도록 다양한 기회를 제공해야 하며, 궁극적으로는 시설을 퇴소하여 지역사회에서 거주할 수 있는 여건을 마련하는데 적극적으로 기여해야 한다.

체험홈 거주자는 담당 직원과 상의하여 개인 위생관리, 주택관리, 가사활동 등에서 역할을 담당할 수 있으며 서로 협의 하에 제정한 자체 규정(규칙)을 준수하도록 노력하여야 한다.

(5) 운영비

운영인력 및 운영경비는 해당 거주시설의 자체 조정 계획에 의해 현재 지원하는 생계비와 운영비 및 후원금 등을 사용함을 원칙으로 하되, 필요한 경우 시 · 도 및 시 · 군 · 구가 추가로 지원할 수 있다.

시설은 사회복지법인 재무 · 회계 규칙의 시설회계 세입 및 세출 예산과목에 준하여 예산을 편성, 체험홈 운영과 관련된 경비를 지출하여야 한다.

체험홈에서는 체험홈 입주 인원을 고려한 예산 총량 범위 내에서 체험홈 운영에 필요한 비용을 통합적으로 사용할 수 있으며, 체험홈을 1개 이상 운영하는 시설에서는 예산 총량 범위 내에서 각 체험홈 별 세부예산 계획을 별도 수립하여 운용하여야 한다.

기본적인 운영 경비 외, 입주자 공동생활 및 사회활동 · 참여와 관련된 비용은 필요할 경우 입주자간 협의를 통해 입주자가 그 비용을 부담(입주자간 갹출)할 수 있다.

6) 로렌스의 지역사회 주거시설 모형

(1) 입양가정(family home)

한 · 두 장애인이 신중하게 선정된 가정에 입양되어 가족의 일원이 되어지는 모델

(2) 감독을 수반한 그룹홈(Supervises group home)

3~5명의 아동 혹은 성인이 그룹홈 직원과 함께 거주하는 모델

(3) 최소한의 감독을 수반한 공동생활(minimum supervision home)

2~4명의 장애인이 함께 거주하는 모형으로 직원은 같은 아파트나 집에 살지 않고 필요시에 방문하는 모델

(4) 감독을 수반한 아파트(supervised apartment)

1~2명의 장애인이 각기 다른 아파트 그러나 가까운 거리의 아파트에 거주하는 모형

(5) 공유거주 아파트(so-residency apartment)

지역사회나 보호작업장에 고용되어 있는 2~3명의 장애인과 일반인이 함께 한 아파트에 살면서 경비를 분담하는 모형

(6) 반 자립아파트(semi-independent apartment)

1~3명의 장애인이 한아파트를 공유하고 직원은 잘지내는지 체크하는 정도의 모델

(7) 공유생활(life sharing)

1~2명의 장애인이 한 명의 일반인과 함께 거주하는 모형(이 모형에서는 정식 직원이 필요치 않다)

7) 한국장애인복지시설협회가 제안하는 그룹홈 유형

(1) 복지홈(or 일상지원가정)

장애유형이 같거나 유사한 장애인에게 주거 · 일상생활 · 지역사회생활 등의 서비스를 제공하는 형태

(2) 케어홈(or 집중지원가정)

장애 정도가 심하여 항상 도움이 필요한 중증장애인에게 주거 · 일상생활 · 요양 등의 서비스를 제공하는 형태

(3) 단기홈(or 단기이용가정)

가정의 사정으로 일시적인 대리보호가 필요한 장애인에게 일정한 기간 동안 24시간 서비스를 제공하는 형태

(4) 그룹홈(or 공동생활가정)

가정에서 생활하기 어려운 장애인에게 주거 · 일상생활 · 지역사회생활 등의 서비스를 제공하는 지역사회 내 소규모 형태

(5) 자립홈(or 자립생활가정)

장애인이 지역사회 안에서 자립적인 생활이 가능하도록 지원하는 형태

(6) 복합기능홈(or 복합기능가정)

가항, 나항, 다항, 라항 중 2개 이상의 유형 시설을 하나의 형태

(7) 장애인 주간활동센터

장애인 가족구성원이 안심하고 사회 · 경제활동을 영위할 수 있도록 장애인에게 낮 시간 동안 재활 프로그램 등을 제공하는 형태

8) 발달장애인 지원 및 권리보장에 관한 법률에서 제시한 거주지원정책

(1) 완전독립형 거주시설

관리 또는 지원 없이 2인 이하의 발달장애인이 독립적으로 생활하는 시설이다.

(2) 부분독립형 거주시설

발달장애인복지사의 방문을 통하여 일정 시간 이상의 거주시설 적응 지원을 제공받으며 4인 이하의 발달장애인이 독립적으로 생활하는 시설이다.

(3) 공동생활형 거주시설

발달장애인복지사가 함께 거주하며 거주시설 적응 지원을 지속적으로 제공받으면서 4인 이하의 발달장애인이 생활하는 시설이다.

(4) 요양형 거주시설

발달장애인복지사, 간호사, 발달재활사, 특수교사, 보조인력 등 다양한 인력이 함께 거주하며 서비스와 거주시설 적응을 지속적으로 제공하는 30인 이하의 발달장애인이 생활하는 시설이다.

memo

장애인차별금지와 보편적 디자인

CHAPTER

14

CHAPTER 14

장애인차별금지와 보편적 디자인

보편적 디자인이란 장벽이 없고, 사용하기 쉬우며 모두를 포괄하는 디자인으로, 보편적 디자인은 가능한 한 모든 연령층과 다양한 능력의 사람이 사용할 수 있도록 상품과 환경을 설계하고자 하는 시도이며, 하나의 완성된 결과물이라기보다는 여전히 끊임없는 노력과 개선을 필요로 하는 진행 중의 과정이다.

이 개념의 출현은 노인과 장애인 수의 증가, 장애인권 옹호자의 노력에 따라 장애인을 위한 편의시설이 모든 사람을 위한 일반 시설로 이용될 수 있고, 궁극적으로는 '장애인용'이라는 특별한 문구가 없더라도 경제적이고 아름다울 수 있다는 인식이 보편적 디자인 운동의 토대를 마련하는 것이다.

인간은 동등한 권리, 동등한 의무, 동등한 기회를 부여 받은 존재이며, 모든 인간에게 균등한 기회를 제공하는 디자인을 추구하며, 장애를 특수한 상황으로 보는 것이 아니라 인간이 가질 수 있는 특성으로 보이며, 이런 특성을 모두 포함하는 디자인 개념이다.

Ⅰ. 보편적 디자인과 편의시설

1. 보편적 디자인의 역사

- 세계 2차 대전 이후 지체장애인의 증가가 사회적 문제로 대두되면서 장애인을 고려한 디자인 개념을 인식하게 되었다.
- 1970년 미국의 건축가 로날드 메이스에 의해 '보편적 디자인'이라는 용어가 처음 사용되었다.
- 1980년 보편적 디자인에 대한 인식의 확대와 범위가 넓어진 시기
- 1985년 미국 캘리포니아 샌디에고 시각장애인 훈련센터 재건축과정에서(기능 지원성, 접근가능성, 수용 가능성, 안전 지향성)를 제시

- 1990년 보편적 디자인의 개념이 사회적으로 급속하게 확산되고 교육의 중요성을 강조하는 시기
- 1998년~2000년 1, 2회 국제 유니버설 디자인 대회 개최됨으로 보편적 디자인에 대한 정보의 집약과 교류는 보편적 디자인의 세계적인 확산에 큰 역할을 하였다.

※ 유니버설디자인

유니버설디자인은 변화되는 디자인 유행의 가운데 하나의 스타일이 아니며 사용자들의 경험을 바탕으로 하는 실용적인 디자인 개념으로, 유니버설디자인은 가능한 많은 사람들을 위하여 아름답고 장애가 부각되어 보이지 않는 디자인을 할 수 있는지를 염두에 두며, 인간의 생애주기를 고려한다.

2. 보편적 디자인의 원리

- **기능 지원성 디자인**: 사용자에게 불필요한 부담을 일으키지 말아야 한다.
- **접근 가능성 디자인**: 무리 없는 접근 물리적, 심리적 장애물이 없어야 한다.
- **수용 가능성 디자인**: 모든 사람의 욕구 충족
- **안전 지향성 디자인**: 물리적, 심리적 위험과 불안요소 제거

3. 보편적 디자인의 적용을 위한 일곱 가지 기본원리와 지침

- **공평한 사용**: 어느 집단의 사용자에게도 유용하고 시장성
- **융통성 있는 사용**: 광범위한 개인의 능력이나 기호에 유연하게 적응될 수 있어야 한다.
- **단순하고 직관적인 사용**: 사용자의 경험, 지식, 언어능력 또는 일반적인 집중도에 관계없이 이해하기 쉽다.
- **인식 가능한 정보**: 주위 여건이나 사용자의 지각 능력에 상관없이 필요한 정보를 효과적으로 전달한다.
- **실수에 대한 포용**: 우발적이거나 의도하지 않은 작동으로 인해 발생할 수 있는 부정적 결과를 최소화하고, 오류와 그로 인한 결과의 예방에 초점을 두었는가에 대한 개념이다.
- **적은 신체적 노력**: 신체적 피로를 최소화하기 위해 효율적이고 편안하게 사용
- **접근과 사용을 위한 크기와 공간**: 사용자의 체격, 자세, 운동성에 상관없이 접근, 도달, 작동, 사용할 수 있도록 적절한 크기와 공간을 제공한다.

4. 편의시설

최근 장애인복지의 새로운 패러다임으로 자리 잡고 있는 자립생활의 측면에서 편의시설의 원활한 이용은 그 자체로 장애인의 사회성과 자존감 향상 등에 직결되는 중요한 문제이기 때문이며, 우리나라의 편의시설은 장애인이 혼자서 아무런 장애상황 없이 일상생활을 영위하기에는 정책, 기술, 인식 측면에서 부족하다.

장애인의 편의시설은 일반인이 사용할 수 없는 것이 아니며, 오히려 일반인도 편리하게 사용 가능하다.

1) 편의시설의 정의

접근성을 가능하게 해주는 모든 것이 편의시설이다.

접근성이란 건축물이나 교통시설을 이용하는 본래의 목적을 수행할 수 있도록 해주는 것을 의미한다.

2) 우리나라 편의시설 관련법 형성 과정

- 1981년: 심신장애자 복지법 제13조 "도로 · 공원 · 공공건물 · 교통시설 · 기타 공중이 이용하는 시설을 설치하는 자는 심신장애자가 이를 편리하게 이용할 수 있는 시설이나 설비를 갖추도록 노력해야 한다."고 최초로 명시
- 1985년: 건축법 시행령 제61조 제2항 "500석 이상에 관람석에 지체부자유인이 이용할 수 있는 공간을 확보하고, 통로는 경사로 등 지체장애인에게 편리한 구조로 해야 한다" 규정
- 1986년: 건축법 시행령 제55조 제2항 "4대 이상의 승강기 설치 공공건축물에는 1대 이상의 지체부자유인이 이용할 수 있는 구조의 승용 승강기를 설치하고, 10개 이상의 대변기를 설치하는 근린공공시설, 공공업무시설, 판매시설, 관광호텔 또는 공중변소의 경우에는 1개 이상의 지체부자유인용 대변기를 설치해야 한다."고 규정
- 1988년: 건축법 시행령 제25조 승강기의 구조를 규정
- 1989년: 장애인복지법이 전면 개정되면서 동법 제33조 편의시설에 관한 조항이 국가 및 지방자치단체의 책임으로 설치되도록 권고하였다.
- 1995년: 보건복지부령 '장애인 편의시설 및 설비의 설치기준에 관한 규칙'이 시행되었다.

3) 편의증진법 주요내용

편의증진법은 장애인 · 노인 · 임산부 등이 생활을 영위함에 있어 다른 사람의 도움 없이 안

전하고 편리하게 시설 및 설비를 이용하고, 정보에 접근하도록 보장함으로써 이들의 사회활동 참여와 복지증진에 이바지함을 목적으로 하고 있다.

Ⅱ. 장애인과 지원기술

1. 지원기술에 대한 정의

① 특수교육공학은 실제로 장애인을 위해 사용되는 일반 공학을 포함하며, 특수교육 학습에 이용되는 컴퓨터 보조교수에 중심을 두는 것이다.

② 재활공학은 보상방법 및 적용기구를 사용함으로써 장애인의 기능(삶의 질)을 증진, 유지, 향상시키는 기술이다.

③ 재활엔지니어링은 체계적인 기술응용, 엔지니어링 방법론 또는 과학적인 원리 서비스를 통해 장애인이 직면하고 있는 교육, 재활, 직업, 교통, 독립생활, 레크리에이션에 대한 장애물을 극복시킨다.

④ 지원기술 서비스는 장애인 관련 보조기구를 선정, 구입, 사용 등을 직접적으로 보조하는 모든 서비스를 말하며 다음의 서비스를 포함한다.

첫째, 장애에 대한 기능 평가
둘째, 지원기술 기기 구입 시 제공되는 서비스
셋째, 지원기술 기기의 선택, 디자인, 맞춤, 개조, 대체, 응용, 유지, 수리 및 교체
넷째, 현재의 교육 재활 계획과 프로그램에 관련된 지원기술 기기를 활용한 치료 중재 서비스 조정 및 사용
다섯째, 장애인 및 가족을 대상으로 하는 기술적인 훈련 및 보조
여섯째, 사업주, 전문가, 서비스 제공자를 대상으로 하는 기술적인 훈련 및 지원

2. 지원기술에 대한 개념

지원기술은 시장성의 논리가 중심이 되기보다는 “누구를 위해서 무엇을 어떻게 사용해야 하는가?”의 문제가 중심이 되어야 한다.

또한 지원기술은 장애를 가진 사람을 위한 특별한 배려나 손상된 기능의 향상만을 위한 것이 아니고 장애를 가진 사람의 선택의 자유와 평등한 기회의 제공을 위한 것이다.

3. 장애와 컴퓨터

1) 감각장애와 컴퓨터

혼자서 신문을 읽을 수 없는 사람들에게 스크린 리더기(screen reader)를 이용하여 신문사의 홈페이지나 PC 통신의 신문을 받아볼 수 있게 된다.

청각장애인이나 언어장애인도 문자 메시지, 채팅, 문자방송을 통해서 일반인과 커뮤니케이션 가능하다.

- 신체장애와 컴퓨터: 마우스 대신 특수 제작된 트랙볼과 키가 음각된 키보드를 사용하거나 눈동자 추적 시스템을 사용하면 컴퓨터 사용가능하다.
- 인지장애와 컴퓨터: 발달장애아동을 위한 터치스크린(touch screen)을 활용한 학습도구 사용한다.

Ⅲ. 장애인의 정보화

1. 주요정책 현안

1) 정보화 교육

교육장까지 갈수 있는 여건의 어려움과 교육장의 장애인용 보조 장비 미비로 교육환경이 안좋으며 정보교육을 위한 정책적인 지원이 필요하다.

2) 정보기기의 보급

- 장애인은 경제적으로 여유가 없다: 그러므로 컴퓨터의 보급률도 뒤쳐진다.
  세금공제를 통해 민간기업의 참여를 유도하는 정책이 필요하다.

3) 장애인용 하드웨어와 소프트웨어 개발

- 시각장애인: 화면의 글자를 음성으로 읽어주는 프로그램 필요하다.
- 뇌성마비 장애인: 한참 눌렀다 떼는 것을 한 번의 입력으로 인식하는 키보드나 프로그램 필요하다.

4) 콘텐츠의 접근성 고려

멀티미디어 중심의 자료는 감각장애를 가진 장애인에게는 치명적인 해가 될 수 있다.

5) 정보격차 해소 정책

정보 접근기회의 확대를 위하여 정보 취약계층이 경제적, 신체적, 지역적 조건에 제약받지 않고 보다 많은 정보에 쉽게 접근할 수 있는 환경 조성을 조성해야 한다.

정보 활용 능력의 제고를 위하여 지식정보사회에 필수적인 정보 활용 능력의 제고를 위해 계층별 특성에 맞는 정보화 교육을 확대해야 한다.

정보화 취약계층에 유용한 정보제공을 확대되어야 한다.

장애인의 사회 심리적 영향

CHAPTER
15

CHAPTER 15 장애인의 사회 심리적 영향

1. 장애인의 사회심리의 개념

사회심리(psychosocial)란 단지 심리학이나 사회학의 통합을 의미하는 것이 아니라 인간을 생리적 · 심리적으로뿐만 아니라 인간을 둘러싸고 있는 사회경제적인 상황을 포함한 포괄적이고, 전체적인 시각을 '사회심리적'으로 표현한다.

장애의 심리적 영향을 보면, 인간은 생물학적 · 정신적 · 사회적 존재로서 인간의 신체는 각 부위의 집합체가 아니라 '마음+몸+환경'을 총체적으로 보아야 하며, 신체적 손상, 즉 생물학적 일차적 문제는 정신적 · 사회적인 문제로 발전하기 때문에 심신의 일부 장애는 개인의 전체의 문제나 개인의 생활 전체의 문제로 나타난다.

장애로 인한 사회심리적 문제는 크게 인간관계, 사회적 불이익, 신체미(body beauty)의 손상 등이 있다.

또한, 인간관계는 장애인의 가장 큰 문제로 사람의 눈과 사회의 눈을 예민하게 의식하게 한다.

2. 사회적 불이익

사회의 태도와 구조를 보면, 장애인에 대한 사회적 태도는 부정적이고, 사회구조는 일반인 위주로 만들어져 있으며, 사회는 대다수의 일반인의 기준에 맞추어 구성되고 발달되었다.

사회재활의 사명은 인적 · 물적 환경과 역동적인 교섭과정에서 장애인의 인격형성이나 재적응을 건전하고도 원활하게 진행시키는 일이다.

재활의 작업은 인간적응의 모든 측면에 관한 것이다.

인간은 건전한 균형이 잡힌 신체라는 것에 높은 가치를 두며, 신체미(body beauty)라는 관점에서 보면, 좌우 불균형, 동작의 어색함, 특이한 자세는 마이너스 평가를 받기 쉽다.

장애인의 문제는 그 개인기능의 부적응, 결함이 많은 사회적 상황, 또는 쌍방의 다양한 정도의 연계에서 발생하므로 이러한 문제를 다루는 전문가는 이들의 제 요인을 명확히 하여 장애인의 개별화된 욕구에 부합된 가장 적절한 방법을 장애인에게 대응하는 것이 필요하다.

Ⅰ. 장애인의 일반적인 사회심리적 특성

1. 비사회적인 행동

수줍음, 소심함, 소극적인 행동, 열등감이 강한 편이고, 남들 앞에서 의견발표를 주저하는 등의 이러한 행동이 현저할 때 비사회적인 행동이 나타난다.

장애아동을 적극적으로 사회에 참여시키려고 하지 않고, 부모나 주위에서 장애가 있는 아동을 열등하게 생각함으로 열등감을 갖게 하는 경우가 많고 이러한 아동이 성장과정에서 이 왜곡된 성격이나 행동의 교정 없이 자란다면, 성인이 되어서도 신체적 · 교육적 · 직업적으로 제 아무리 재활이 잘 되었다 하더라도 사회생활을 원만하게 영위하기 어려움이 따른다.

2. 자기중심적인 행동

협조성이 적고, 관용성이 적으며, 완고하고, 인내력이 약하며, 자기도취적인 아동을 자기중심적인 행동의 소유자이다.

3. 퇴행적인 행동

의뢰심이 강하고, 나이에 비해 어린 끼 있는 장난을 잘하며, 응석을 잘 부리는 성격이나 행동은 주로 신체적 결함이 있을 때, 가정이나 학교 등에서 본인에 대한 취급이 적절하지 못했기 때문에 퇴행적으로 되는 경향이 높다.

4. 도피적인 행동

지체장애나 질환으로 활동적이고 적극성이 저해됨으로써 일어나는 열등감 · 굴욕감 등에 의해 도피적으로 되는 경향이 높다.

5. 정서불안

지체장애로 말미암아 부모나 주위의 과보호 현상은 자기감정의 통제습관을 기르지 못하게 하며, 능력의 한계 때문에 접하게 되는 열등감은 욕구불만을 초래케 하여 항상 긴장감을 갖게 한다.

긴장감의 연속은 공포감, 불안감을 초래케 하고 정서불안의 특성으로 나타난다.

Ⅱ. 장애인의 의식구조

1. 장애란 신체적 기능의 영구적인 손상을 받은 경우를 의미하며, 이것으로 인하여 사회심리적 문제를 야기한다.

2. 장애인은 우선 일반인이 갖는 욕구와 흥미를 똑같이 가지고 있어 일반인과 동일하게 대우해 주기를 바라는 동시에 장애인이라고 하는 상황을 언급하게 된다. 이것은 장애의 양면성을 말해 주는 것이다.

3. 장애의식

장애인의 자아의식, 즉 자아인식이나 자기평가에 있어서 제일 두드러진 특징은 장애의식이다. 무능의식, 무력감이라 할 수 있으며, 또한 좌절감을 가질 수 있다. 이러한 의식을 바탕으로 장애인은 열등의식, 열등감이 일반인보다 강하게 나타난다.

장애의식을 인식론적 관점에서 보면,

첫째, 장애 자체가 객관적으로 존재하는 것인가?

둘째, 장애의식의 표상으로서 장애가 있음을 알게 되는 것에 불과한 것인가를 확인

4. 피해의식: 폐쇄와 비사회성향

장애인의 소외의식, 폐쇄적 · 비사회성을 개선하여 사회참여의 의지를 갖게 하는 문제는 장애인재활의 핵심이다.

소외의식을 해결하기 위해서는

첫째, 사회의 냉대와 차별이 없어지도록 해야 하고,

둘째, 장애인이 장애의식의 극복을 위해 무엇인가를 할 수 있다는 자기평가가 가능해야 하며,

셋째, 자신감을 갖게 하는 것이다.

사회적 요소에 정비례하는 것은 아니며, 장애인 자신의 장애의식이 소외의식을 심화하는 요인으로 가세하기도 한다.

유엔(UN)은 세계 장애인의 해에 '완전 참여와 평등'이라는 과제를 제시, 자신감 배양과 자기 평가를 다시 하게 하여 장애의식을 극복토록 도움을 주는 데 있다.

5. 편견성향: 2차 피해의식으로

사회가 장애인을 보는 편견성향은

첫째, 사회의 편견으로 사회가 갖고 있는 편견이 존재하며,

둘째, 장애인 자신의 편견으로 장애인 자신의 자아에 대한 평가와 타아에 대한 평가 및 자아와 타아와의 관계에 대한 평가가 모두 왜곡될 가능성이 있고,

셋째, 장애인과 일반인간의 상호이해의 중요성으로 사회의 장애인에 대한 편견의 불식이나 올바른 인식만으로 이루어지는 것은 아니며 통합의 문제가 바로 편견의 불식을 위한 노력의 일환이다.

6. 반항의식: 파괴성향

장애인의 장애의식이 극대화될 때, 심한 열등의식에 빠지게 되며, 좌절과 자포자기에 이르게 되고 가학 피학성(sadomasochism)에 빠지기 쉽다.

자기 자신에 대한 파괴와 대외적인 파괴성향을 가진다.

장애에 대한 저항의식은 장애를 거부 · 부인하려는 것이다. 장애를 거부 · 부인할 수 없는 객관적인 사실과 거부 · 부인하려는 의식과의 모순과 갈등은 파괴적 성향을 조장하게 되는 것이다.

장애를 극복하려는 의지는 장애를 객관적인 사실로 인정하고, 사실을 사실대로 받아들이면서 장애를 뛰어넘으려는 의식을 말하는 데 장애문제를 다룰 때, 장애인의 반항의식으로 발전하는 저항의식에 대한 내용이 다뤄져야 한다.

7. 결핍의식: 불만성향

신체적 · 정신적 기능의 일부 손상으로 인하여 자유와 평등의식이 상실되고, 장애인에게 결핍의식을 가져다주는 것이며, 욕구불만이 되는 것이다.

장애인에게 보고, 듣고, 걸으며 말하는 자유의 회복이나 신장을 위해 환경을 개선하는 것은 장애인의 성격개선을 위해 매우 필요한 것이다.

8. 불안의식

장애인의 자기의식, 자기평가에 가장 본질적인 근원이 되는 의식은 불안의식이다.

장애인의 개인적 · 사회적 생활상의 제약의식인 장애의식은 장애인으로 하여금 미래에 의욕과 희망을 상실하게 하고, 좌절하게 하는 동기가 된다.

장애의식은 열등의식, 무능의식으로 발전하고, 그것은 다시 소극적인 측면에서는 피해의식과 결핍의식으로, 적극적인 면에서는 반항의식으로 변질되어 가는 것이다.

장애인복지의 이상은 장애인이 장애의식, 결핍의식, 피해의식, 불안의식으로부터 해방을 위한 방법은

첫째, 사회적 · 국가적 차원에서 장애의식을 감소시키는 환경의 개선

둘째, 장애인 자신의 장애의식 극복을 위한 노력

9. 장애인의 자아개념

장애인의 자아개념은 사회환경이라는 강력한 영향력을 가지는 외적 변인과 그 자신이 어떻게 장애를 수용하며, 사회를 어떻게 받아들이고, 자기화 시키느냐 하는 내적 변인이 항상 상호작용한다.

장애아동의 자아개념은 장애 그 자체보다는 환경적인 것에 의해 더 큰 영향을 받으며, 그로 인해 사회적 자아의 내면화가 잘 이루어지지 않을 것이라는 가설을 지지한다.

권기덕(1981)은 일반아동에 비해 지체장애아동의 자아개념이 보다 부정적인 경향을 갖고 있다는 것을 발견한다.

시각장애, 청각장애, 지체장애 가운데 시각장애가 가장 부정적인 자기개념을 갖는 것이다.

일반적으로 갖는 성격특성으로는 자기비하에 빠지기 쉬우며, 교우관계가 적고, 사회에 무관심한 경향이 있으며, 노인과 같은 행동양상을 띠는 것 등으로 시각 장애아동이 갖는 부정적인 자아개념에 기인된 것으로 생각된다.

10. 지체장애에 대한 사회심리적 영향

1) 네프와 웨이스(Neff & Weiss, 1965)는 지체장애인의 사회심리적 세 가지 고려점을 제시

첫째, 선천적 혹은 초기 아동기의 장애와 중도장애를 구분

둘째, 장애와 손상이 출생 후 일어났고, 마비나 절단이 수반되었다면, 상실에 대한 의식은 고려되어야 할 이슈

셋째, 장애인은 차이가 있는 것으로 타인에 의해서 전형적으로 보여지며, 일반적으로 장애인 스스로도 자신이 다르다는 것을 인지

2) 지체장애인에 대한 사회심리적 영향으로 조라드(Jourard, 1958)는 장애의 결과로서 신체적 차이에 따른 반응

첫째, 장애의 존재와 장애가 제한점을 제공한다는 것에 대한 부정

둘째, 포기나 단념, 즉 도움이 되거나 자기 스스로의 도움을 거부하거나 희망이 없는 것으로 상황을 보는 것

셋째, 적대감 혹은 위축으로 타인을 혼내주거나 타인에 의해서 범해지는 편견의 희생자로서 자기 스스로를 간주하는 것

넷째, 무관심으로 남아 있거나 공격적인 요구 만들기, 동정 혹은 도움의 거부, 반항과 교만을 보이는 것

다섯째, 가족이거나 사회의 규칙 위반으로 인한 벌로서 장애를 보는 것

여섯째, 도움 없이 남아있는 것이 보호, 애정, 주의를 보장하는 유일한 방법으로 보기 때문에 의존적이거나 요구하는 것

3) 개개의 장애인은 두 개의 사회심리적 과제

첫째, 자신의 장애에 대한 본질을 이해

둘째, 가능한 한 독립적이어야 함

표 15-1 지체장애아동의 심리적 누적 심화과정

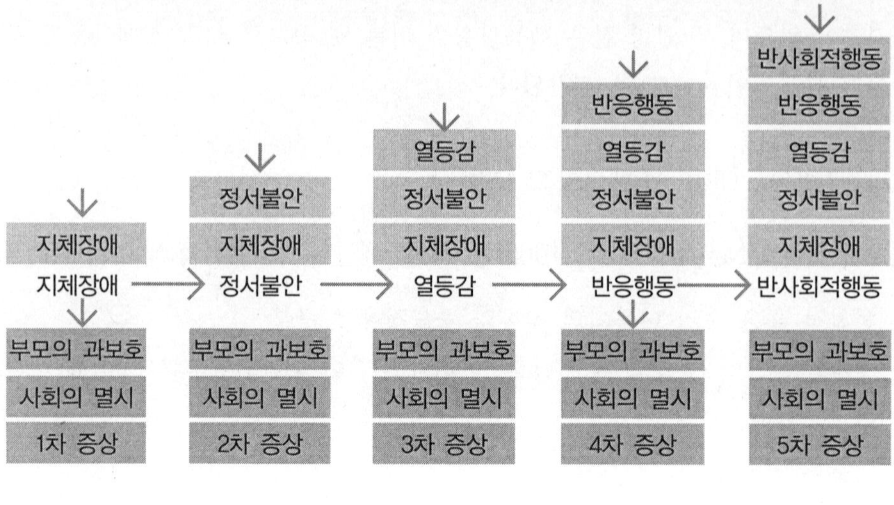

11. 장애가족의 사회심리적 특성

① 장애아동이 가정에 미치는 영향을 조사한 후레스톤(Freston, 1971: 456)의 연구는 부모와 형제는 아동의 장애로 인해 어느 정도 스트레스를 받고 있으며, 가정은 사회경제적 문제에 직면하게 된다는 것
② 버덴(Burden, 1980)의 연구에서 보면, 장애아동 어머니의 거의 50%가 병원의 종합 진단의 결과 건강이 좋지 않은 것
③ 장애아동이 성장하면서 생리적 부적응을 가져오므로 부모의 과보호, 거부, 사회적 멸시 등이 신경질적인 정서적 불안을 유발시키고, 가정 및 사회활동이 넓어지면서 점차 심리적 열등감에 빠지게 되며, 열등의식은 반응행동을 일으키는 데 이상행동으로 나타난다.
④ 행동이 본인 신상에만 미치면 문제는 적어지지만, 사회와 연결될 때, 반사회적 또는 비사회적 행동으로 나타나게 된다는 것

12. 장애인의 사회심리적 장애

장애를 갖고 있는 사람이 그 결함으로 인하여 사회생활에 적응하지 못할 때, 이를 사회심리적 장애라고 한다.

심신의 결함이 사회생활에 장애를 가져올 때, 그러한 결함을 갖고 있는 사람은 사회로부터 소외되기 쉽고, 사회로부터 소외된 사람은 사회적 존재로서의 가치를 잃게 된다.

심신의 결함이 사회심리적 장애를 가져오는 원인은 여러 가지 측면에서 생각해 볼 수 있겠으나 크게 네 가지로 구분한다.

1) 장애 그 자체에서 오는 사회심리적 장애

정상생활에 필요한 신체적 · 정신적 능력에 중대한 결함으로 인해 도저히 일반 사회생활에 정상적으로 적응하기 어려운 경우이며, 장애 그 자체가 특수아의 심리발달에 직접적인 영향을 주고 있으며, 아울러 사회심리적 장애를 초래한다.

2) 장애인 자신의 심리적 문제에서 오는 사회심리적 장애

(1) 신체적 결함이 곧 그의 인격적 결함으로 해석되어 스스로 사회적 존재로서의 가치를 포기할 경우, 사회심리적 장애가 발생할 것

(2) 메고완과 포터(Megowan &Porter)는 지체 장애의 심리적 영향

첫째, 손상 자체가 직접적으로 영향을 미치는 경우로 중추신경 계통의 손상으로 인한 이상 행동을 들고 있으며

둘째, 장애인의 자기 장애에 대한 관점에서 오는 심리적 영향으로

- 장애발생 전의 경험
- 장애가 되기 전까지 공포의 경험
- 자기 장애에 대한 지식
- 가족과 친구에게 취급되어 온 경로
- 독립과 안정을 찾고자 하는 희망으로 설명

3) 사회적 태도에서 오는 사회심리적 장애

① 사회학자 쿨리(Cooley)의 '면경자아(looking glass self)' 즉 '나에 대한 다른 사람의 행동이 곧 나를 볼 수 있는 거울'이라는 사실과 같이 장애인에게 사회심리적 장애를 낳게 한다.

② 장애의 개념에 대한 정확한 인식과 명칭 붙임(labeling)에 관심을 가져야 한다.

③ 장애인에게 붙여진 표찰(stigma)이 그 명칭과 행동을 밀접하게 관련지어 기대수준을 낮게 하거나 정상과는 다른 일탈행동이 나오기를 기대하게 되는 확산적 효과를 초래하게 된다는 것을 명심하여야 한다.

4) 물리적 사회환경에서 오는 사회심리적 장애

일상생활의 터전이고 수단인 주택, 공공건물, 대중교통, 작업환경 등 제반 물리적 사회환경이 정상인을 위주로 설계되고 만들어지고 있기에 장애인은 사회심리적 장애를 갖게 된다.

장애인의 사회심리적 장애는 장애인 자신에 원인이 되어 발생할 수 있고, 사회적 원인에 의해 발생될 수 있으나, 전자보다는 후자의 비중이 크다고 본다.

심신장애인의 사회심리적 장애는 장애인 자신에게 있기보다는 우리사회 자체에 있다.

우리 사회는 심신의 결함으로 수많은 인생의 도전을 받고 있는 이들 장애인에게 불행을 더 해주는 일보다는 이들의 장애를 덜어 주려는 노력을 하여야 한다.

장애인과 지역사회중심 재활

CHAPTER
16

CHAPTER 16

장애인과 지역사회중심 재활

Ⅰ. 시설중심 재활(IBR)

1. 시설중심재활(IBR, Institution Based Rehabilitation)

시설중심재활은 장애인 생활시설에 수용되어 있는 장애인을 대상으로 재활서비스를 제공하는 것으로, 1900년 중반 이전까지 미국이나 서구 유럽국가에서 장애인복지서비스 제공은 수용시설 중심의 재활사업이 주류를 이룬다.

선진국에서 주로 실시되었던 기존의 재활서비스 전달방식은 도시 내에 있는 시설을 중심으로 이루어졌기 때문에 고도의 장비와 기술의 도입, 전문 인력을 확보하기 위해서 많은 재정을 투입하고 그럼에도 불구하고 서비스 수요를 감당해내기에는 한계가 있다.

대부분의 재가 장애인은 반드시 전문 시설에서의 수준 높은 서비스를 요구하는 것은 아니기 때문에 제한된 자원을 보다 효과적으로 활용할 수 있는 새로운 재활실천의 도입이 필요하고 각종 재활서비스 여건이 상대적으로 낙후되고 투자 자원도 부족한 개발도상국가의 경우에는 그 필요성이 더욱 절실함을 느끼게 된다.

2. 시설중심재활(IBR): 우리나라

우리나라는 1945년 9월 서소문의 적산가옥을 받아 근화원을 천애원으로 개칭하여 고아와 장애인을 돌보게 된 것이 최초의 시설로 1950년 이후 한국전쟁 후 전쟁으로 인한 고아들의 수용보호에 대한 사회적 필요 급증에 따라 시설이 급증하였으며 1970년대 전쟁고아의 성장으로 인하여 고아의 급감을 통하여 고아원을 장애인수용시설로 전환하기 시작하여 1981년 심신장애자복지법이 제정되면서 제15조에 지체부자유자재활시설, 시각장애자재활시설, 청각

언어기능장애자재활시설, 정신박약자 재활시설로 구체화되기 시작하여, 1989년 장애인복지법으로 전면 개정되면서 제37조에 장애인재활시설(지체장애, 시각장애, 청각장애, 언어장애, 정신지체 등 동일 또는 유사한 장애를 가진 장애인을 입소 또는 통원하게 하여 그 재활에 필요한 상담 · 치료 또는 훈련을 행하는 시설)로 개정되었다.

2007년 장애인복지법 전면 개정으로 제58조에 장애인생활시설(장애인이 필요한 기간 생활하면서 재활에 필요한 상담 · 치료 · 훈련 등의 서비스를 받아 사회복귀를 준비하거나 장애로 인하여 장기간 요양하는 시설)로 개정되었다.

3. 시설중심재활과 지역사회중심재활의 비교

1960년대 탈시설화(Deinstitutionalization) 운동이 주창되면서 정상화(Normalization) 이념이 대두되고, 시설중심에서 지역사회중심재활에로의 전환논의가 시작되었다.

	시설중심재활(IBR)	지역사회중심재활(CBR)
추구목적	개인변화	개인-지역사회 변화
서비스접근	의료/치료 중심, 단편성	관련분야 간 연계/통합, 지속성
서비스전달	중앙집권/통제, 하향식	관련분야 간 연계/협력, 평행식
서비스자원	제한적/특정적, 산발성	포괄적/보편적, 기존성
서비스기술	고도/특정 전문기술 의존	보편적/기존 지역사회 기술활용
서비스이념	공급자-전문가 중심 복지/관리/정책지향	이용자-가족-지역사회중심 욕구/권리/정치지향
서비스구성 및 실행	비합의적/일방적 (공급자-전문가-대변자 중심) 일시적/비계발적 단기적/물질적	합의적/민주적 (당사자-지역사회참여 전제) 지속적/계발적 장기적
서비스평가	폐쇄적 수동적 변화	개방적/적극적/참여자 능동적 변화
장애인상(像)	치료/수혜 대상자 수동적 태도	서비스 이용 당사자/소비자 자기결정적 태도

자료: 최윤영, 이경준(2011). 학지사

Ⅱ. 지역사회중심 재활(CBR)

1. 지역사회중심 재활(CBR)의 개념

지역사회중심 재활(CBR)은 지역사회 구성원들이 장애인의 문제에 대해 더 나은 이해들을 할 수 있도록 태도를 변화시키는 노력과 장애인 생활의 질을 개선하기 위해 신체적, 정신적, 사회문화적, 경제적 환경을 긍정적으로 개선·제공하는 노력의 총체를 의미한다.

지역사회중심 재활(CBR)은 장애인으로 하여금 지역사회 내에서 자주적으로 살아갈 수 있도록 서비스를 지원하는 것이며, 장애인들이 수혜자가 아닌 공헌자로서 사회에 통합되어 더불어 살아가는 사회의 구현에 목적이 있으며, 지역사회 주민들에게 장애인의 재활에 대한 올바른 이해를 증대시키고 생활에 대한 공동책임의식을 고취시키며 자조 자립의 의지와 능력을 강화하는 것이다.

장애인 본인과 그 가족 및 지역사회 주민을 훈련시켜 재활하는 것으로, 지역사회 수준에서 쉽게 받아들일 수 있으며 동시에 전수해 주기 쉬우면서도 효과를 기대할 수 있는 재활 기술과 방법을 활용하도록 권장함으로써 재활 전문가와 역할을 분리·분담하여 장애인과 그 가족 스스로가 문제를 해결할 수 있는 기회를 제공하며, 지역사회중심 재활(CBR)이란 장애인의 재활을 달성하기 위하여 지역사회의 자원 즉 장애인과 그 가족 및 전 지역사회의 인적·물적 자원을 가동, 활용하고 이를 위하여 지역사회 수준에서 채택된 모든 방법을 포함하는 것이다.

2. 지역사회중심 재활(CBR)의 기본 원칙

1) 지역사회 책임의 원칙

지역사회 주민들에게 장애인 재활의 이해와 중요성을 인식시키고, 자립과 재활에 대한 책임의식을 갖도록 하며, 지역사회가 그 지역사회 내의 장애발생 예방 및 기존에 이미 발생된 장애인에 대한 재활 및 복지서비스를 지역사회 수준에서 제공하고 일차적 책임을 진다는 것이다.

지역사회가 책임을 진다는 원칙은 지역사회 차원에서 모든 것을 해결해야 한다는 의미가 아니며, 지역사회가 기초가 되고, 이에 더하여 중간 차원(지자체) 및 국가 차원(중앙 행정부)의 재활서비스가 연계되어 안정된 삼각형의 형태를 이루게 된다는 것이다.

2) 자원 활용의 원칙

지역사회 내의 가능한 인적자원(장애인, 그 가족, 지역사회의 인력자원 등), 물적 자원 그리고 각종 기관 및 단체의 하위체계(의료, 사회 · 심리, 교육, 직업재활과 관련된 체계 등)를 개발 · 동원하여 프로그램에 연결 · 활용한다.

3) 쉽고 유용한 재활기술 활용의 원칙

지역사회의 경제적 · 사회적 수준에 적합하며, 저렴한 비용으로 구할 수 있고, 효과도 기대할 수 있는 익히기 쉬운 기술들을 활용하고 의료적 치료와 교육 · 직업훈련 등과 관련된 기술이나 방법 중 가르쳐 주기 쉽고 쉽게 받아들일 수 있으면서도 효과가 있는 영역을 전수시키고, 스스로 문제를 해결해 보는 실제적인 참여의 기회를 제공한다.

4) 관련 기관과의 연계의 원칙

지역사회에서 해결하기 어려운 문제는 2차 · 3차 기관으로 의뢰할 수 있는 후송의뢰 체계가 필요하며 지역사회 내에서 보건, 사회복지, 교육, 직업훈련 및 취업의 서비스가 함께 주어질 수 있도록 관계부서 및 관계기관이 협력하여야 한다.

이를 요약하면 지역사회중심 재활(CBR)은

첫째, 지역사회의 참여를 강조한다는 점이다.

둘째, 간소화된 재활기술을 활용한다는 점이다.

셋째, 서비스 전달체계 상의 특성으로 요약한다.

이러한 원리에서 실시되는 지역사회중심 재활(CBR)은 다음과 같은 장점을 가지고 있다.

첫째, 장애인에 대한 지역사회의 인식을 증진시키는데 매우 효과적이다.

둘째, 지역 내 장애인의 재활에 대한 책임을 지역사회 자체가 분담함으로써 장애인의 재활을 위해 장애인 자신, 가족 및 지역사회의 참여를 유도한다.

셋째, 장애인의 사회통합에 효과적이다.

넷째, 간단하고 비전문적인 방법으로도 해결이 가능한 기초적인 재활서비스 수요를 가장 경제적으로 해결할 수 있다.

다섯째, 기존의 1차 의료체계 내에 재활이 포함되게 함으로써 예방부터 재활까지 포괄적이면서 일관된 지역의료의 제공이 가능케 한다.

3. 지역사회중심재활의 모델

1) 지역사회중심재활전달체계의 구조

WHO는 지역사회중심재활사업은 지역사회 수준, 지방자치단체의 수준, 국가 수준의 수직적 구조를 갖도록 권고하며 수직적 구조에서의 역할설정을 보면 지역사회, 지방자치단체, 국가의 배열이 역삼각형 구조로서 이는 각각의 역할을 비교할 때 지역사회의 역할이 가장 큰 비중을 차지하고 있다.

수평적으로는 지역사회, 지방자치단체, 국가수준별로 보건의료, 교육, 고용, 사회 복지 등 장애인의 완전참여와 관련된 여러 사회부문이 협력하는 다면적인 접근이 이루어져야 한다.

2) 지역사회중심재활사업의 인적자원

지역사회재활사업을 담당하는 핵심인력으로 장애인, 가족, 지역사회재활요원, 지역사회 CBR 중간관리자, 광역자치단체 CBR 관리자, 전문가 집단을 들 수 있다.

이들은 장애인을 조기에 발견하는 역할, 장애내용을 평가하여 의료서비스를 제공하고 건강을 관리하는 역할, 장애인의 개별적인 욕구를 파악하고 일상생활동작 훈련 등 그에게 적합한 기능훈련을 실시하는 역할, 학령기 장애아동의 경우 적합한 교육을 제공하는 역할, 근로연령에 있는 장애인인 경우 그 능력과 욕구에 따라서 생산적인 일에 종사할 수 있는 대책을 강구하는 역할, 그 외에 개별적인 재활욕구에 대한 대책을 강구하는 역할을 담당한다.

3) 지역사회 중심 재활의 운영과정

(1) 장애에 대한 인식 형성 단계

장애를 언제 어떻게 인식할 것인지가 매우 중요하다. 간단한 훈련과 교육으로 장애인들이 더욱 독립적으로 사회에 통합될 수 있다는 것, 외부적 도움이나 특별한 기관의 원조 없이도 지역사회 스스로 많은 것을 성취할 수 있다는 것을 인식해야 한다.

인식형성 노력이 이루어진 후 프로그램이 즉시 실시되어야 하며, 상실감이 감소되고 신뢰성이 확고해질 수 있다.

(2) 동기부여 단계

지역사회 재활 프로그램에 착수하기로 결정하는 과정으로 외부적 압력의 결과로 이루어지지 않도록 해야 한다.

지역사회 스스로 하기로 하는 한, 동기부여를 위한 노력이 충분해야 한다.

(3) 지역사회 자원활동 단계

장애인의 재활에 도움을 줄 수 있는 지역자원과 자원봉사자를 개발하여 자원봉자사 훈련 비용과 실비보상을 위한 비용 마련을 위하여 중앙정부 혹은 지방자치단체의 자체 예산, 지역사회 모금운동을 전개해야 한다.

(4) 지역사회 조직화 단계

지역사회의 위원회 혹은 NGO 등과의 연계를 통하여 조직을 구성

장애인과 가족이 참여하는 것이 중요하다.

(5) 지역사회중심 재활 프로그램 실행단계

장애인 실태조사를 거친 후 지역사회 재활요원들이 관리할 수 있는 장애인 선정이 가능하면 지역사회 내 모든 장애인이 적절한 재활을 하도록 돕는 것을 목표로 삼고 사업 추진과정에서 지역사회 CBR 관리자가 지역사회 재활요원과 정기적인 접촉을 갖도록 도와주어야 한다.

그리고 기록요지를 잘 하도록 정기적으로 점검, 지도할 필요가 있다.

(6) 후속체계 형성단계

지역사회 CBR 관리자들과 지역사회 재활요원들은 우선 시군구 단위의 지역사회 내에서 지방병원, 복지기관, 행정기관, 교육기관 노동기관 사이에 상호 장애인을 의뢰하고 도움을 받을 수 있는 관계를 유지 · 발전시켜야 한다.

(7) 프로그램 평가단계

사업의 적정성, 효과성, 효율성, 지속성 그리고 사업의 영향 등에 대한 평가는 매우 중요하며 자체적으로 평가를 수행할 수 있고 외부의 기술적 지원에 의한 평가를 받을 수 있다.

4. 지역사회중심재활과 재가복지

"재가복지(재택복지)"는 지역주민이 지닌 복지 욕구(needs)를 그 주민이 거주하는 가정과 지역사회에서 충족되도록 행하는 공적 및 민간의 또는 그들 양자의 협력에 의한 사회복지활동의 계획, 이념 및 실천의 총체를 의미하는데 재가복지의 계획 하에 제공되는 실천과 서비

스를 재가복지 서비스라고 한다.

지역사회중심 재활(CBR)과 재가복지의 개념에는 차이가 있다.

재가복지는 가정을 중심으로 제공되는 직접적인 서비스에 큰 비중을 두고 있으며, 지역사회중심 재활(CBR)은 지역사회개발과 지역사회조직의 전략 중의 하나로 지역사회 구성원들의 장애인에 대한 태도, 사회통합적인 환경의 조성, 인적 · 물적 자원의 활용 등 지역사회의 참여와 책임을 강조한다.

재가복지는 서비스를 받는 사람이 몇 명인가가 평가의 주 대상이다.

지역사회중심 재활(CBR)은

첫째, 지역사회의 장애인에 대한 이해도,

둘째, 지역사회중심 재활(CBR) 프로그램에 지역사회의 계층별 참여도,

셋째, 장애인의 문제 해결을 위한 지역사회의 의지,

넷째, 지속성을 유지하고, 보완할 수 있는 지역사회 자체의 능력 등이 평가의 주 대상이 되어야 한다.

표 16-1 시설 및 기관 중심의 재활 실천과 지역사회중심의 재활 실천

시설 및 기관 중심의 재활 실천	지역사회중심의 재활 실천
• 장애인 개인의 변화를 목적	• 지역사회의 변화를 목적
• 개인의 최대 독립성과 기능을 추구	• 계획과 평가 과정에 지역사회가 참여
• 분산된 서비스 제공	• 여러 부문의 서비스 통합
• 의료중심	• 여러 부문의 다면적 접근
• 서비스의 중앙집권화	• 서비스의 분산화, 지역사회에 기술이전
• 제한된 자원 활용	• 기존의 자원 활용
• 전문가 중심	• 장애인, 가족, 지역사회 중심
• 고도의 기술수준에 의존	• 간단한 기술수준에 의존
• 소비자가 수동적 입장	• 소비자가 적극적으로 참여
• 복지지향적 서비스	• 권리지향적 서비스

Ⅲ. 지역사회중심 재활사업의 발전방향

번호	사업분류	주요내용	사업예시
1	상담지도사업	기초상담 및 각종 검사, 진단을 통한 판정	자체진단 판정 위원회 및 평가위원회 운영
2	의료재활사업	장애인의 신체기능 회복을 위한 의료재활서비스 제공	진료실 운영, 물리치료, 작업치료, 언어치료, 청능훈련, 재활보조기구 사용자 착용훈련 등
3	교육재활사업	장애인에 대한 각종 교육재활서비스 제공	조기교육(영유아, 아동 등), 통합교육, 부모교육, 학습지도(취학아동교육, 문자 교육, 검정고시 등), 컴퓨터교육, 각종 교구 대여, 시·청각장애인기초재활 등
4	직업재활사업	장애인의 경제적 안정과 자립 촉진을 도모하기 위한 직업재활서비스 제공	직업상담, 직업평가, 직업적응훈련, 직업훈련, 보호 작업장 운영, 취업알선(지원고용 등), 현장훈련, 취업 후 지도
5	사회심리 재활사업	장애인의 사회참여 확대를 위한 각종 사회심리재활서비스 제공	재활상담(개별, 집단, 가족, 동료 등), 사회적응훈련(캠프, 방과 후 활동, 사회기술훈련 등), 심리치료(놀이치료, 심리 운동치료, 음악치료, 미술치료, 치료 레크레이션 등), 성교육, 장애가족지원(장애형제 기능 강화, 부모 스트레스 대처훈련, 장애인의 자녀 지원 등), 자조집단(동아리활동, 부모회 육성), 결혼상담, 공동생활가정, 주간보호센터, 단기보호센터 등
6	재가장애인 복지사업	지역사회장애인의 재가복지서비스 제공	재가복지서비스(상담, 의료, 교육, 가사지원 등), 지역사회 자원 활용 및 연계망 구축, 이동목욕, 재가 자립지원 등
7	스포츠 및 여가활동사업	신체적, 정신적 건강증진을 위한 스포츠 및 여가 활동지원	내방장애인 체육대회 개최, 장애유형에 맞는 체육교실 운영, 취미·여가·오락프로그램 운영 등
8	정보제공사업	장애관련 정보 제공	장애인정보화교육 등 정보화지원 시각장애인도서(시청각자료 등) 제작·출판 ·보급·대여, ARS 운영, BBS 운영,
9	수화관련사업	청각·언어장애인에 대한 수화서비스 제공	수화교실, 수화통역 봉사원 양성 및 파견, 수화자막 및 비디오 등 영상물 제작·보급·대여 등
10	여성장애인의 복지 증진사업	사회적 차별 및 부당한 대우를 받기 쉬운 여성장애인의 권익보호 및 임신·출산·양육, 가사지원 등 복지 증진	여성장애인 상담실 및 쉼터 운영, 여성장애인 임신·출산·양육·가사보조활동 지원, 여성장애인 결혼 주선 등

11	사회교육사업	비장애인의장애인에 대한 인식 개선 및 참여 조성	장애체험, 장애인부모교육, 장애인복지 전문요원교육(세미나, 워크샵 등), 지역사회주민교육, 지역 대학의 실습생 지도 등
12	지역사회 자원개발 사업	지역사회에 대한 장애인의 이해 증진 및 자원개발 · 활용	자원봉사자(청소년, 대학생, 일반 등) 발굴교육 · 활동 및 관리, 지역행정기관 · 일반 사회단체종사자 · 교육 및 언론기관 등과의 교류협력 증진, 기타자원개발 · 활용(인적, 물적 자원 등)
13	홍보 · 계몽사업	지역사회를 대상으로 한 장애인식개선 및 장애예방 등을 위한 활동	관보 발행, 장애발생예방 캠페인 매스컴을 활용한 장애인식개선 홍보, 견학 등
14	조사 · 연구사업	장애인복지증진을 위한 조사연구 및 다양한 재활 프로그램 개발 · 보급	지역장애인 욕구 및 실태 조사, 재활프로그램 개발, 이용자 만족도 조사, 지역장애인 복지정책 개발, 각종 자료제작(도서 · 시청각 자료 등) 등
15	활동보조 서비스사업	중증장애인에게 신변활동, 가사 및 일상생활의 보조, 이동 편의증진 등의 활동보조 서비스 지원	신변처리 지원, 가사 지원, 일상생활지원, 커뮤니케이션 보조, 이동의 보조, 동료상담 서비스 등
16	장애아동 재활치료사업		
17	기타 사업	기타 장애인 복지 증진을 위해 필요한 사업	지역특성에 맞는 재활프로그램 개발 · 시행

1. 지역사회중심 재활(CBR)은 지역사회 차원에서 가용 자원을 최대한으로 활용하여 장애인의 욕구충족 효과를 극대화할 수 있는 재활 실천방법으로써 장기적인 안목에서 볼 때, 보다 더 강력하게 확산시켜야 할 필요가 있다.

2. 우리나라의 장애인복지 정책과 방향을 보건 · 복지와 연계하여 지역사회 중심의 체제로 전환하고 있는 지방자치제도 하에서 민간 사회복지 전문기관들이 정책에 뒷받침될 수 있는 실질적인 사업들을 적극적으로 도입하여 새로운 장애인복지 모형을 개발하는 것은 매우 바람직하다고 판단된다.

1) 기존 장애인복지실천 서비스 전달체계와의 융합

지역사회중심 재활(CBR)은 철저하게 기존의 장애인복지실천 서비스 전달체계 속에서 이루어진다.

기존의 체제를 보완하며 창조적으로 활용하는 재활 접근이며 지역사회중심 재활(CBR) 실천이 더욱 확산되기 위해서는 기존 체제와의 융합을 전제로 한다.

2) 효과적인 업무 분담

지역사회중심 재활(CBR) 프로그램에서 성패를 좌우하는 것은 장애인 및 그 가족과 전문가 간의 역할을 정확하게 분담함에 있으며 이를 위해서는 경험이 풍부한 전문가의 능력이 발휘되는 것이 매우 중요하다.

지역사회중심 재활(CBR) 프로그램은 유능한 지역사회복지 실천가가 없으면 절대로 성공할 수 없다.

3) 민간 자원 개발

지역사회중심 재활(CBR) 프로그램의 재원은 정부 자원에만 의존하면 실패할 가능성이 높다. 민간 자원을 발굴하여 적극적으로 활용할 필요가 있다.

4) 순회재활서비스 체제의 구축과 장기적인 계획 수립

장애인복지기관, 특히 장애인종합복지관이 먼저 순회재활서비스 체제를 구축하고, 이를 중심으로 구체적인 서비스 전달체계를 확립하여 지속적으로 보완 · 추진하면서 파급하는 것이 바람직하며 기관은 지역사회중심 재활(CBR) 실천을 당장 눈앞의 성과에만 연연하지 않고, 장기적 프로그램으로 계획하여야 한다.

서비스 대상인 장애인의 욕구 및 실태조사를 바탕으로 한 종합적이고 구체적인 지역사회중심 재활(CBR)에 대한 계획을 수립하고 실천해 나가야 한다.

5) 활동보조인 제도의 도입과 활용

지역사회중심 재활(CBR)을 효과적으로 실현하기 위해서는 최근 자립생활 패러다임의 확산에 따라 도입이 요구되고 시범적으로 시행되고 있는 활동보조인 제도를 적극 활용하고 활동하고 있는 자원봉사자나 가정봉사원에 의해 도움을 받는 차원이 아니라 권리에 따른 분명한 요구로서 권한을 행사할 수 있는 활동보조인이 지역사회중심 재활(CBR) 실천의 주요한 보조 인력으로 활용되어야 한다.

6) 효율적인 전문가 배치

장애인 이용자의 서비스 욕구는 매우 다양하다. 서비스는 살아가는데 필요한 부분에 도움이 되도록 지원하며, 각 기관과 시설의 장애인 담당 전문가, 주로 사회복지사의 전문성에는 한계가 있다.

필요한 서비스 내용과 영역별 전문가의 배치가 필요하며, 지역사회중심 재활(CBR) 실천의 질적 향상을 위해서 서비스 내용 및 영역별로 전문가를 효율적으로 배치하는 일이 필요하다.

7) 클라이언트와의 파트너십 형성

클라이언트 중심의 서비스가 제공되고 서비스 이용자는 서비스의 대상이면서 주체이고 지역사회의 일원으로서의 역할과 기능이 있다.

지역사회중심 재활(CBR)을 위한 모든 계획과 실행 그리고 평가과정에 이용자의 개입이 꼭 고려되어야 한다.

memo

장애인과 사회보장

CHAPTER

17

CHAPTER 17

장애인과 사회보장

Ⅰ. 사회보장정책

1. 사회보장의 개념

베버리지(Beveridge, 1942)는 사회보장을 실업, 질병 도는 재해로 인한 소득의 중단에 대처하기 위한 소득보장으로서 정의한다.

마샬(Marshall, 1975)은 질병, 실업, 노령기에 있어서 소득보장을 위한 제 수당, 가족수당, 의료 공급 등을 사회보장으로 정의하였으며 티트머스(Titmuss, 1979)는 노령, 과부, 질병, 장애, 실업, 아동부양 등으로 소득의 상실 또는 소득보호의 욕구가 있는 어떤 특정한 상황 속에 놓여있는 개인의 화폐소득을 증대시켜 주는 정부의 조치로 보고 있다.

사회보장의 가장 보편화된 개념은 경제보장(economy security)의 의미이다.

사회보장의 출발이 각종의 사회적 위기(social risk)에 대한 보장으로서, 위기해소의 핵심이 경제적 보장을 의미한다.

2. 사회보장의 목적

사회보장의 목적은 일반적으로 기본생활의 보장, 소득의 재분배, 그리고 사회적 연대감의 증대 등으로 사회보장제도는 자본주의 사회발전의 부산물인 다양한 사회적 위험으로부터 초래되는 여러 가지 경제적 불안을 해결하면서 국민들의 기본적 생활을 보장하는 것에 중요한 목적이 있다.

사회보장제도의 중요한 목적 중의 하나는 소득재분배로서, 정부의 재정 지출 중에서 고소득층에서 저소득층으로의 수직적 소득재분배 효과가 가장 두드러진 것이 사회보장지출인데 소득상실의 위험에 노출된 사람들에게 사회적 연대감을 보여주는 제도적 장치를 의미한다.

사회적 위험에 노출된 수많은 사람들에게 기본적 생활을 보장하는 사회보장제도는 사회연대감 혹은 사회통합의 중요한 기제로 작용한다.

또한 역(逆)으로 사회보장제도는 자본주의사회에서 내재화된 불평등을 완화시키며, 사회적 연대감을 중대시킨다는 중요한 목적을 가지고 있다.

3. 사회보장의 범주

우리나라는 사회보장기본법 제3조에서 사회보장이 범주를 사회보험, 공공부조, 사회복지서비스 및 관련복지제도로 구분한다.

사회보험은 민영보험의 특성을 가지면서 사회적 보호를 위해 사회복지적인 특성을 동시에 가지고 있다.

사회보험의 영역은 현대 사회의 대표적인 사회적 위험영역을 대부분 포함하고 있는데, 우리나라는 1963년 '산재보상보험제도'를 시작으로 1976년 '의료보험제도' 1988년 '국민연금제도', 1995년 '고용보험제도'를 도입함으로써 4대 보험 제도를 갖추고 있다.

사회복지 서비스는 물질적 보장에 더하여 비물질적 보장을 내용으로 하는 개별차원의 사회적 서비스를 의미한다.

<table>
<tr><td rowspan="5">사회보장[광의]</td><td rowspan="3">사회보장[협의]</td><td>사회보험: 공적연금, 건강보험, 산재보험, 고용(실업)보험, 노인장기요양보험</td></tr>
<tr><td>공적 부조: 생활보호, 의료보호, 재해보호</td></tr>
<tr><td>사회복지서비스(노인 · 부녀자 · 아동 · 장애자복지 등)</td></tr>
<tr><td rowspan="2">관련서비스</td><td>주택 및 생활환경, 지역사회개발, 공중보건 및 의료</td></tr>
<tr><td>영양, 교육, 인구 및 고용대책, 인구조절계획</td></tr>
</table>

Ⅱ. 장애인 소득보장

1. 사회보험

1) 국민연금보험

우리나라의 공적연금에는 크게 네 가지가 있는데, 그것은 공무원연금, 군인연금, 사립학교

교직원연금, 그리고 국민연금이다.

국민연금은 노령, 장애, 폐질, 사망 등과 같은 위험으로 인해 소득능력이 영속적으로 상실 또는 감퇴된 국민에게 정기적으로 일정액의 금전급부를 행하여 개인의 생활안정과 복지증진에 기여하는 제도이다.

급여 종류는 만 60세가 되었을 때부터 평생 동안 지급되는 노령연금, 10년 이상 가입자나 연금수급권자가 사망했을 때 유족에게 지급되는 유족연금, 국민연금 가입자가 수급요건을 충족하지 못하고 탈퇴하였을 경우에 지급되는 반환일시금, 가입자가 질병이나 부상으로 노동능력을 상실하였을 경우에 장애정도에 따라 지급되는 장애연금으로 구분한다.

'장애연금'은 가입자의 가입 중에 발생한 질병 또는 부상이 완치(진행 중인 때는 초진일로부터 1년 6개월 경과 시)되었으나 신체적 또는 정신적 장애가 남았을 때 이에 따른 소득감소부분을 보전함으로써 자신과 가족의 안정된 생활을 보장하기 위한 급여로서 장애정도(1급~4급)에 따라 일정한 급여를 지급한다.

※ 장애연금을 받고 있는 사람이라도 국민연금 적용사업장에서 근로하는 18세 이상 60세미만인 근로자는 사업장 가입자로 가입하여야 하며, 자영자 및 농어촌 거주자 등은 지역가입자로 가입하여야 한다.

표 17-1 수급요건 및 급여 수준

<table>
<tr><th>수급요건</th><th>장애등급</th><th>급여수준</th></tr>
<tr><td rowspan="4">가입중에 발생한 질병 또는 부상으로 완치 후에도 장애가 있는 자
※ 초진일로부터 1년 6개월 경과 후에도 완치되지 아니한 경우는 그 1년 6개월이 경과한 날을 기준으로 장애정도 결정.
다만, 1년 6개월 경과일에 장애등급에 해당되지 아니한 자가 60세 전에 악화된 경우 청구일을 기준으로 장애정도 결정</td><td>1급</td><td>기본연금액 100% + 부양가족연금액</td></tr>
<tr><td>2급</td><td>기본연금액 80% + 부양가족연금액</td></tr>
<tr><td>3급</td><td>기본연금액 60% + 부양가족연금액</td></tr>
<tr><td>4급</td><td>기본연금액 225%(일시보상금)</td></tr>
</table>

2) 산재보험

산업재해를 당한 노동자가 산재보상보험제도에 의해 받을 수 있는 급여는 요양급여, 휴업급여, 장해급여, 유족급여, 상병보상급여, 장의비, 특별 급여가 있다.

우리나라 산재보험급여의 특징은 개별재해의 피해규모와 상관없이 정률보상을 한다는 것이다. 그러나 그 액수는 재해의 개별적인 피해규모에 기반을 두는 민사 배상의 액수에 비해 터무니없이 적을 수 있다.

이러한 차이를 보완하기 위하여 산재보험은 특별급여를 두고 있다.

그러나 특별급여가 성립하기 위해서는 사용자가 스스로 고의, 과실을 인정해야 하며 추후 노동부가 사용자로부터 급여액을 징수하도록 되어 있어, 밑져야 본전인데 소송도 없이 자발적으로 이 제도를 활용하는 사용자는 거의 없을 것이다.

표 17-2 급여종류와 수급요건 및 급여 수준

급여종류	수급요건	급여수준
요양급여	산재로 인한 부상 또는 질병의 치료를 위하여 요양비를 지불. 단 3일 이내에 치유되는 부상, 질병의 경우에는 근로기준법에 의해 사용자가 보상	
휴업급여	산재로 인한 요양으로 취업하지 못한 기간에 지급. 단 취업하지 못한 기간이 3일 이내일 때는 제외	1인당 평균임금의 70%
장애급여	산재로 인한 부상, 질병 후 장애가 남아있는 경우	일시금: 평균임금의 1,021일분(4급), 55일분(14급) 연금: 329일분(1급)/138일분(7급)
간병급여	요양급여를 받는 자가 상시 또는 수시로 가병이 필요하여 실제로 간병을 받는 경우	상시간병급여(1일 26,000원) 수시간병급여(1일 17,340원)
유족급여	재해근로자가 사망한 때	급여기초연액의 47%부터 62%까지(기본금액 47% + 1인당 5% 가산, 2-%까지 가산 가능)
장의비	재해근로자가 사망한 때	평균 임금의 120일분 (최고금액이 적용됨)
상병보상연금	2년 이상 장기요양하는 재해근로자가 폐질자로 판정된 경우, 휴업급여 대신 지급	장애급여 1-3급과 동일
특별급여	보험가입자의 고의, 과실로 인한 재해 시 민사배상에 갈음하여 유족특별급여와 장해특별급여 지급	

장애급여의 경우 가장 큰 문제는 장애등급 기준상의 문제로 장애 급여는 장애 등급에 따라 차별적으로 주어지고 있는데, 현재 산재보험제도는 신체 각 부위에 훼손 정도에 따라 장애 정도를 유형화하고 이에 따라 장애의 정도를 획일적으로 판정하는 것이 문제이다.

2. 공공부조(국민기초생활보장제도)

국민기초생활보장제도는 2000년 9월까지는 '생활보호제도'라는 명칭으로 시행되었다가 2000년 10월 1일부터 시행되기 시작한다.

국민기초생활보장제도의 수급자가 되기 위해서는 부양의무자가 없거나 부양의무자가 있어도 부양능력이 없거나 부양받을 수 없는 자로서 보건복지부 장관이 개별 가구의 소득평가액과 재산을 기준으로 자산 조사와 부양의무자 조사를 거쳐 선정한다.

수급자로서 안정되기 위해서는 최저생계비 기준, 재산 기준, 부양의무자 기준에 부합되어야 한다.

3. 사회수당(장애수당)

'장애수당'의 목적은 다른 사람의 도움이 없이는 일상생활을 영위하기 어려운 기초생활보자대상 중증 장애인에게 장애수당을 지급하여 장애로 인한 추가적 비용보전이 필요한 저소득 장애인 가구의 생활안정을 도모하는 것이다.

지급대상은 국민기초생활보정법상의 생계급여수급자인 중증장애인과 경증장애인을 포함하여, 특례수급 장애인은 수급이 불가하다.

장애수당의 대상자는 국민기초생활보장 수급자이어야 하며, 기본적으로 국민기초생활보장 수급자는 최저생계비 미만의 소득이 있는 사람이다.

국민기초생활보장 수급자 선정기준보다는 높은 소득이 있으나 장애로 인해 추가지출이 발생하여 실 생계비가 국민기초생활보장 수급자 선정기준인 최저 생계비보다 낮은 장애인 가구는 결국 모두 최저생계조차 꾸려가지 못하는 극빈한 생활에 직면하게 된다.

'장애아동 부양수당'의 목적은 다른 사람의 도움 없이는 일상생활을 영위하기 어려운 기초생활 보상대상자로서 중증장애아동 보호자에게 장애아동부양수당을 지급하여 저소득 장애인 가구의 생활안정을 도모하는 것이다.

지급대상은 국민기초생활보장법상의 생계급여 수급자로서 18세 미만의 1급 장애아동의 보호자로, 당해 장애인이 초, 중등교육법에 의한 고등학교와 이에 준하는 특수학교 도는 각종 학교에 재학 중인 경우에는 20세 이하의 경우를 포함하여 시설 입소 장애인 및 특례수급 장애인에게는 수당 지급이 불가하다.

'보호수당'은 부양과 보호로 인해 소득활동을 하지 못하는 부양보호자의 기회비용을 보상해준다는 의미와 수당을 통해 보호가 필요한 장애인이 실질적인 보호를 받을 수 있도록 한다는 이중적 의미가 있다.

4. 경제적 부담 경감 조치

1) 장애인 자녀교육비 지원제도

장애인 자녀 교육비 지원제도의 목적은 비장애인에 비하여 소득활동에 제한을 받으면서 의료비, 교통비, 보장구 구입비 등 교육 간접비용이 상대적으로 높은 저소득 장애인 가구의 자녀에 대한 교육비를 지원하여 경제적 부담을 줄여 줌으로써 최소한의 교육기회 보장과 장애인 가구의 생활안정을 도모하는 것이다.

2) 장애인 자금 대여제도

장애인 자립자금은 국민기초생활보장법에 의해 생입자금 융자를 받는 수급자 및 차상위 계층을 제외한 저소득자로서 가구주 본인이 장애인인 경우와 배우자가 장애인인 가구주가 대상이 되며 가구당 2,000만 원(단, 농협중앙회는 1,500만 원)의 범위 내에서 시장이자율보다 싼 이율(3%)로 5년 거치 5년 분할상환의 조건으로 대여하는 제도이다.

Ⅲ. 장애인 의료보장

1. 장애인 의료비 지원

1991년부터 지급되기 시작한 장애인 의료비는 자활보호대상자가 입원진료 시 입원보호수가적용 본인부담진료비 전액과 의료부조 대상자가 외래 및 입원 진료 시 의료보호수가적용 본임 부담 진료비 전액을 지원하는 것이다.

의료비 지원의 대상은 의료급여법에 의한 2종 수급권자와 차상위계층 의료급여 2종 수급자가 된다.

장애인 의료비 지원은 장애인 본인만 해당되므로 장애인과 같은 세대원으로서 의료급여를 받는 비장애인인 가족원은 제외한다.

2. 장애인 등록 진단비 지급

장애인 등록 진단비 지급은 국민 기초생활보장법상의 수급자로서 신규 등록 장애인 및 직권에 의한 등급 재조정 대상 장애인이 대상이다.

3. 장애인 재활보고기구 무료 교부사업

장애인 재활보조기구 무료 교부사업은 국민기초생활보장법상의 수급자 및 차상위 계층으로서 등록 장애인 중에서 교부품목자에게 교부한다.

4. 건강보험지역가입자의 보험료 경감

지역가입자에 대한 건강보험료는 소득, 재산, 자동차 소유 유무, 성, 연령 등을 참작하여 정한 부과표준 소득등급별 적용점수에 점수 당 금액을 곱하여 부과한다.

5. 장애인 의료재활시설 운영(지방이양사업)

의료재활시설의 주요 사업은 입원 및 통원, 낮 병원을 통한 장애인 진료, 장애의 진단 및 포괄적이고 전문적인 재활치료, 장애인에 대한 의료재활상담, 장애인의 기타 질환에 대한 진단 및 치료, 재활보조기구의 제작 및 수리, 장애인 재활에 관한 교육, 장애인 등록을 위한 진단 등이다.

6. 희귀난치성 질환 의료비 지원 사업

정부는 2001년도부터 희귀난치성 질환으로 인한 질병과 장애로 인해 장기적 치료를 필요로 하는 희귀난치성 질환의 의료비 지원 사업을 시행한다.

이 제도는 경제적 부담이 과중한 희귀, 난치성 질환자 중 생활이 곤란한 자에게 의료비 본인부담금을 지원함으로서 의료보호에 준하는 지원을 계속 보장하는데 중점을 두고 있다.

Ⅳ. 장애인 고용보장

장애인 고용을 통한 장애인의 생존권 및 노동권을 보장하며, 기업, 정부, 기타 단체들의 사회적 책임을 인식시키고, 장애인도 참된 노동을 통해 자아를 실현하고 이에 상응하는 진정한 보수를 받음으로써 노동 경력을 쌓아 가는 정상적인 삶을 이루도록 하기 위한 것이다.

1. 장애인 고용정책

장애인 고용정책은 크게 할당고용제도의 형태와 비할당 고용제도의 형태로 구분해 볼 수 있다. 할당고용제도를 도입하고 있는 고용정책은 장애인을 비장애인에 비하여 기능적으로 불리한 입장에 있는 보호의 대상으로 인식하는 데 있다.

비할당 고용제도를 추구하는 고용정책은 장애인과 비장애인간의 차별을 두지 않고 고용주가 기능주의에 입각하여 자유롭게 채용하도록 한다는 것이다.

1) 할당고용정책(장애인의무고용제도)

장애인의무고용제도는 일반적으로 비장애인에 비해 고용 상 취약계층인 장애인의 고용기회를 넓히기 위하여 일정 수 이상의 근로자를 고용하는 사업주에게 의무적으로 장애인을 고용하도록 하는 제도이다.

2) 사업주 지원제도

(1) 고용 장려금

상시근로자 수의 2%(의무 고용률)를 초과하여 장애인을 고용하는 사업주에게는 초과 고용하는 장애인 1인당 월 노동부장관이 고시하는 금액의 장애인 고용 장려금을 지급한다.

(2) 장애인고용시설자금융자

장애인고용시설자금융자는 장애인을 고용하고 있거나 새로이 고용하고자하는 사업주가 받을 수 있다.

융자대상은 장애인에게 필요한 시설의 설치, 구입, 수리, 장애인근로자의 통근용 승합자동차의 구입, 장애인고용의무사업주의 장애인고용시설의 운영 및 장애인고용관리에 직접 필요한 운영자금이다.

(3) 사업주 무상지원

장애인을 고용하고 있거나 새로이 고용하고자하는 사업주는 무상지원을 받을 수 있다.

첫째, 장애인용으로 제작된 작업대, 작업 장비, 공구, 작업보조기기의 설치/구입/수리비용

둘째, 장애인의 작업편리를 위한 작업대, 작업 장비, 설비 공구의 전환, 개조비용

셋째, 시각 장애인의 작업생활에 필요한 무지점자기, 음성지원카드, 녹음기, 컴퓨터 등 특수장비의 설치, 구입, 수리비용

넷째, 통근용 승합자동차의 리프트 등 장애인용 특수설비의 설치, 구입, 수리비용

다섯째, 법 제20조의 규정에 의한 장애인고용 우수사업주 또는 상시근로자의 100분의 30 이상(이 중 중증장애인 근로자 수가 100분의 50 이상인 경우에 한함)을 장애인으로 고용한

사업주의 25인승 이하 통근용 승합자동차의 구입

여섯째, 장애인, 노인, 임산부 등의 편의증진에 관한 법률 시행령 제4조의 규정에 의한 편의시설의 설치, 구입, 수리비용이다. 재택근무 지원은 중증장애인을 재택근무형태로 신규 채용하는 사업주가 재택근로자에게 지원하는 작업 장비(컴퓨터 등)의 설치, 구입, 수리비용이 포함된다.

(4) 고용관리비용지원

장애인의 적정한 고용관리를 위하여 자격 있는 수화통역사, 작업지도원, 장애인직업생활상담원을 위촉, 선임, 배치한 사업주가 지원받을 수 있다.

지원항목은 다음 세 가지로 구분한다.

① 사업주가 장애인근로자의 직업생활 및 고충상담 등을 수행하기 위하여 장애인직업생활상담원을 배치할 때

② 중증장애인(청각, 언어 장애인 제외) 근로자의 작업현장에서 직무지도와 생산성 향상을 위하여 작업지도원을 배치하는 경우

③ 중증 청각, 언어 장애인 근로자의 직업생활에 필요한 작업지시 등의 원활한 의사소통을 위하여 수화통역사를 위촉, 배치하는 경우

(5) 보조공학기기 지원

작업보조공학기기란 장애를 가진 개인의 직업생활에 필요한 기능적 능력을 증진, 유지, 향상시키기 위해 사용되는 장치 또는 기기로 지원대상은 장애인을 고용하여 사업을 행하거나 하고자 하는 사업주, 공단 산하 직업능력개발센터 및 공단지정 직업훈련실시기관, 노동부 지정 직업훈련실시기관의 장이 포함되며 원내용은 장애인의 직업생활에 필요한 상용보조공학기기와 맞춤보조공학기기를 지원한다.

(6) 연계고용

장애인을 직접 고용하기 어려운 장애인고용의무사업체가 직업재활시설, 장애인표준사업장 및 자립작업장에 생산설비와 원료, 기술 등을 제공하고 생산품의 판매를 전담하거나 도급을 준 경우 고용의무사업주에게 부과하는 부담금을 감면해주는 제도

3) 장애인 창업지원

(1) 장애인 창업자금 융자

자영업 창업을 희망하는 모든 장애인에 대하여 창업자금을 융자한다. 단, 만 20세 미만인 자, 재직근로자, 사업주 또는 창업자금을 융자받은 후 원리금 상환 중에 있거나 융자금을 모두 상환하였다 하더라도 융자금을 받은 후 3년이 지나지 아니한 자는 제외되며, 접대부가 있는 주점업, 댄스홀(교습소), 도박장, 시설 규모가 35명을 초과하는 안마시술소 등은 융자대상에서 제외된다.

융자항목은 창업에 소요되는 시설장비구입비, 영업장소매입비 및 임자보증금, 상품구입비 등이며 1인당 5,000만 원 이내에서 융자받을 수 있다.

(2) 영업장소 전대지원

창업을 희망하는 장애인으로서 지원조건에 부합하는 영업장소를 장애인공단에 제시하는 경우 전대지원을 받을 수 있다.

장애인복지의 과제와 전망

CHAPTER
18

CHAPTER 18 장애인복지의 과제와 전망

Ⅰ. 장애 평가

1. 장애 급여 수급 요건으로서의 장애 평가가 이루어져야 한다

1) 소득 보전 급여의 장애 평가

소득 보전 급여에서의 장애의 정의는 건강상태로 인한 근로 능력(work capacity) 또는 소득 능력(earning capacity)의 손실에 기초하고 있다. 이러한 장애 정의의 적합성은 근로능력과 건강상태 간의 관계가 타당한가의 여부에 달려있다. 소득보장 급여 수급자들은 대개 일을 하지 않고 있기 때문에, 이들의 실업의 원인이 건강 때문인지 혹은 다른 이유(일반적인 노동시장 상황, 낮은 기술력, 동기의 부족 등) 때문인지를 구별하는 기준을 확립하는 것은 매우 중요하다.

유럽연합(European Union)을 비롯하여 대다수의 선진국에서는 이러한 기준과 관련하여 다음과 같은 세 가지 접근법을 활용하고 있다(European Union, 2002).

(1) 과정 접근법(procedural approach)

과정 접근법은 장애인 개인이 일을 중단한 이유와 이전의 직업으로 복귀하지 못하는 장애물이 무엇인지를 규명하기 위해 과정을 면밀히 조사하는 방법이다. 이 접근법은 사회보험과 밀접한 관련이 있는 방법으로서, 특히 상병 급여(sickness benefit) 수급을 거쳐 장애 급여(disability benefit) 체계로 진입하는 자들의 근로능력을 평가할 때 유용하다고 할 수 있다.

과정접근법은 장애연금 수급 요건으로서 근로무능력(inability to work) 여부를 결정하는 명확한 원칙 없이 개인이 이전에 수행했던 직업, 또는 동일 회사 내 다른 직업 및 타 업체 다른 직업에 종사할 수 있는 능력을 갖고 있는지를 파악하기 위해 개인의 상황과 능력에 대한 많은 정보들을 수집하고 필요한 기술을 확인함으로써 개인의 근로능력을 평가한다. 독일 공적연금제도의 장애연금이 대표적인 사례라고 할 수 있다.

(2) 능력 프로필 접근법(capacity profile approach)

능력 프로필 접근법은 장애인 개인의 능력을 노동 시장의 요구와 비교해 봄으로써 장애인의 일을 할 수 없는 이유에 초점을 두는 방법으로서, 특정 시점에서 한 개인의 근로능력을 단번에 평가한다는(snapshot) 점에서 앞서의 과정접근법과 큰 차이를 보인다.

능력 프로필 접근법의 특징은 표준화된 사정도구의 적용을 통해 개인의 능력과 유급 고용에 종사하는데 필요한 능력을 비교한다는 점으로서 앞서의 과정접근법에 비해 보다 엄격한 근로능력 평가 방식이라고 할 수 있다.

능력 프로필 접근법을 채택하여 장애급여의 수급 여부를 결정하고 있는 대표적인 영국, 네덜란드, 아일랜드 등이다. 특히 영국은 개인능력평가(Personal Capacity Assessment: 이하 PCA)를 통해 근로능력을 평가하는데, PCA는 걷기, 계단 오르기, 앉기 등과 같은 14개 기본 활동으로 구성되어 있다. PCA는 특정 직업상황의 범주에서 판단하지 않고 일반적인 유급 고용을 수행하는 데 필요한 각각의 능력을 나열하여 기술하고 각 기술(descriptor)에 배정된 특정 점수(score)가 있으며 이를 합한 총점이 그 사람의 근로능력을 결정하는 점수가 된다.

영국은 2007년 새로운 복지개혁법(Welfare Reform Act 2007)으로 인해 2008년 10월부터 기존의 PCA를 WCA(Work Capacity Assessment)로 변경하였다.

(3) 손상 중심 접근법(impairment-based approach)

손상 중심 접근법은 과거의 직업과 미래의 가능한 직업에 대한 고려 없이 현재 장애인 개인의 기능이 어느 정도 손상 되었는지 만을 평가하는 방법이다. 가장 잘 알려진 장애사정 도구는 손상판정표(impairment table) 또는 Barema로서 이는 장애를 정의하기 위해 백분율 값이 점차 커지는 형태의 인위적 서열 척도라고 할 수 있다.

손상의 관점에서 개인의 의학적 상태를 기술함으로써 장애정도를 평가하는 직접적 측정(direct measure) 방법이 고전적인 Barema 기법이었다면, 최근에는 직접적 측정에만 의존하지 않고 손상이 '근로'와 같은 중요한 활동에 미치는 영향(disabling effect)을 동시에 고려하여 장애 정도를 평가한다.

스페인과 프랑스가 소득보장제도에서 손상중심 접근법을 채택하고 있는 대표적인 국가라고 할 수 있는데, 주목할 것은 이들 국가들이 기여에 기반한 장애연금이 아닌 비기여 장애 급여의 수급 자격 심사 과정에서 이를 활용하고 있다는 것이다.

소득보전 급여의 경우 신체기능 손상과 근로능력에 대한 평가를 실시하는 것이 일반적이며 이에 따라 중증장애인이 주 수급대상이다. 벨기에, 그리스, 영국 등의 국가에서는 장애연금보다 기초장애연금(장애부조)의 수급 요건을 더욱 엄격히 설정하여 장애연금보다 더 높은 장애 손상률을 수급요건으로 정하고 있는데, 이는 비기여 급여라는 기초장애연금(장애부조)의 속성에서 비롯된 것으로 보인다.

Ⅱ. 정책적 시사점

장애인복지 예산은 지난 30년 동안 복지정책의 변화와 함께 복지재정에서 빠른 증가율을 보일 정도로 중요한 분야로 부각되었지만, 전체 복지재정에서 차지하는 비중이 낮고 외국과 비교할 경우에도 GDP 대비 장애인복지예산 비중도 낮아서 장애인분야에 대한 중앙정부 및 지방정부의 관심이 좀 더 필요한 것으로 보인다.

1. 장애인 소득정책의 시사점

장애인 소득보장 영역의 비교 가능한 모든 지표에 있어서 OECD 국가 내에서 우리나라의 수준은 최하위권에 있다. 이러한 결과를 보인 것은 결국 장애인 소득보장에 대한 예산 투입이 매우 적기 때문인데, 최하위 수준의 장애인 소득보장 예산 규모는 주요 OECD 국가와 비교할 때 우리나라 장애인이 여전히 높은 빈곤 위험에 직면해 있고, 낮은 취업률과 자립생활 지원서비스의 부족으로 인해 비장애인에 비해 열악한 삶을 영위할 수밖에 없는 근본적 요인으로 작용하고 있다.

이렇듯 우리나라가 GDP 대비 장애인 소득보장 예산의 비중에 있어서 여전히 OECD 국가 중 최하위의 수준에 있는 것은 여러 요인들이 복합적으로 작용하고 있기 때문으로 판단된다.

우선, 장애 급여의 정책 대상 인구가 주요 선진 외국에 비해 협소하다는 점을 들 수 있다. 이는 공공에서 제공하는 각종 장애인복지서비스의 진입 창구(gateway)로서 등록 장애의 범주가 전체 신체 기능의 제약을 포괄하지 못하고 있고, 더불어 장애연금과 장애인연금 및 장애아동수당 등의 장애 급여가 장애 상태와 소득 수준에 따라 급여(서비스)대상을 매우 제한적으로 적용하고 있는 데서 비롯된 현상이다.

또한 기존 제도에서 제공하는 급여 수준이 주요 선진 외국과 비교해 매우 낮은 것도 최하위 수준의 GDP 대비 장애 급여 지출 비중을 유지시키는 요인이다.

주요 선진 외국에 비해 장애인 소득보장 프로그램 수가 부족한 것도 하나의 요인이라고 할 수 있다. 장애인 보호로 소득활동을 하지 못하는 보호자의 기회비용 보전을 위한 보호자 수당, 중증장애인의 미래 보호 및 주거비용 마련을 위한 자산형성지원제도 등 주요 선진국에서 시행하고 있는 다양한 제도들이 아직까지 도입이 안 되어 있는 상황이다.

결국 우리나라가 경제 규모에 걸 맞는 수준의 장애인복지를 구현하고 OECD 평균과의 격차를 줄이기 위해서는 무엇보다 기존 제도의 급여대상과 급여 수준을 확대하기 위한 투입(INPUT)의 증대, 장애인 소득보장 예산의 획기적인 증액이 필요하다고 할 수 있다. 더불어 장애 급여 수급 요건으로서 장애 평가의 개혁 및 고용서비스와의 적극적 연계장치 마련 등 제한된 예산의 효율성을 제고하기 위한 개혁 조치들도 장기적인 관점에서 추진되어야 할 것이다.

2. 장애인 고용정책의 시사점

장애인고용분야는 장애인고용촉진등에 관한 법률이 제정된 1990년 이후 지난 20년 동안 비교적 빠른 속도로 향상된 분야라고 할 수 있다.

그러나 OECD 국가와 비교하면 고용분야의 수준이 여전히 낮은 것으로 나타나 이에 대한 지원이 좀 더 필요할 것으로 판단된다.

또한 OECD 국가 중 장애인의무고용제도를 도입하고 있는 프랑스, 일본, 독일 등과 장애인 고용비율을 비교해보면, 일본과는 비슷하지만, 프랑스, 독일 등에 비해 많이 낮은 수준이라고 할 수 있다. 이렇게 낮은 경제활동 참가율과 더불어 비장애인에 비해 노동환경이 열악한 업종에 주로 취업하고 있는 것으로 나타났다. 전체인구의 경우에는 고용주나 자영자 등 비임금근로자 비율이 감소하고, 임금근로자 비율이 증가한 것과 달리, 장애인은 비임금근로자 비율이 오히려 5%p 증가한 것으로 나타나 장애인들이 임금고용보다 자영업을 선호하는 것으로 나타났다. 이는 장애인 고용시장이 전체인구와 비교할 때 불안정한 것을 의미하는 것으로, 장애인의 경우 노동시장이 불안정해지거나, 경기하락이 발생하면 더 많은 위험에 노출되어 있는 것을 알 수 있다. 따라서 이러한 위험을 감소시키고 노동시장에서의 위험의 강도를 탄력적으로 해결해 나갈 수 있도록 안정된 일자리, 사회보장, 직업훈련 등의 적극적인 장애인 고용정책이 요구된다고 할 것이다.

최근 OECD 국가들은 장애인의 빈곤율, 비경제활동률, 실업률을 낮추고자 의무고용률 확대, 장애인 및 노동무능력자를 대상으로 하는 자영업 지원 등의 고용지원정책과 자립지원서비스, 재활서비스, 고용서비스 등 사회서비스의 확충을 이루고 있다. 이에 우리나라도 실질적인 장애인 고용을 높이기 위한 다양한 지원이 더욱 더 요구되고 있으며, 특히 임금 향상, 종사상 지위 확대 등의 노동시장에서의 고용의 안정이 시급한 형편이다.

복지국가 환경이 변화하면서 장애와 노동무능력에 대응하는 현금중심의 소극적인 지원 방식은 재정적인 문제에 직면하게 되었다. 이런 상황에서 장애인과 노동무능력자를 활성화하여 사회·경제적 통합을 높이고자 하는 노력이 진행되고 있다. 이를 위해 OECD 대부분의 국가는 장애인의 빈곤율, 비경제활동률, 실업률을 낮추고자 노력하고 있는데, 이와 관련하여 국가별로 제도적 환경에 조응하는 자립지원서비스, 재활서비스, 고용서비스 등 사회서비스의 확충되고 있다. 이와 관련하여 한국의 장애인복지 발전방향을 재검토해 볼 필요가 있어 보인다. 우선 한국의 장애인 복지에 대한 지출은 서비스와 관련하여 특히 OECD 국가의 최하위권에 머물고 있다. 그리고 국제적인 장애개념과 비교하여 장애와 노동무능력에 대한 개념이 아직 협소하고 정책적 접근 또한 신체적 특성에 따른 장애등급에 의존해 전개되고 있다. 더불어 질병과 노령으로 인한 장애에 개입하는 제도로서 상병급여, 재활서비스, 고용주의 의무 등이 아직 미흡한 상황이고, 장애인의 노동시장 참여를 촉진하는 고용서비스에 대한 지원책이 상대적으로 다른 OECD국가에 비해 낮은 수준이라고 할 수 있다.

Ⅲ. 장애인복지정책 발전의 과제 및 전망

1. 장애인복지예산의 지속적인 확대

공적연금 제도 성숙 및 장애연금 수급 기준의 개편, 저소득 중증 장애인을 위한 새로운 급여로서 장애인연금의 확대, 장애인활동지원제도의 확대 및 바우처 사업을 통한 장애인 대상의 지역사회서비스 확대 등이 지속적으로 전개될 예정인 바, 2000년 이후 이어져 온 장애인복지예산의 가파른 상승 추이는 당분간 계속될 것으로 전망된다.

따라서 장애인정책이 궁극적으로 장애인의 욕구 충족과 장애인의 자립을 목적으로 하는 국가적 행위라는 점에서, 향후 장애인복지예산을 증가시키려는 적극적 노력이 있어야 할 것이다.

기존 제도 확대 및 장애인 욕구충족 가능 신규 프로그램 도입과 각 제도에서 제공하는 급여(서비스) 수준의 지속적 제고가 병행되는 것이 필요하다. 이를 위해 수요 예측과 물가상승율 등 보다 합리적인 준거를 통한 예산 수립이 이루질 필요가 있다.

2. 소득보장과 고용서비스의 강화 및 적극적 연계 추진

장애인정책 영역별 예산 배분은 장애인의 미충족 욕구(unmet need)의 충족과 장애인복지의 지배적 패러다임인 자립생활이념에 근거하여 장애인의 궁극적인 자립을 제고한다는 기본 방향으로 이루어져야 한다.

우선적으로 기존 소득보장제도 강화를 목표로 장애인 소득보장의 예산 비중을 지속적으로 제고하는 노력이 필요하다.

근로능력이 없는 중증장애인 대상의 장애연금과 장애인연금의 급여 대상을 지속적으로 확대하고 급여의 효과성을 제고하기 위해 급여 수준 역시 단계적으로 인상되고, 국민기초생활보장제도내 장애인가구 특성을 고려하는 장치(가구특성별 최저생계비로서 장애인가구 최저생계비 도입 혹은 기존 가구규모별 최저생계비 하에서 소득인정액 산정시 장애인 가구의 다양한 소득공제요소 도입) 마련으로 새로운 제도로서 보호자 수당 및 중증장애아동의 미래보호비용 마련을 위한 자산형성지원 프로그램 도입을 추진할 필요가 있다.

장기적 관점에서 소득보장제도의 효율성 추구를 위해 현재 장애 소득보장체계를 주요 선진국처럼 소득보전급여체계 중심으로 재편하고 고용서비스와 연계 가능하도록 조치들이 이루어져야 한다.

장애연금의 경우 부가급여로서 추가비용 급여를 도입하여, 근로능력 중증의 장애인에게 지급하고. 추가비용 급여인 경증장애수당을 장기적 관점에서 폐지하고 장애인연금과 통합하여 고용서비스와의 강력한 연계를 전제로 하는 소득보전 급여로 전환하여야 한다.

또한 소득보전급여와 고용서비스의 연계추진을 위해 근로능력평가 요소가 반영된 수급자격심사를 실시하여 근로능력평가에 따라 급여와 고용서비스를 차별화하는 것이 필요하며, 근로능력이 없거나 심각한 제약을 경험하고 있는 장애인의 경우 소득보전급여(장애연금과 장애인연금)의 지급액 수준을 강화하는 것이 필요하다.

부분적 근로능력이 있는 장애인의 경우 새로운 소득보전 급여로서 일시장애급여(일시 장애연금과 일시 장애인연금)를 도입하여 일정기간 지급하되 그 기간 동안에 집중적인 맞춤형 고용서비스를 제공하여 취업을 유도하여야 하며, 근로능력에 제약이 거의 없는 장애인의 경우 소득보전급여 대상에서 배제하되, 보편적 고용서비스 강화를 통해 취업을 유도하고 장애인 자산형성프로그램 등과 연계하여 자립을 유도하여야 한다.

장애인의 고용률 제고를 위해 고용 및 직업재활서비스에 대한 예산도 지속적으로 증가시켜야 한다. 우선적으로 주요 선진 외국의 경험에서 효과성이 입증되었던 현장훈련(on-the-job training), 잡코치모델(job coach model) 중심으로 기존의 고용 및 직업재활서비스를 재편하고, 소득보장과 연계한 새로운 고용서비스로서, 공적 급여의 수급 요건으로서 근로능력평가에서 부분적 근로능력이 있는 장애를 대상으로 하는 맞춤형 고용서비스를 도입할 필요가 있다.

3. 사회서비스의 효율성 제고

장애인 대상 사회서비스 제공 체계를 자립생활 지원, 이용자 중심, 서비스 통합의 핵심적 가치를 구현할 수 있도록 개혁하는 것이 필요하다.

단기적으로 장애인활동지원제도, 장애아동재활치료바우처 등 바우처를 급여로 하는 이용자 중심 사회서비스 지급대상과 지급액 수준을 지속적으로 확대하는 등의 욕구에 비해 공급이 부족한 영역을 중심으로 사회서비스 공급량을 지속적으로 확충해야 한다.

장기적으로 사회서비스 공급을 위한 자원 할당 혹은 재정 지원 방식을 기존의 공급자 중심에서 이용자 중심으로 재편해야 한다.

즉, 서비스 공급자에게 보조금을 지원하던 재정을 이용자 욕구에 기반해 서비스 제공량을 산출하고 이를 본인의 선택하에 구매하여 이용할 수 있도록 하는 방식으로 개편되어야 한다.

마지막으로 사회서비스, 소득보장과 고용서비스까지 장애인복지서비스에 대한 원스탑 진입과 사례관리체계가 적극적으로 추진되어야 한다.

memo

Reference

참고문헌

강동욱 · 김경아(2011). 기업규모별 고용부담금 차등적용방안. 한국장애인고용공단 고용개발원.

강미나 · 김진범 · 이현지 · 김태환 · 김현진 · 주현태(2010). 장애인 주거실태와 주거정책 연구. 국토연구원.

강희설 · 김용득(2008). 장애인거주시설 유형별 이용자 보호비용(care-cost) 비교. 사회복지연구.

건설교통부(2006). 대중교통기본계획(2007-2011).

__________(2007). 교통약자이동편의증진계획('07~'11).

경기북부장애인가족지원센터(2015). 장애인가족지원센터 사례관리 매뉴얼.

국토교통부(2014). 2013년 교통약자이동편의실태조사연구.

__________(2018). 2017년 교통약자이동편의실태조사연구.

권선진(2005). 장애인복지론. 청목출판사.

김경민(2010). 부모의 양육태도와 청소년의 주관적 안녕감의 관계-자아탄력성의 매개효과를 중심으로-. 청소년문화포럼, 25, 40-74

김경혜(2001). 도시생활교통체계의 정비 : 장애인 이동권 확보를 위한 교통체계의 정비. 도시문제.

김기훈(2013). 발달장애인법 제정의 함의와 전망. 복지동향 4월호.

김도현(2005). 교통약자의이동편의증진법(대안)의 내용 및 향후 쟁점과 과제. 월간 복지동향.

김동주(2016). 장애인직업재활시설 운영 개선에 대한 연구. 장애인직업재활시설 운영 및 제도개선에 관한 토론회.

김미옥(2005). 장애인의 임파워먼트에 영향을 미치는 요인에 관한 연구 : 자아탄력성 및 사회적 지지를 중심으로. 사회복지정책, 22, 351-381.

김민철(2019). 장애인복지관 종사자의 감정노동이 이직의도에 미치는 영향 : 소진과 직무태도의 매개효과. 전남대학교 대학원 박사학위논문.

김성희 외(2004). 장애인의 사회통합을 위한 차별해소방안. 한국보건사회연구원.

김성희 외(2017). 2017년 장애인실태조사. 보건복지부 · 한국보건사회연구원.

김성희 · 박경수 · 김주영 · 최종철 · 김동기(2013). 장애인 고용보장 및 확대를 위한 지원체계 연구. 국가인권위원회.

김수완(2009). 중증장애인 기초장애연금법안 토론문. 정부 중증장애인 기초장애연금법(안) 무엇이 문제인가? 자료집.

김용득(2002). 장애개념의 변화와 사회복지실천 현장 함의. 한국사회복지학, 51, 157-182.
_____(2009). 장애인거주시설 기능조정 정책의 방향과 논점. 복지동향 124호(2월).
_____(2018). 탈시설과 지역사회중심 복지서비스 구축, 어떻게 할 것인가? : 자립과 상호의존을 융합하는 커뮤니티 케어. 보건사회연구, 38(3), 492-520.
김용득 · 김진우 · 유동철(2002). 한국 장애인복지의 이해. 인간과 복지
김용탁 · 권기돈 · 정관진 · Dominique Velche · (小川浩)(2013). 주요 국가의 의무고용 사례연구-프랑스, 독일, 일본을 중심으로. 한국장애인고용공단 고용개발원.
김윤정(1997). 우리나라 장애인의 운동의 역사적 전개에 관한 고찰. 가톨릭대학교 대학원 석사학위논문.
김정애(1999). 여성장애인의 이중차별에 관한 연구. 가톨릭대학교 대학원 석사학위논문.
김정열(2005). 장애인의 현실과 장애인 운동. 경제와 사회 가을호 (통권 67호), 39-65.
김진우 · 이선우 · 강동욱 · 김동주(2016). 장애인 직업재활 정책방형 제언에 관한 연구. 한국장애인직업재활시설협회 · 덕성여대 산학협력단.
김태형 · 손인봉(2019). 장애인 직업재활시설 종사자가 지각한 감정노동과 조직시민행동의 관계에서 자기효능감의 매개효과. 장애와 고용, 29(2), 165-189.
김찬우(2007). 장애인의 장기요양 문제 해결을 위한 제도 개발과 관련하여. 월간 복지동향 10월호.
김치훈(2013). 발달장애인법 제정의 함의와 전망. 월간복지동향 174호, 17-21.
남연희 · 설진화 · 이기량(2017). 장애인복지론. 공동체.
박경수(2008). 장애인복지관 사회복지 전문직의 역할지향성에 관한 연구. 재활복지, 12(2), 19-45.
박미희(2018). 장애인의 취업에 미치는 인적자본 및 차별 요인의 영향. 경남대학교 대학원 박사학위논문.
변경희 · 이선우 · 이미정 · 성명진 · 이지은 · 백진주(2016). 장애인종합판정도구와 서비스판정 · 연계체계 모형개발 연구. 한신대학교산학협력단.
변용찬 외(2004). 장애인의 종합적 소득보장체계 구축방안. 한국보건사회연구원.
변용찬 외(2001). 2000년도 장애인실태조사. 보건복지부 · 한국보건사회연구원.
________(2006). 2005년도 장애인실태조사. 보건복지부 · 한국보건사회연구원.
보건복지부(2010). 장애인활동보조서비스 확대 방안 유력. 보도자료. 2010. 7. 15.
보건복지부(2005). 「장애등급판정기준」
보건복지부(2010). 「장애등급판정기준」.
보건복지부(2019). 장애판정기준
________(2017). 2017년 장애인복지관 편람.
________(2019). 2019년 지역사회통합증진사업안내.
________(2019). 2019년 장애인복지사업안내.
________(2019). 2019년 지역사회통합증진사업안내.
________(2019). 2019년 사회서비스전자바우처사업안내.

______(2019). 2019년 장애아동가족지원사업안내.
______(2019). 2019년 장애인활동지원사업안내.
______(2019). 2020년도 보건복지부 예산안 82조8203억 원 편성. 보도자료. 2019. 8. 29.
삼육재활센터(2002). 재활삼육 50년사 : 1952~2002. 삼육재활센터.
서종균(2009). 장애인 자립생활을 위한 주거정책의 과제. 국토연구 61권(6월).
송대성 · 나운환 · 송창근(2016). 장애인직업재활시설의 조직역량이 경영성과에 미치는 영향. 재활복지, 20(1), 151-170.
숭실대학교 장애인복지연구회(2004), 「현대장애인복지론」, 서울: 현학사,
심재진(2013). 장애인차별금지와 정당한 편의제공의무 : 대전지방법원 2012.2.15. 선고 2011가소122610 판결. 사회보장연구, 29(1), 105-133.
심진예 · 곽정란 · 남용현 · 조임영(2017). OECD 주요 국가의 장애인 고용 정책 및 현황 비교 연구. 한국장애인고용공단.
심진예 · 김경아 · 김용탁 · 남용탁 · 박자경 · 이국주(2006). 장애인고용정책 국제비교연구. 한국장애인고용촉진공단 고용개발원.
안규환(2005). 제2차 편의증진 국가종합 5개년계획. 나라.
안선영(2012). 의무고용사업체의 장애인 고용 영향 요인에 관한 연구. 부산대학교 대학원 박사학위논문.
양옥경 외(2006). 정신보건과 사회복지, 나남출판
에이블뉴스(2016. 1. 7). 중증장애인 거주시설 '월평빌라'.
오욱찬(2015). 장애인차별금지 및 권리구제 등에 관한 법률의 고용효과 분석. 한국장애인복지학, 27, 47-72.
오혜경(2006a).장애경험에 대한 이해에관한 연구. 재활복지, 10(2), 1-37.
오혜경(2005b).장애인의 정체성에 관한 연구.한국장애인복지학, 4, 5-47.
우주형(2009). 정부의 중증장애인 기초장애연금법안 무엇이 문제인가?. 정부 중증장애인 기초장애연금법(안) 무엇이 문제인가? 자료집.
우희순(2012). 영구임대주택 입주장애인 현황 및 주거만족-대전광역시를 중심으로. 재활복지, 16, 189-208.
유경준 · 황수경(2005). 노동시장에서의 차별과 차이. 한국개발연구원.
유동철(2003). 장애인 고용의 간접차별에 관한 탐색적 연구 : 취학연기로 인한 연령제한을 중심으로, 사회복지연구, 22, 139-159.
______(2005). 한국 장애운동의 성과와 과제. 사회복지정책, 21, 5-33.
윤문희(2006). 차별의 법적개념. 노동리뷰 9월호, 21, 59-72.
위계출(2012). 장애인차별금지법의 실효성 확보방안에 관한 연구. 서울시립대학교 대학원 박사학위논문.
이계윤(2020). 장애인복지론. 장원사이버평생교육원

이문희 · 오상우(2015). 장애인 이동권, 사람중심으로 정책을 디자인하라!. 주간한국장총, 330.
이미정(2013). 일본의 중증장애인 직업재활 정책에 관한 일 고찰. 직업재활연구, 23(1), 5-25.
이봉주 · 김용득 · 여유진 · 강혜규 · 남찬섭(2006). 한국 사회복지서비스 제도화의 과제 : 경험과 전망. 사람입국일자리위원회 · 빈부격차차별시정위원회.
이선우(2012). 장애인복지론. 청목출판사.
_____(2017). 장애인복지지출 재정확대와 중증장애인 자립지원 어떻게 할 것인가?. 2017년도 장애인복지 발전 정책 토론회 자료집.
_____(2018). 장애인의 경제상태와 정책과제. 보건복지포럼 9월호, 34-46.
이수경(2016). 장애인 고용정책이 고용률에 미치는 영향에 관한 연구-OECD 10개국을 대상으로-. 인제대학교 대학원 박사학위논문.
이승기 · 서동명(2010). 장애인거주시설 거주기준의 대안적 고찰-장애인복지법 시행규칙을 중심으로. 법학논집, 22(1), 27-55.
이준길(2018). 장애인운동선수의 차별경험에 대한 근거이론적 연구. 상지대학교 대학원 박사학
이창수 외(2005). "인권관련 정부통계 현황에 대한 실태조사", 국가인권위원회 p. 59
이현주 · 김근혜 · 송지원 · 신정완 · 주은선 · 최인혁 · Jonas Edlund(2018). 스웨덴의 사회보장제도. 한국보건사회연구원.
이현준(1999). 장애우 인권회복을 향한 몸부림 : 세계 장애우의 역사. 함께걸음 12월 1일.
이혜경(2012). 직업재활시설 유형개편에 따른 운영개선 방안 연구. 직업재활연구, 22(2), 117-138.
임수정(2014). 한국 장애인고용정책 성격과 성과에 관한 연구. 강남 대학교 대학원 박사학위논문.
전영평(2000). 장애인고용정책의 논리와 위상 분석. 한국행정학보, 34(3), 281-298.
전지혜(2009). 장애인에 의해 지각된 차별의 개념화와 법적 적용에 관한 연구. 한국사회복지연구, 40(2).
전창환(2018). 공적연금제도. 구인회 외, 미국의 사회보장제도, pp. 225-256.
장기철(1991). '앵벌이 장애인'의 외침은 어디로 갔는가: 1980~1990년대 영세 장애인 문제와 장애인운동의 대응.
정무성(2014). 사회복지프로그램개발과 평가 정민사.
정무성 · 양희택 · 현종철 · 노승현(2015). 장애인복지론. 정민사.
정인욱복지재단(2003). 정신지체인 그룹홈 매뉴얼.
정재우(2013). 장애인차별과 완화정책에 관한 비교연구 : 한국과 미국의 제도 비교를 중심으로. 한영신학대학교 대학원 박사학위논문.
정종화(2003). 장애인 자립생활모델의 한국적 모색. http:www.knil.org
정창권(2005). 세상에 버릴 사람은 아무도 없다 : 역사 속 장애인 이야기. 문학동네.
조윤화 · 서욱영(2018). OECD 국가 장애출현율 산출기준과 장애개념 관계성 연구 : 한국, 호주, 독일, 프랑스를 중심으로. 한국장애인개발원.
최윤영 · 이경준(2011). 장애인복지론. 학지사

최윤희(2016). 장애인차별금지 및 권리구제 등에 관한 법률에 대한 소고. 일감법학, 35, 367-393.
최현미(2004). 의료사회복지에서의 강점모델 적용 연구. 평택대학교 논문집 18집.
허숙민 · 박진화 · 김문수(2012). TV 드라마 속 장애인 이미지 분석 :장애이론 모델과 미디어 프레임 방식을 중심으로. 한국장애인복지학, 19, 1-22.
한국보건사회연구원 · 보건복지부(2017). 2017년도 장애인 실태조사.
한국장애인개발원(2015). 장애인복지연구, 6(1), 89-114.
한국장애인고용공단(2010). 장애인의무고용현황.
______________(2011). 제4차장애인고용패널조사
한국재활재단 편(1996). 한국장애인복지변천사. 한국재활재단.
황수경(2003). 장애인-비장애인의 취업확률 격차와 장애효과. 노동정책연구, 3(1), 141-169.
황희숙(2020). 사회복지개론. 형설출판사.
Atkinson, D.R., Morten, G., & Sue, D. W. (1998). Counseling american minorities: A cross culturalperspective (5th ed.). McGraw: Hill Company.
Barton, L. (2016). Disability and society: Emerging ssues and Insights. UK:Routledge.
Bogart, K. R. (2014). The role of disabilityself-concept in adaptation to congenital or acquired disability. Rehabilitation Psychology, 59(1), 107-115.
Bogart, K. R. (2015). Disability identity predictslower anxiety and depression in multiple sclerosis. Rehabilitation Psychology, 60(1), 105-109.
Cook, R. E., Tessier, M. D., & Klein, A.(2004). Adapting early childhood curricular forchildren in inclusive setling, Upper Saddle River, NJ: Peason Prentice Hall.
Darling, R. B., & Heckert, D. A. (2010). Orientations toward disability: Differences over the lifecourse. International Journal of Disability, Development and Education, 57(2), 131-143.
Dunn, D. S., & Burcaw, S. (2013). Disabilityidentity: Exploring narrative accounts of disability. Rehabilitation Psychology, 58(2), 148-157.
Olkin, R., Abrams, K., Preston, P., & Kirshbaum, M.(2006).Comparison of parents with and without disabilities raising teens: Information from the NHIS and two national surveys. Rehabilitation Psychology, 51(1), 43-49.
WHO. 1980. ICIDH: International classification of impairments, disabilities, and handicaps. Geneva: Author.
WHO. 2001. ICF: International classification of functioning, disability and Health. Geneva:Author.

장애인 복지론

초판 1쇄 인쇄 / 2021년 2월 15일
초판 1쇄 발행 / 2021년 2월 19일

저자 황희숙
발행처 형설출판사
경기도 파주시 회동길 37-23 · 전화 (031) 955-2361~4 · 팩시밀리 (031) 955-2341
발행인 장진혁
등록 라-제9호 · 1962년 5월 1일
홈페이지 http://www.hyungseul.co.kr
e-mail hs@hyungseul.co.kr

정가 23,000원

ISBN 978-89-472-8543-8 93330

장애인
복지론